中国电力发展的经济学研究

孟祥林 ◎ 著

理论·故事·案例

中国财经出版传媒集团

经济科学出版社
Economic Science Press

·北京·

图书在版编目（CIP）数据

中国电力发展的经济学研究 ： 理论·故事·案例／
孟祥林著 . -- 北京 ： 经济科学出版社，2025.7.
ISBN 978 - 7 - 5218 - 6749 - 7

Ⅰ. F426.61

中国国家版本馆 CIP 数据核字第 2025X3F560 号

责任编辑：周国强　张　燕
责任校对：郑淑艳
责任印制：张佳裕

中国电力发展的经济学研究
——理论·故事·案例

ZHONGGUO DIANLI FAZHAN DE JINGJIXUE YANJIU
——LILUN·GUSHI·ANLI

孟祥林　著

经济科学出版社出版、发行　新华书店经销
社址：北京市海淀区阜成路甲 28 号　邮编：100142
总编部电话：010 - 88191217　发行部电话：010 - 88191522
网址：www. esp. com. cn
电子邮箱：esp@ esp. com. cn
天猫网店：经济科学出版社旗舰店
网址：http://jjkxcbs. tmall. com
北京季蜂印刷有限公司印装
710×1000　16 开　20.5 印张　300000 字
2025 年 7 月第 1 版　2025 年 7 月第 1 次印刷
ISBN 978 - 7 - 5218 - 6749 - 7　定价：86.00 元
（图书出现印装问题，本社负责调换。电话：010 - 88191545）
（版权所有　侵权必究　打击盗版　举报热线：010 - 88191661
QQ：2242791300　营销中心电话：010 - 88191537
电子邮箱：dbts@ esp. com. cn）

前　言

　　我国的电力事业正在蓬勃发展。回想电力事业的发展历程，人们可以从电力人的艰难跋涉过程中体会到令人自豪的奋斗精神，电力人通过艰辛努力闯出了一条光辉的奋斗道路。从电力事业的发展历程看，这应该还是一个比较年轻的产业，从1879年在上海亮起第一盏灯开始，到目前为止还不到一个半世纪。在这个百余年的奋斗历程中，我国的电力事业从跟着他人走到与他人并肩走再到领着他人走，中国的电力事业在此过程中快速发展着。中华民族在电力事业的快速发展中，充分展现出好学、能学、善学的智慧，同时也充分体现了中华民族的创新创造能力。在传统能源式微的情况下，我国与国际电力同行并肩探索新能源的发展新出路，我国已经形成以传统能源为基础，并稳步进军核能、潮汐能、太阳能、风能、地热能、生物质能等多业态的电能。在新发展阶段只有贯彻新发展理念，才能稳步推进经济持续稳定高质量发展和助力构建新发展格局，也才能以电力事业发展的现在创造更加辉煌的未来。社会要发展就需要更大规模的电能做支撑。而能源事业发展的广阔前景在于发展新能源。传统化石能源的潜在开发储量在锐减，于是在可资利用的传统化石能源数量降低与人类社会快速发展需要大量能源做支撑之间就形成了矛盾，解决这个矛盾的途径就在于发现可替代性能源。人们的关注点自然会不约而同地从传统能源移开，但是在新能源供给不稳定和开发规模不够大的情况下，人们还是倾向于依赖传统能源。

因此，目前的状况是，虽然开发新能源的规模在不断扩大，但传统能源在能源结构中的占比仍然居高不下。在能源发展中不但要从过去看到现在，更要从现在看到未来，前瞻性地思考能源产业发展中存在的问题，并积极思考解决问题的方法，这不但是电力人的责任与担当，也是全社会各行业的责任与担当。因为全社会各行业最终都通过能源连接在一起，电力已经成为各行业的共同话语。社会经济发展的扩大再生产依赖能源产业的扩大再生产。如果电力产业缺乏创新创造的能力，能源供应不足将是社会持续发展的巨大瓶颈。接下来的问题就是，能源产业的发展必须建立在能源能够重复利用层面，能源能够重复利用，才能够周而复始地生产出电能，而传统能源不具备这一特征。同时能源生产还必须满足另外一个要求，这就是能源发展与环境保护需要同时进行，只有碳排放的增长速度远远低于GDP的增长速度的发展模式，才是人与自然和谐共生的发展模式。绿水青山就是金山银山。发展电力事业，不但要处理好能源发展与环境保护间的关系，而且要处理好以电力为纽带连接起来的各产业间的关系，更要处理好当代人发展与未来人发展之间的关系。

电力事业发展是国际力量共同努力的结果。我们正在与国际力量一起，共同奋进在发展电力事业的征途上。我国在发展电力事业的进程中经历了"知识学习→技术消化→技术创新→技术出口"等发展过程。目前我国在国际电力市场上扮演着越来越重要的角色，我国对国际电力事业的贡献也变得越来越大。学习的目的是创造，只有创造才能更好地为中国电力事业和国际电力事业的发展作贡献，也才能进一步彰显我国在国际舞台上的实力。我国目前不仅能够在国际电力产业发展中提供电力设备，还能够提供电力技术，能够提供从发电到售电全过程的服务，可以为电力设备、电力产品提供终身服务，我国电力人在国际上的地位不断提升。电力产品不仅进入发展中国家，还在发达国家享有盛誉。我国电力事业取得这些喜人的成绩，与电力人的接续奋斗分不开，更与国家出台的支持电力事业发展的政策分不开。无论是新中国成立前还是新中国成立后，如果没有国家的力量在发展电力事业方面的有力支撑，电力发展注定会步履维艰。尤其是新中国成立以后，电力事业作为国家发展的关键行业和关键领域，得到国家政策的鼎力支持，电力事业因而步入了发展快车道。

但是在传统经济发展时期，形成了以煤电为主的电力产业结构，长时期内存在煤耗系数高的问题，同时由于高碳排放问题，影响了生态环境质量。逐步降低化石能源在能源结构中的占比，成为我国电力事业的发展方向。随着新能源不断加入能源家族，替代性能占比不断提升。但由于不同形态的能源发电成本存在较大差异，在竞价上网过程中，新能源与传统煤电相比并不占优势。这在一定程度上影响了新能源发展规模的迅速扩展。当然，在促进电力事业发展进程中，不应仅仅将其视为一个技术问题，也是一个管理问题。电力既然是社会经济发展的底层支撑因素，就要完善管理措施，充分调动电力资源的有效供给，使电力供给在保持平衡的前提下，让供给稍微高于需求，从而能够在最大限度上保持电力的有效供给。在电力市场改革进程中，电力市场的链条即"发电—输电—配电—售电"的两端容易引入竞争机制，也是世界各国普遍将电力引入市场机制的有效板块。但是输电和配电环节因具有自然垄断性质，而不易引入市场竞争机制，这就需要国家依据行政权力对其进行监管，将其盈利水平限制在合理范围内。

电力管理的目的是合理配置资源。在对电力企业进行有效限制的同时，也要充分发挥电网企业输配电的积极性，与发电企业和售电企业进行有效对接，为电力消费生产优质电力产品。电能的生产既需要符合管理原则，即通过管理产生效益，也需要符合经济原则，即电力主体按照投入产出原则获得收益。经济学认为，当可变要素连续投入到不变要素之上时，随着可变要素投入量的增加，单位不变要素承受的可变要素的空间变得狭小；当可变要素的量增加到一定点，可变要素继续投入时，单位可变要素所造成的边际收益的增加被由于该可变要素投入所造成的成本的增加所削弱，即可变要素连续投入带来的净收益为零或者为负值。这个"定点"就成为经济实体的最优规模。电力企业的发展需要不断探索这个最优规模，不同发电容量的电力企业的最优生产规模存在差别，但只有保持在最优规模或者接近最优规模的生产才是富有效益的生产。

因此，发电企业不仅要在降低能耗和节能减排方面做文章，更需要在企业规模方面做文章，通过寻求最佳规模谋求规模经济效应。同时要在电能空间布局方面做文章，基于化石能源的发展企业要尽量减少一次能源的运输成本，通过跨区域电网在全国范围内解决电能的空间布局不均衡问题。我国电网建设已经取得了长足进步，从最开始的孤立电源到后来的局域电源联网，再到后来的大区域联网，目前已经形成全国联网的电网发展格局，通过"西电东输"基本解决电能布局不均衡问题。我国西北地区富有风能、光能，西南地区水能富集，虽然目前已经进入规模性开发阶段，但在巨大的能源潜力与现实生产力之间仍然存在一定差距。这不仅在于新能源稳定性弱于传统能源，还在于新能源发电成本高，以至于在竞价上网中不具优势。保本经营或者微利经营使其不能持续推进规模化发展。大力发展新能源的现实要求与新能源发展动力不足之间的矛盾，短时间内不易得到解决。在进一步改变能源结构过程中，需要在政策性支持前提下，鼓励新能源发展。

目前，我国已经形成火电、水电、风电、核电、太阳能发电、潮汐能发电、地热能发电和生物质能发电等多业态并举的局面。其中，地热能发电由于受到地质条件的限制，分布范围受到影响，再加上地热质量存在差别，其发展规模受到影响。潮汐能也因只分布在沿海地区而不具有广布性，发展规模也受到影响。水电存在巨大开发潜力，但很多水能资源布局在交通不便的地方，在各种配套基础设施不完善的情况下，水能资源的开发受到影响。综合各种因素考虑，核能是能源结构进一步完善过程中，在未来能源占比中发展潜力最大的能源类型。从国际电力产业的发展情况看，核能呈现迅猛发展势头。虽然在核能发展早期也曾出现过技术安全问题，核泄漏造成的环境污染在短时期内很难被完全消除，但目前的核能技术已经发展成熟，发生核泄漏的概率很低。而且在传统化石能源的开采量剧减并且其他新能源形式供电不稳定和存在巨大竞争压力的情况下，发展核能无疑成为最佳选择。

我国的核能除了沿海布局外，可沿江布局，逐步深入到内地。并入国家电网的核能可以满足不同区域的用电消费需求。随着我国各项事业的飞速发展，未来的用电量还会不断增加，前瞻性地进行发电容量储备是一项重大的战略性举措。我国的发电装机容量每天都在扩展，电网密度每天都在提升。电网不断完善，在很大程度上缓解了能源资源空间布局不均衡造成的电力发展瓶颈问题。目前很多专家学者都在关注电力产业发展的前沿问题，为电力事业发展建言献策。电力事业的进一步发展需要电力技术突飞猛进，更需要用好现有资源和管好既有的电力产业。学界不仅要为电力产业发展加油助威，更要提出可行办法，尤其是在技术层面有新突破。电力事业的发展需要电力人才推进，因此培养电力事业的人才就非常重要。高校不仅要让学生了解电力事业的既有成就，也要通过这些历史成就看到电力事业的发展未来。让莘莘学子具有为电力事业贡献体能和才智的愿望与恒心，让电力事业发展拥有丰富的后备人才。

目　录

第 1 章

中国电力产业发展历程与光明前景

1.1 中国电力产业的持续发展历程

从中华大地上亮起第一盏灯到大江南北被电力之光普照，大概经历了一个半世纪的时间。在这个过程中，中华民族经历了电力设备全部依靠进口、技术全部依靠进口到电力设备全部自主生产、技术全部靠自己研发的转变，中华民族经历了从开始有自己的第一座电厂到全国各地电力企业遍地开花的局面，经历了从只有火电到火电、水电、风电、核电、太阳能发电、潮汐发电、地热发电、生物质能发电等多种形态的电源并举的发展局面，经历了从电源孤立发电到电源全国联网的转变，也经历了从单一的垂直一体化管理的电力事业发展局面到"放开两头、管住中间"的电力行业重组和电力市场改革的发展新格局。电力事业的发展方向是让电力之光到达每一个角落。但是由于不同区域的地理条件有差别，疏通电网的条件也不能同时完成。电力之光辐射到的最远点也就成为工业文明发展的最远边界。在电力事业的漫长发展历程中，电力之光的辐射范围越来越广，电网的联通程度越来越高，电力供给的质量越来越高，电力的应用范围越来越大，电力的竞争程度越来越强，离开了电就意味着远离进步和发展。

我国的电力事业正在蓬勃发展，从起初的电源点孤立发电，到后来的电源点区域联网，再到目前全国电网不断完善，百姓用电越来越方便，电力的价格越来越低。在我国的电力事业不断发展过程中，电能供给也从最初的供不应求变为目前的供略大于求，在办电模式上也开始发生变化。通过电力市场化改革，此前单一的垂直一体化的电力管理格局逐渐变为目前的"管住中间"和"放开两头"的管理模式。电力市场的放开程度越来越高，发电市场和售电市场的竞争程度也越来越高。从英国、美国、俄罗斯、日本、澳大利亚等国家电力市场的发展历程看，削弱电力市场的垄断程度是发展趋势。在传统观念中，电力行业是自然垄断行业，但并非电力事业的各个环节都是处于自然垄断状态。在实行"厂网分开、竞价上网"后，发电市场和售电市场的竞争机制逐渐形成，这也是世界各个电力市场改革的方向。

从目前状况看，削弱输配电环节的垄断程度是世界各国电力市场进一步完善的难题。因为处于自然垄断的电网不具有重复建设的可能性，如果在同一空间内存在多家电网公司铺设的电网，不仅空间资源因供给缺乏弹性而存在供给不充分的问题，还会造成电力设备的巨大浪费。因此，在放开发电环节和售电环节的同时，加强对输配电环节的监管就变得非常重要。输配电环节的自然垄断性质不能改变，就需要加强政府在该环节上的监管。政府需要给出最高限价以防止输配电环节基于自然垄断而出现损害公共利益的行为。

弱化具有自然垄断属性的电力行业的垄断性，尽快形成完全竞争的发展新格局，是世界各国电力市场不断探索的发展方向，也是我国坚持新发展理念和以新发展理念引领高质量发展的重要举措，让人民用上放心和满意的电，从而更好地体现党全心全意为人民服务的宗旨，就是"坚持以人民为中心"的实践表述。

新中国成立后，我国的电力事业获得了突飞猛进的发展，逐渐形成了五大发电集团、两大电网公司、四大辅业集团①。在逐步放开发电市场和售电市场的过程中，逐步加强了对输配电环节的管制。国际上的通行做法是"差价合约"②，这种方式能够保证电力投资者在稳妥地收回成本的同时获得相对满意的收益，政府在其间履行监管职责。电力行业的发电端和售电端能够较好地形成完全竞争的发展态势，但输配电环节不易完全摆脱垄断，输配电环节的固有属性使政府监管部门不能完全放松监管，转而基于市场机制形成竞争定价的格局。"两端"需要承担风险，但政府监管部门需要让"两端"适当地承担风险，否则就会严重削弱社会资本进入电力市场的积极性。投资主体一旦选择进入电力行业，由于投资的转换成本过高，投资主体转而进行其他行业的投资选择的可能性则较低。尤其是在新能源加速发展的社会背景下，小规模电源的发电成本相对较高，并入电网后因成本高而不具有与大容量、效率高的大型发电机组的竞争力，只有对其采取适当保护政策才能为其创造

---

① 五大发电集团即中国华能、中国大唐、中国华电、国家电投、国家能源集团；两大电网公司即国家电网公司、南方电网公司；四大电力辅业集团即中国水利工程顾问集团、中国电力工程顾问集团、中国水利水电建设集团、中国葛洲坝水利水电建设集团。

② 差价合约（contract for difference），指的是投资者与交易对手方以商品的差价交换方式进行投机或对冲交易的行为。交易过程中交易双方无须实际拥有或者交易该商品的金融衍生工具。交易的双方签订合约，合约规定到期时卖方以现金的方式向买方支付合约价与结算价之间的差额。如果合约价与结算价之间的差额为负值，则买方向卖方支付现金；如果合约价与结算价之间的差额为正值，则卖方向买方支付现金。在电力价格走向市场的过程中，发电成本较高的企业通过差价合约方式，可以有效规避由于市场价格过低而造成的收益损失。电力企业与政府管理部门间的差价合约，可以保障发电成本较高的电力企业的正常收益，但又不会获得超过正常利润之外的差额收益。因此，从这个逻辑上看，差价合约是以利益为纽带的在政府管理部门与发电企业之间的双向约束机制。

生存空间。

虽然脱硫和脱硝技术水平在不断提高，但燃煤发电造成的温室气体以及烟尘影响都仍然不同程度地存在着，同时也因化石燃料具有不可再生的特点，新能源开发成为能源替代的必然选择。因此，在大力发展传统能源、联网电源的同时，发展新能源以及区域性的非联网的小水电、风电以及其他能源形式，也成为鼓励能源发展政策中的重要举措。从世界范围内看，以发达国家为首的各个国家也正在将新能源作为发展方向的重要选择。孤立的非联网的小区域的电源主要用于满足本地用电需求，在交通条件不便并且太阳能发电、水力发电、风能发电等资源丰富的条件下，可以充分利用非联网电源发电满足用电需要。在条件恰当的情况下，为这些电源的剩余电量创造联网的条件。虽然不同电力形式的发展态势存在差异，但这些电力企业都有一个共同的心愿，即为祖国的每一寸土地送上电力之光，让光明成为每个人能够享受到的现代化经济体系建设进程中容易获得的资源。"为中华民族谋复兴和为中国人民谋幸福"是中国共产党的初心和使命，这中间自然不能缺少了电力事业的充分发展。为百姓送上高质量的持续的电能，并且通过弱化电力行业的垄断性，让百姓能够基于合理的价格消费电能，百姓才能在电力事业的发展进程中有充分的获得感。不断满足人民群众对美好生活的向往，已成为电力事业的孜孜追求。

电力事业在不断发展。当初为了解决电力供应不足的问题，国家逐渐发展起了集资办电等多种形式的发展通道。从电力事业国际发展状况看，无论电力事业的"两头"即发电端和售电端怎样介入竞争机制，电力事业的"中间"即电网都会牢牢掌握在政府手中，即使实行股份制，国家也要掌握控股权，这样才能保证在政府主导下的电力事业发展过程中，政府作为电力事业的监管主体牢牢掌握话语权。我国目前的总装机总量、发电电量、电网密度以及高压、特高压的通电里程等都居世界前列。核能、太阳能、风能等资源的利用也更加充分。电力事业的发展从最初引进技术、设备和人才到现在已经完全能够自主设计、制造，并且拥有了自己的知识产权和雄厚的技术力量，发展过程虽然艰辛和曲折，但发展成果让人欢欣鼓舞，已经取得的丰硕的电力成果为我国电力事业的进一步发展提供了坚强的支撑。目前我国电力事业已经从此前的"引进来""跟着别人学"的状态，发展为目前的"走出去""领着别人跑"的发展状态，在很多国家和地区都有中国人建设的电站，很多国家在用我国生产的电力设备。中国电力文化在世界范围内的影响力正在扩大和增强，电力人正在以自己的方式向世界贡献中国智慧。

我国正在向电力强国的目标进军。在此过程中，我国仍然需要紧跟世界电力行业的发展步伐，与国际同行切磋，在与世界电力事业接轨发展的过程中，我国与国际同行的关系经历了"跟着走""并肩走""领着走"的"三部曲"。"领着走"更能彰显中国智慧和中国力量，更能在世界范围内展示中国话语的魅力和中国声音的影响力。电力的发展不仅体现在发电机、输电网、配电器等硬件方面，管理水平、制度建设、文化发展等软环境方面更需要跟上。电力发展需要处理好经济增长与环境保护之间的关系，保证电力事业的可持续发展，电力事业的发展不仅要为经济发展提供坚实的底层支撑，更要肩负起"保护环境"和实现"人与自然和谐共生"的社会责任。在传统观念中，发电量与环境污染之间呈正相关关系，但在电力事业的发展进程中，目前已经能够做到碳排放量的增长率低于发电量的增长率，低于电力事业对经济发展的贡献率，这是绿色经济的发展要求，也是践行"绿水青山就是金山银山"的习近平生态文明思想的实践表达方式。只有电力工业增长、生态环境保护和人民生活水平提高相协调，才能建构健康的电力事业发展方式，也才能在新发展阶段内贯彻新发展理念和以中国式现代化推进高质量发展。因此，电力事业的发展在推进市场化进程中更要加强法治建设，政府监管部门要依法依规对电力进行监管，电力事业的发展要做到"有法可依、有法必依"，政府监管部门要做到"执法必严、违法必究"，为电力事业发展营造宽严相济的市场环境，为推动电力事业的可持续发展创造条件。

1.2　中国电力产业发展的光明前景

电力产业的发展与经济社会发展、人民生产生活息息相关。但电力大发展与生态环境保护之间产生了矛盾，虽然除烟、除尘、脱硫、脱硝技术不断提升，但温室气体排放量会随着电力规模的扩大而增长，只有增加清洁能源在电能结构中的占比，才能从根本上解决这一问题。为了应对全球气候变化，我国坚持能源转型发展战略。早在 2014 年 6 月召开的中央财经领导小组第六次会议上，习近平总书记就提出了"四个革命、一个合作"①② 的能源安全新战略，引领我国能源行业发展进入新时代。2020 年 9 月 22 日，习近平总书记在第七十五届联合国大会一般性辩论上宣布，"二氧化碳排放力争 2030 年达到峰值，努力争取 2060 年前实现碳中和"③。为兑现这个庄严承诺，就需要持续优化电力结构，降低能源结构中化石能源的占比。据此，我国能源发展的战略目标，以落实"构建清洁低碳安全高效的能源体系、构建以新能源为主体的新型电力系统"为实施路径。未来的能源结构将会呈现"化石能源占比较低"的发展格局，水力发电、太阳能发电、核能发电在电力结构中的占比将会大幅提升，同时风能发电、潮汐能发电、地热能发电、生物质能发电以及煤矸石发电等会呈现较快发展趋势。发展清洁能源不但是我国电力的发展方向，也是全球电力的发展方向。

实现能源革命需要电力人携手共进，共克技术难关和共享技术成果，实

---

①　习近平. 积极推动我国能源生产和消费革命 ［EB/OL］. （2014 - 06 - 13）［2025 - 02 - 12］. http：//jhsjk. people. cn/article/25147206.

②　"四个革命、一个合作"是新时代的能源安全战略，包括以下五个方面的内容：其一是能源消费革命；其二是能源供给革命；其三是能源技术革命；其四是能源体制革命；其五是国际合作。

③　习近平在第七十五届联合国大会一般性辩论上的讲话 ［EB/OL］. （2020 - 09 - 22）［2025 - 02 - 12］. http：//jhsjk. people. cn/article/31871241.

现电力系统从传统模式向新型模式的转换。因此，新型电力系统是我国未来能源体系的核心部分，新型电力系统不是对传统电力系统的简单替代，而是要进行根本性提升。一般而言，新型电力系统应该具备如下六个主要特征：其一是夯实基础的同时为未来发展创造空间。只有为未来发展留有余地的发展才能做到可持续发展。能源结构在进行稳步调整的同时，传统能源行业的优势不会降低，但一定要在能源的利用率和转化率方面提升技术含量。其二是可再生能源占比大规模提升。新型电力系统要实现可再生能源对传统能源的替代，通过高比例可再生能源广泛接入，大幅度提高以风能、太阳能、核能、生物质能、地热能等新能源为主的可再生能源电力的占比，电力结构中可再生能源的产出比大幅增加。其三是电力电子装备的规模化使用。电子装备大量接入电力系统是建设智能电网的重要特征，从而更加高效地实现调峰目标，在供电端与电力负荷端实现平衡。电力电子装备应用数量不断提升、范围不断扩大，将深刻影响电力系统运行特征。其四是优化电力结构实现多能互补。新型电力系统要从根本上改变传统化石能源站绝对主导的局面，实现风、光、水、煤、潮等协同互补，电、热、冷、气、核综合利用，实现能源资源的按需、合理、高效开发利用，各种能源形式各展其长、各得其所。其五是电力产业走上数字化智能化发展道路。新型电力系统是运行高效和用户友好的系统，电力资源实现优化配置，用户可以消费优质廉价的电能，消费者在电力系统进步中有充分的获得感。其六是电力产出清洁高效。新型电力系统要着眼于低碳和零碳目标，以清洁、高效、低碳的电力产出为发展导向，提升新能源开发水平和利用水平。

为了实现新型电力系统需要具备的六个特征，就需要有与其相对应的技术指标做支撑。这些技术指标就是可再生能源在一次能源消费中的比重、可再生能源发电量在总发电量中的比重、电能在终端能源消费中的比重、系统总体能源的利用效率和转化效率、能源电力系统的二氧化碳排放总量。这五个指标的发展状态标志着能源结构的优化程度、能源产业的发展质量，以及能源产业对二氧化碳排放量的控制能力。其中主要体现了非化石能源在能源总量中的比重。综合各种因素分析，在非化石能源消费占比指标方面，考虑目前新能源发电、电网安全稳定运行控制、储能等方面技术发展水平与预期达到的水平之间仍然存在一定差距，能源结构持续得到优化仍然存在诸多限制性因素，再加上新能源并网成本较高等的影响，新能源大规模开发的意愿仍然受到负面影响，煤电等发电机组产出的电能在电能结构中的占比仍然居于高位，非化石能源主要以一次能源为主要消费形式，并且非化石能源消费在一次能源消费总量中的占比应保持相对稳定的增长速度，这样才能实现新能源对传统能源的逐步替代。煤电在电能结构中占主导地位的局面在短时间内很难得到改变。这是我国电力工业的难题，也是世界电力工业的难题。但新能源占比的提升是电力工业的发展方向，这就更需要世界电力同行协同共进，共同推进新型电力系统的发展和广泛应用。

虽然新型电力系统的发展进程中仍遇到诸多阻力，但其发展速度也在不断提升。在发电机组装机方面，随着核电、风电、光电等新能源发电快速发展，非化石能源发电在电力装机总量中的占比持续提高。根据经验分析，在发电量方面，2030～2035 年非化石能源的年发电量占比会超过 50%，这将是促进以非化石能源发电为主体的电力系统得以形成的重要动力。根据综合分析测算的结果，能源系统和电力系统的二氧化碳排放均可在 2030 年前实现达峰，从而能够兑现我国对世界的庄严承诺。在 2050 年和 2060 年，能源系统年二氧化碳排放量分别降低为峰值的 28.0%、10.5%，电力系统年二氧化碳排放量分别降低为峰值的 25.4%、1.6%，为实现 2060 年前碳中和的发展目标奠定基础。[①] 但是，在"双碳"目标下，我国能源电力系统清洁低碳转型任务仍然很艰巨，这主要表现在两个方面：其一是火电发电机组仍然占比较高。由于资源禀赋及行业发展历史等原因，我国电力工业虽然体量在增长，

---

① 周孝信，赵强，张玉琼."双碳"目标下我国能源电力系统发展前景和关键技术 [J]. 中国电力企业管理，2021（11）：14 – 17.

但仍保有大量燃煤火电机组，且大量在役火电厂发电效率已基本达到极限，这就意味着进一步降碳的可能性不大，单纯大规模推广碳捕集与封存技术代价昂贵，同时为了达到降碳的目标又不能采用简单关停处理方式，因为这样会造成供电体量大幅波动，从而不利于一定时期内能源供应平稳过渡，另外该举措还会引发就业等诸多连带问题。其二是新能源的供电质量仍存在不稳定因素。由于以风能、太阳能为主的可再生能源具有波动性和间歇性，尤其是潮汐能更具波动性，发电机组出力具有很大的不确定性，抗扰动能力和动态调节能力均不够强，新能源高比例接入电网将对电力系统安全稳定运行提出巨大挑战，连带问题是电力系统调节资源的灵活性面临挑战，这在一定程度上都延缓了新型电力系统的前进速度。为解决如上矛盾，既要巩固既有发展基础，也要阔步向前发展新能源事业，加大研发投入和提升管理水平就成为重中之重。

为了解决这些问题，学术界提出了综合能源生产单元方案即 IEPU[①]。综合能源生产单元的基本工作方式为：白天利用低成本的光伏发电制取绿氢，绿氢相对于蓝氢和灰氢而言[②]，由于不产生二氧化碳，被视为氢能发展的最终目标，成为能源替代的新出路。夜间利用低谷时段电网供电或既有火电机组发电，用于电解制氢系统持续稳定工作，从而产生大量氢气，这是多余电能的转化形式，产出的氢气与煤电机组捕集的二氧化碳，进一步合成生产甲烷、甲醇等绿色燃料或化工产品。这样可以通过错峰方法更好地提升电力资源的利用效率，也可以通过氢储能方式尽量减少电力浪费，在一定程度上能够达到电力负荷高峰与电力负荷低谷两个时段间的电力供求平衡。IEPU 涉及

---

① 综合能源生产单元方案的英文表述是 integrated energy production unit，IEPU，该方案可以作为火电低碳或无碳转型路径方案的一种选择。

② 绿氢是通过光能、风能等可再生能源电解水制造氢气，碳排放程度几乎为零，被认为是氢能发展的最终目标；灰氢是通过煤炭、石油、天然气等化石燃料制取氢气，制氢过程中会产生大量碳排放；蓝氢是在灰氢的基础上通过碳捕集与封存（carbon capture and storage，CCS）等技术制成氢气，碳排放较灰氢更低，但运营成本仍然徘徊在高位。

多个影响到电力系统运行效率得以提升的环节，这包括电解制氢、可再生能源发电、甲醇/甲烷/氨合成、二氧化碳捕集等。IEPU 将涉及的电力设备集成为一体，实现多个相互联系的环节之间进行协同运行，这包括综合能源生产单元内部各子系统协同运行状况、综合能源生产单元与外部电网的高效互动状况、多类型能源的互补生产状况、多类型能源存储和产生化学反应的物质的化工合成的过程耦合状况等，从而能够发挥电力资源的系统优势，实现高效配置的资源目标。IEPU 通过化学过程将二氧化碳直接与氢气反应，生产出便于存储、运输的甲烷、甲醇等绿色燃料或生产出作为重要化工原料的产品，从而可以达成两个目标：其一是降低成本，可以规避大规模二氧化碳捕集后进行压缩及封存造成的高额成本；其二是创造收益，利用形成的产品拓展出新的收益方式。IEPU 生产的氢气可以与二氧化碳、氮气合成生成的绿色燃料化工原料产品，可作为一种能源形式，成为化石燃料的替代选择。

电的故事与案例

故事与案例 1.1：摩擦起电和电传导——格里克发现摩擦起电和电的传导现象

格里克是对科学研究非常感兴趣的德国人。他在 1650 年发明了抽气机，而后又做过著名的马德堡半球实验。通过马德堡半球实验，证明了大气压力的存在。格里克最早进行了有关摩擦起电和电的传导方面的研究。早在 1660 年的时候，格里克开始研究摩擦起电，为此，他制造出了摩擦起电机[①]。这

---

① 陈永杰. 电的认知简史 ［N］. 北京科技报，2024 – 03 – 25 (007).

个摩擦起电机的装置是这样的：把硫黄研成粉末倒入瓶子中，给瓶子加热并让其转动，使其中的硫黄粉末熔化并成为球状，而后取出硫黄球将其冷却和干燥。沿直径方向穿孔，将铁丝穿过硫黄的孔作为铁轴，以便能够轻松地转动铁轴并带动硫黄转动，让转动的硫黄球与手掌摩擦，从而产生摩擦电。格里克基于这个实验又做了很多其他实验。格里克在观察和研究摩擦起电的基础上进一步研究了吸引和排斥现象。格里克发现这个硫黄球不仅能够吸引轻小的物体，而且能够使这些轻小物体彼此间产生排斥力。格里克举着硫黄球的铁轴吸引羽毛，羽毛被吸引后又被排斥离开硫黄球。在排斥力的作用下，羽毛在空中飘浮，像是在空中跳舞。格里克在研究中发现，羽毛喜欢黏附在任何物体的突出部分。格里克还发现，如果驱赶这个飘浮的羽毛靠近点燃的蜡烛，在达到一定距离时羽毛会突然后退，并迅速向硫黄球运动。这个实验说明，格里克已经开始意识到物体的突出部分对电的特殊重要性，物体的突出部分是电荷聚集密度最高的地方，同时也说明了火在使羽毛失去电的过程中发挥的作用。格里克进一步做实验，他在硫黄球的上方吊一根亚麻线，线的下端几乎接触到硫黄球，用手指试着去触碰亚麻线的时候，亚麻线就会向后退，显然亚麻线与手指之间产生了斥力。格里克将一根细杆固定在桌子上，细杆的另一端拴上一根 45 英寸的亚麻线，细线的上下两端均与其他物体保持很近的距离，当摩擦过的硫黄球接近拴着亚麻线的细杆时，亚麻线的下端就会翘起并朝向附近的物体。格里克的这个实验实际上是在证明电的传导现象。格里克有关摩擦起电和电的传导方面的研究，为后继者进行更加深入的电学研究并取得更加丰富的电学成果奠定了基础。

故事与案例 1.2：达坂城风电场——我国最大的风能基地

达坂城发电厂位于新疆从乌鲁木齐去达坂城的道路两旁，这里是风车大世界。达坂城风电场的总装机容量为 12.5 万千瓦，单机容量为 1200 千瓦。

达坂城交通条件便利，兰新铁路、兰新高铁、G30 连霍高速、G7 京新高速以及 314 国道等均在此汇聚，同时这里也是 750 千伏双回输电线路横贯的辖区。正因如此，电网也很早就延伸到了这里，这里的风能能够方便地接入电网并满足其他地区电力负荷的要求。在长 80 千米和宽 20 千米的地区内组成的银白色风车集群，在戈壁滩上呈现出了壮美景象。达坂城很早就以《达坂城的姑娘》这首歌名扬全国，这里的风能资源也非常丰富。从气候学上讲，从乌鲁木齐南郊到达坂城山口，是南北疆的气流通道，这里的广袤土地均适合安装风力发电机。这里的风速较为稳定，主次风的风向接近相反方向且风能分布集中。不会发生破坏性风速以及不可利用风速，有效风功率密度大于 800 瓦/平方米，[1] 年有效风速小时数在 7700 小时以上[2]，因此全年均可发电。新疆富集风力资源，各大风区总面积达到 15 万平方千米，年风能蕴藏量达到 8000 亿千瓦时，这中间能够利用的风能达到 2400 亿千瓦时，可装机容量达到 8000 万千瓦[3]。国家从 1985 年起就开始着手达坂城风力发电厂的调查和研究工作。早在 1986 年就从丹麦购进第一台风力发电机，这架在柴窝堡湖边上竖起的风力发电机获得试运行成功，为后期大规模建设达坂城风力发电厂积累了丰富经验。随后在 1988 年，达坂城完成了建设风力发电厂的第一期工程。目前达坂城风力发电厂已成为我国大规模开发风电的试验场，为进一步优化我国的电力结构作出了贡献。虽然传统能源发电在电能结构中仍居主导地位，但化石能源面临的发展瓶颈越来越大，新能源发电就成为可替代传统能源的理想选择。风力发电具有很好的发展潜力，在新疆布局风电场充分利用这里的可再生能源，在改善电能结构和减轻环境污染方面都将发挥重要作用。

---

① 包能胜，刘军峰，倪维斗，等. 新疆达坂城风电场风能资源特性分析 [J]. 太阳能学报，2006 (11)：1073 - 1077.

② 祁文军，姜超，方建疆，等. 达坂城风电场风能资源分析 [J]. 太阳能学报，2013，34 (5)：909 - 914.

③ 武彩霞. 达坂城：亚洲风力发电之都 [N]. 新华每日电讯，2002 - 09 - 17 (006).

故事与案例 1.3：内蒙古东部风电基地——千万千瓦级风电基地

内蒙古东部风电基地是我国的千万千瓦级风电基地，位于内蒙古自治区的东部，电能分别接入赤峰电网、通辽电网、兴安电网和呼伦贝尔电网，对于充实电能资源发挥着重要作用。内蒙古东部地区地势平坦开阔，有利于集中连片发展风电，同时电能能够通过特高压电网外送。内蒙古东部地区风能资源丰富、建场条件优越，同时建风电场对草原生态环境影响小，这些都为发展蒙东风电基地开辟了广阔前景。目前蒙东电网尚未形成统一的电网，但一般都具备与东北电网相连的多回高电压等级的联络线。东北地区大量高耗能企业停产，导致东北电网对风能的消纳能力有限。蒙东风能的消纳地只能是"三华"电网①，通过特高压直流输电通道以"风火捆绑"方式将风电输送到"三华"电网。因此，蒙东风电基地作为我国的千万千瓦级风电基地，风能除了要满足本区域的电能需要外，更重要的是将电能输送到"三华"电网，解决华北、华中、华东地区的用电需求。蒙东风电场的规模仍然在拓展，装机容量已经突破 1222.5 万千瓦，集中分布区域包括呼伦贝尔市新巴尔虎右旗、通辽市开鲁地区和珠日河地区、赤峰市的松山区和克什克腾旗等。从以上情况看，加快蒙东风电基地建设，需要首先解决东北电网风能消纳能力不强的问题。蒙东风能输往"三华"电网需要首先考虑 500 千伏电网输送电能的问题。内蒙古东部地区风能资源丰富，但仅仅从装机容量或者发电产能方面考虑问题，就会存在风能的产与销之间的矛盾，只有平衡电能产出与电能负荷间的关系，才能推进风能基地持续发展。东北老工业基地振兴与蒙东风电基地的建设之间存在必然联系。蒙东风电基地建设需要前瞻性地处理好三大关系，即风电基地建设与输电网建设的关系、风能产出与用电负荷的关系、

---

① "三华"电网即华北、华东和华中区域电网。

电能传输距离的远与近的关系，这些关系的理顺能够为蒙东风电基地的发展进一步开拓广阔发展前景。

故事与案例 1.4：山东海上风电基地——中国北方最大的风电产业集群

山东海上风电基地是位于烟台、日照和滨州的风电汇集站。山东是我国风能资源最为丰富的地区之一，风能资源主要分布在山东半岛沿岸地区以及海岛、山区等海拔较高的地区。相对于陆地，海上风能储量更大，这里风速高且静风期少，风电具有更高的效率。山东的盛行风向具有季风环流的规律性，冬季盛行偏北风，春季和夏季盛行偏南风，秋季和冬季盛行偏北风，风向在一年中呈现规律性变化。山东海上风能资源丰富，具有广阔发展前景。目前世界范围内的风电发展呈现强劲势头，各国都在不断加强包括风能在内的可再生能源的研发和设计，目前全球已有近 80 个国家有商业运营的风电装机。海上风能发电能够产生巨大的能源替代效应，从而能在一定程度上优化能源结构，在减排污染气体、改善环境质量方面产生巨大的作用。山东海上风电基地在"十四五"期间已经形成了渤中、半岛北、半岛南等三个片区，在 2025 年风电装机容量将达到 800 万千瓦[①]。国家电投山东能源与招远市政府已经签署了全新的海上风电合作开发框架协议，在风电发展方面实现"深远海"发展布局。山东海上风电基地依托"政策支持、用地保障、配套设施、港口优势、人力保障"等五大优势很快就会成为中国北方最大的风电产业集群[②]。经济越发展就越需要电能保障，社会对电力的需求具有弱弹性或者无弹性特征。在低碳经济的目标约束下，研发包括风能在内的新能源就成为世界各国关注的焦点，风能因易获取、分布广、可再生等优势而备受关注。

[①] 余娜. 探访山东首个百万千瓦级海上风电基地 [N]. 中国工业报，2024 - 01 - 09 (007).
[②] 沈道远. 向千亿级海上风电产业集群进发 [N]. 威海日报，2023 - 02 - 17 (003).

综合多方面看，风能在能源供应、环境保护从而实现可持续发展方面具有传统能源不可比拟的优势。山东海上风电基地为我国大规模发展风能事业积累了经验和奠定了研发基础，虽然我国风能发展起步较晚，但发展速度很快，依托丰富的风能资源，风能发电已经初具规模。山东海上风电基地在进一步扩大发展规模进程中能够积累经验，助力我国风能产业进入发展的快车道。

第 2 章

中华大地从亮起第一盏灯到
电力之光光耀山河

2.1 电力在发展中解决新矛盾
和在发展中实现新提升

任何事物的发展都要按照循序渐进的发展过程稳步推进,电力事业的发展也不例外。中华民族的电力发展经历了从起步到慢步到大步最后达到跑步的快速发展历程。我国电力产业从跟着别人的脚步走,到别人跟着自己的脚步走,实现了从"当学生"到"当先生"的身份转变。唯物辩证法认为,事物的发展需要经历从量变到质变的发展过程,量变是质变的必要准备,质变是量变的必然结果，但量变到质变的过程并非完全的自在自然过程。整个的量变过程中包含着部分质变，在质变的基础上会发生新的量变。质变的过程就是此事物转化为他事物的过程，新事物中包含着新的特质。事物在质变过程中，完成了对自身的否定，并作为新生事物具有了更加光明的发展前景，这是在对自身中蕴含的积极因素进行肯定的基础上的一种扬弃。这一发展过程，就是发现矛盾和解决矛盾的过程，在旧的矛盾得到解决后，新的矛盾又会产生，这就要求不断创新方法解决新矛盾，这就构成了事物螺旋式上升的变化发展过程。人们在此过程中不断修正自身，提升认识能力，在主体客体化进程中也完成了客体主体化。

唯物辩证法认为，矛盾是促成事物变化的根本动力，事物中相互矛盾的方面在斗争中相互依存和相互渗透，相互斗争的结果使双方相互转化。没有离开斗争的统一，也不存在离开统一的斗争。作为斗争的结果，矛盾的对立面会发生相互转化，从而呈现为对立面间的内在统一。在没有电的时候，人们借助油灯、蜡烛进行照明，人类文明在这样昏暗的灯光下慢慢发展，走向光明是人类共同的期盼。旧中国的上海外滩上当第一盏灯亮起时，人们欢欣鼓舞的样子是难以名状的。中华民族自此有了对电的期盼，随后电灯从上海走向天津走向北京，街上多了电灯，少了马提灯。电刚刚出现时成为少数特殊群体能够享受的文明。电力需求的"多"与供给的"少"之间就产生了矛盾。为了解决这个矛盾，需要尽快发展电力事业，与此同时就出现了新的矛盾，这些矛盾主要表现在电力技术的需求与现实中电力技术的缺乏之间的矛盾，发展电力事业对资金的大量需求与现实中资金匮乏之间的矛盾，为了解决这些矛盾就需要创新思维方式。发展电力事业过程中的相互矛盾着的方面，在创新性的思维方式中由对立走向了统一，电力事业在这种统一中不断发展。

电力事业在这种发展轨迹中从"一点亮"发展到"一片亮"再到"多片亮"直至电力之光洒向祖国的每一寸山河，电力之光光耀中国成为电力事业的前进方向。电力事业在进一步发展中，装机容量从小到大，发电总量从少到多，发电电源从孤立走向联网，从小区联网到大区联网再到全国联网，全国电力资源的利用越来越充分。北煤南运、西电东送都是解决我国电力资源西多东少和煤炭资源北多南少的矛盾的创新性思维方式。矛盾在发展中解决，矛盾又在发展中不断产生。在发电量出现供大于求的情况下，国家为解决电力的供需矛盾，实行以"厂网分开、竞价上网"为切入点的电力改革，虽然电力工业的发电端和销售端很好地介入了市场竞争，但输配电侧的自然垄断性质无法从根本上消除。这就需要在进一步完善电力市场过程中，加强政府监管。但是为了防止政府监管发生"缺位""错位""越位"的事情，就需要恰当处理"有形的手"与"无形的手"之间的关系，既不能用"有形的手"完全替代"无形的手"，也不能用"无形的手"否定"有形的手"。在政府基于监管制度的"严管"与保证电力经济实体承担竞争性风险之间，以及无风险地收回投入成本和获得恰当收益之间必须保持平衡，这样才能激发投资者的积极性，保证电力事业的可持续发展。

电力发展进程中的矛盾不断被克服，电力事业也不断发展壮大。其间不但电力事业在蓬勃发展，电力人也在此过程中逐渐从电力哲学角度认识电力事业自身，这就是说，电力事业的发展是在开放系统中进行的，它的发展需要从周围环境视角审视自身，才能在发展中创造未来。系统论认为，孤立的系统总是趋向于熵增加，这会使得系统趋向混乱和不稳定，只有通过制度设计为系统输入负熵才能保证系统中的各要素运转有序，从而保证系统的持续高效发展。电力系统是开放系统，这不但表现在电力系统需要不断地从外部环境摄取资源和向周围环境排放与电能相关的副产品，还在于不断地与经济系统、社会系统、文化系统互动，只有在这种交换中，电力系统才能保持自身的有序状态，从而实现各系统间的和谐发展态势。在传统煤电与环境间出现矛盾时，人们开始发掘核能、风能、太阳能、潮汐能、生物质能、地热能等替代能源，从而达到电力事业充分发展与人类社会发展双赢的目标。电力事业在此过程中也实现从量的积累达到质的提升的目标。在未来的电力事业发展过程中，多样态能源结构的发展格局会更加完善，电能的量的增加和质的提升间的关系也会进一步完善，以清洁能源为主体的能源结构得以形成，生态文明理念会成为人们的行为自觉，成为电力事业发展的实践自觉。

2.2　中华大地从点亮第一盏灯到电力之光光耀中国 *

2.2.1　中华大地第一盏电灯在上海亮起

我国电力事业的发展源自帝国主义列强抢占的租借地以及列强控制的铁路和矿山，并且最早与清政府给皇宫供电联系在一起。因此，电力事业的发展从一开始就与半殖民地半封建社会缠绕在一起。19 世纪 70 年代，上海的街道、商号和居民是采用煤气灯或煤油灯照明的。电力照明改变了人们的生活方式，方便了人们的生产和生活，中国的电力之光是从第一盏灯开始的。1879 年 5 月 28 日，英国人毕晓浦在虹口乍浦路的一座仓库里，点亮了一盏碳极弧光灯，这是中华大地上点亮的第一盏电灯。这个由 10 马力的直流发电机发出的电点亮的电灯，成为我国电力发展史的开端。这个开端逐渐改变了中华大地的生产方式。1882 年，英国人立德尔等人成立上海电气公司，置办有关发电的设备和设施，在南京路江西路路口创办了中国第一家发电厂。这个发电厂规模很小，但为我国进军电力市场打开了局面。这个电厂在转角围墙内竖起第一盏弧光灯杆，并沿外滩到虹口招商局码头立杆架线，串接 15 盏

---

* 中国电力企业联合会. 电力史话［M］. 北京：社会科学文献出版社，2015. 本节及本章以下各节内容参考了该著作的相关历史材料，并在此基础上增加了新内容以及个人理解。

灯。这种新鲜的装置人们未曾见过，人们都盼望着奇迹发生，千百年来漆黑的长夜开始被耀眼的灯光驱散。1882 年 7 月 26 日下午 7 时，电厂开始供电，光亮驱散了夜晚的黑暗。夜幕下的这些弧光灯一起发光，亮起的电灯穿成一串形成一条耀眼夺目的长龙，在漫漫夜空中成为聚焦千万只眼睛的焦点。这是中华大地上出现的新鲜事，"7 月 26 日"由此成为中国电力工业发展历史上一个值得纪念的日子。中国电力事业从这一天发展开来，电力之光散布中华大地。电力之光不只是激发了人们的好奇，更重要的是点燃了人们心中向往电力之光的渴望。虽然这时电灯的规模还不够大，但是这标志着中国走进了电的文明时代。谁也不会预料到，未来会有很多与电联系在一起的新事物产生，而这些新事物在没有电的时代是不可能产生的。

2.2.2　电力之光从一点亮到灯光点点

电的出现激发了人们的消费愿望，上海外滩的灯光覆盖面积马上就不断扩大。坐落在黄浦江外滩的上海俱乐部等很快也装接了电灯，成为中国第一批电灯用户，这也为后来电力事业大发展中进入电力的商用模式开辟了先河。这时的上海电力公司的投建也标志着神州大地的电力事业从上海开始起步。随后电力事业开始从这里缓步发展，到中华民国成立前夕，上海共有中外电力公司 4 家。电力事业从零起步到发展速度逐步提升，其间经历的时间并不漫长，这表明了人们对电力事业快速发展的企盼，也表明了人们很快认识到了电力在经济发展中的重要作用。电力事业开始向其他城市蔓延。上海点亮第一盏电灯之后，电灯也在北京城亮起。北京的第一盏电灯安装在仪鸾殿，这成为日后北京城电力大发展的基础。这盏电灯照亮了北京的夜空，也开始改变了京城人的生活方式和交往方式，为助推电力向全国发展起到了重大带动作用。当时这个只有 15 千瓦的发电机专门为皇宫供电，为了保障稳定的和制度化的电力供应，清廷成立了专门的供电机构即西苑电灯公所。

电是新生事物，当时人们对电了解程度不够高，在电的使用过程中没有什么安全意识，由此也会导致出现意外。当时因不懂得安全用电常识而被电到的事情时有发生。

2.2.3 人们对电的认识程度逐步加深

类似的触电情况在阴雨天经常出现，由于人们对电的认识程度不高，只知道用电，而不知道用电过程中需要遵守什么样的规则，以至于很多人将电灯视为"妖术"。电力事业的发展并非一帆风顺。在灾难深重的旧中国，电力事业也受到列强的干扰和破坏。八国联军侵占北京后，上海、广州、汉口、天津、北京等地先后都开办了公用电业，但这些电力设施基本控制在外商手中。我国没有自主研发的电力设备和相应的技术，发电设备完全靠从外国购买，清廷用电的需求受到影响。为了改变这种局面，清政府又斥巨款从德国购进了一台蒸汽机带动的约 15 千瓦的发电机组发电，同时建立了专门管理电力的机构即颐和园电灯公所。短时间内在表面上，清廷又有了稳定的电力供应。随后八国联军入侵北京使电力供应受到影响，西苑电灯公所、颐和园电灯公所拥有的两套发电机组及电灯设备均被毁坏，电力供应随即中断，并且因缺乏核心技术导致受到严重损坏的电力设施根本无法恢复。清廷为了使电力供应再度走出困境，在重修西苑与颐和园两处电力设施的过程中，筹银12.49 万两再度购买发电设备。经过紧锣密鼓的筹备，时隔两年后，电灯重新在颐和园亮了起来。虽然如此，由于当时的发电功率有限，发电量并不能满足日常需要，清朝宫廷只有少部分区域能够享受电灯照明。为扩大宫廷电灯照明范围，清政府又在宁寿宫安装发电设施，为了保障稳定的电力供应，清政府成立了宁寿宫电灯处。但这时发电装机总容量仍然没有超过 50 千瓦，而且电力供应均属清宫廷官办官用，电力一直没有越过从官用到民用的鸿沟，这时期的发电装机容量虽小，但基本能够满足宫廷日常用电。

2.2.4 电从日常照明拓展到交通系统

在清廷通过进口发电设施满足用电需求的同时，世界电力和电力应用事业也在快速发展。电力不仅应用于日常照明，而且开始拓展到其他很多方面。1879 年，德国工程师西门子开始在柏林工业博览会上使用电力驱动的轨道车辆，使电力的应用范围进入了新的领域。电力与交通工具的联合推进了交通运输事业的革命性变化，也提升了电力需求。随后很多国家的专家开始在这个领域进行尝试。19 世纪末的 20 年间，柏林、罗马等都相继建立了有轨电车系统。有轨电车使人们出行有了新的选择，改变了交通方式，也改变了人们的思维方式。有轨电车很快就对传统的马车进行了大规模替代，代表工业文明的有轨电车很快就打败了马车、人力车等交通工具，人类对快速交通的需求注定要有更好的交通工具产生。20 世纪初，包括欧洲、北美及日本等国家和地区在内的交通方式都在实现新的交通工具的替代。中国在这方面也不甘落后，中国最早的有轨电车出现于北京，这是由德国西门子公司修建的有轨电车设施，这条有轨电车线路将北京郊区的马家堡火车站与永定门连接在了一起，虽然距离不长，但具有里程碑的意义。这就像当时在上海出现第一条灯的长龙一样，有轨电车也成为北京城的亮丽风景，但有轨电车事业由于受到很多扰动因素的影响发展并不顺利。义和团运动爆发，导致这辆有轨电车还未投入使用就被毁坏殆尽。但有轨电车这个新生事物对改变人们生活方式的吸引力并未消除，有轨电车事业在全国其他地方逐渐发展开来，有轨电车的发展势头有增无减。香港也开通有轨电车，此后设有租界或成为通商口岸的各个中国城市，都相继开通有轨电车，有轨电车进入了大发展时期。中国第一个开通有轨电车的城市是天津，开启了有轨电车的时代。有轨电车从一种新生事物很快就成为人们惯常的生活方式，人们的出行更加快捷和便利，对促进经济发展发挥了积极作用。

2.2.5 电力的用途从陆上交通扩大到船政

上海虽然是我国的第一大城市，但有轨电车的发展节奏慢于天津市。天津出现有轨电车后上海开通了有轨电车，紧接着北京市内的有轨电车也得以开通，北京市成为我国第三个拥有有轨电车的城市。但有轨电车在社会发展中也逐渐从新生事物变为了旧事物。随着汽车业的兴起和发展，有轨电车的劣势也逐渐显露了出来，有轨电车的最大问题在于噪声大、不稳定、性能差、耗电多，而且在速度、舒适度和灵活性方面也远不及汽车。有轨电车的这些劣势注定其很快被具有发展优势的汽车产业所淘汰。20 世纪 50 年代中期有轨电车便逐渐衰落，到 20 世纪 60 年代时，有轨电车相继下马，代之而起的是蓬勃发展的私人轿车，这成为欧洲富人阶层的生活选择。中国的有轨电车也逐渐没落，上海南京路上最后一班有轨电车，于 1963 年 8 月完成了历史使命。曾经风光无限的有轨电车虽然退出了历史舞台，但电力的发展正在阔步向前。电力与交通工具的最初联合产生了有轨电车这种交通工具，有轨电车只是电力的最初应用方式，人们谁也不会想到，电力在未来的发展中将会渗透到人们生活的方方面面。电力的广泛用途是在其发展中逐渐被发展出来的。电力的大发展是必然趋势，这种发展趋势注定电力的应用会逐渐波及其他领域。电力的广泛应用已经对生产和生活产生了巨大影响，拥有无限智慧和善于学习创造的中华民族开始广泛接受电力，并将电力广泛应用在煤矿、工厂和家庭照明等方面。移动电源的发明尤其重要，它不仅能保障陆地上的日常用电需要，还因其具有可移动性而可以使用在交通工具或者军用设备上。清末重臣左宗棠将电力应用于船政又是一件新鲜事，这为电力用途范围的拓展又打开了一扇窗，将电力应用于船政引起了全国轰动，当时有很多报纸媒体对这件大事均有报道。船政有了新的照明设施，意味着船上长出了明亮的眼睛，可以更好地进行预警或者进攻。北京同文馆的学生把外国媒体上刊发的报道译成中文送到总署，让清廷知道。清廷上下都在广泛议论将电力照明应用于船政这件事情，这件事情的成功推进，就意味着船政迈出了新的一大步。但这只是中国自己试验用电照明之始。电力用于船政和舰船马上就进入了大发展阶段。以马尾船政为例，其不但已经使用电灯，就连舰船上也都使用上了探照灯，这进一步提升了舰船的军事打击和防御功能。

2.2.6　电力从引进设备转向发展电业

电力在中华大地上的用途越来越广。两广总督张之洞从国外购入 1 台发电机和 100 盏电灯，安装在广州衙门旁发电，供衙门照明。广州衙门从此改变了在漫漫长夜中沉睡的历史，这里也成为整个广州市最明亮的地方。为了满足国人用电的需求，台湾巡抚刘铭传在台北市东门创立兴市公司开始建设电灯厂，这座电灯厂是通过从国外购进蒸汽发电机组得以建成发电，于是台湾也就开始了发电照明的历史。随后计划在台北市附近的淡水河支流新店溪开发建设龟山水电站，于是台湾的丰富水力资源与电力开始连接在了一起。这是中国国土上最早的一座水电站，为水电事业的进一步发展积累了丰富经验，并培养了必要的人才，向更加广阔的水电事业进军吹响了号角。这个水电站的建成，标志着我国开发水电资源的开始，为我国进军水电事业奠定了技术基础、人才基础和管理基础，使我国的电力事业进入了一个新的发展阶段。从中华大地亮起第一盏灯到辛亥革命胜利这段时间内，神州大地 30 余座城市也相继开办了 40 多座电灯厂，我国电力事业呈现遍地开花的发展新格局。我国电力事业的发展势头虽然随后受到帝国主义入侵的负面影响，但发展电力事业的决心从未有任何消减。中华民族已经认识到发展电力事业的重要性和紧迫性。在帝国主义入侵中国并垄断中国电力市场后，很多有识之士开始热心创办实业，电力事业在逆境中前行，在中国大地上呈现遍地开花的局面。从 1887 年开始，先后在上海、北京、汉口、昆明、广州、杭州等地兴办电业,但这些电力企业都规模较小,并且发展很慢。其中规模最大的是京师华商电灯公司。辛亥革命后,中国的民族工业开始有了较快发展。兴办公用电业的势头开始增加。当时的上海电力公司杨树浦电厂是其中规模最大的电厂。诸多电力龙头企业的发展,进一步坚定了中华民族发展电力事业的信心,进一步拓宽了电力事业的发展道路。

2.2.7 电力实行统一标准和专门管理

电力事业迅猛发展,对合理化电力发展秩序提出了新要求。国民政府在20 世纪 30 年代成立了全国电气事业指导委员会,负责制定各项电气法令和制定电压、频率等的标准,这一举措为日后建立起大范围的电力联网设施奠定了基础,也为电力负荷的制造提供了标准。国民党政府于 1935 年在军事委员会下成立资源委员会,负责勘测水电和组建电厂等事宜,这为发现电力资源和建设电站奠定了基础。国民党政府迁往重庆的同时将建设委员会、资源委员会和全国经济委员会、工商部等合并为经济部,并在经济部下设置资源委员会,专门负责电力事业的事宜,为进一步大规模发展电力事业奠定了制度基础。在抗日战争期间,电力事业在不利的环境中艰难发展,这些电力设施在一定程度上保障了战争期间的用电需求。"九一八"事变后,东北电力系统全部沦陷,东北的电力事业发展受阻。此间日本强行经营东北电业,并强行建设了水丰、丰满、镜泊湖等水电站。在这种背景下电力设施的用电主体发生变化。卢沟桥事变爆发后,关内的大多数发电设备沦陷,各地电力设备被日本强行接管,电力设施成为日本进一步扩大侵略战争的工具。解放战争期间,解放区军民积极恢复生产,电力发展也有了新转机,电力设施终于回到了人民的怀抱,这时期分别在 1947 年和 1948 年建成了坐落在长治市郊区西白兔村的"华北军工部第四总厂军工一分厂"和平山县水电站。在新中国成立前夕，全国发电总装机容量和发电量均处于较低水平，这时的人均电量很低，电力供应远远不能满足生产和生活的需要。这时全国没有一个超高压电网出现，我国这时的电力事业处于低水平运转，发电量严重缺乏，严重制约了国民经济发展。

2.3　新中国成立前电力事业在探索和积淀中发展

2.3.1　电力事业缓步前行

新中国成立前的电力工业在发展初期，西方列强为了掠夺中国的资源和财富，在各通商口岸到处投资建厂，很多发电设施以及电力资源均受列强掌控。但是自强的中华民族并不甘心屈从列强，这时期中国的一部分商人和清朝官员也开始投资于新式工业，包括官办、官督商办、商办等在内的各种形式的电厂迅速兴起。虽然电力事业的发展速度较快，但这时中国民族资产阶级还处于幼年时期，对电力工业缺乏管理经验，再加上电力行业竞争异常激烈，导致有些华商电力企业损失殆尽。电力事业的大发展与电力事业在社会发展中需要释放的经济收益之间并未呈现出同向发展格局，电力经济的发展因缺乏秩序而未形成较强的聚合整合效应，只有少部分有实力的电力工业得以保存。到辛亥革命时，民族电力工业只剩下京师华商、汉口既济、上海华商等十几家较大的企业，这时的发电装机容量也很小。外国人经营的电力企业在我国占了半壁江山，在电力行业拥有压倒性优势。即便如此，我国电力事业仍然在探索和积淀中徐徐前行，不断为电力事业的发展积累经验、创新技术和培养电力管理人才，从中华民国建立到抗日战争爆发前夕，我国的电力事业短时间内有了一定发展。从全国来看，除青海、新疆、内蒙古外，官办、商办、官商合办的电力企业在各地纷纷建立，已遍及全国各省。电力事业在全国铺开了摊子，为进一步拓展发展局面奠定了物质基础、管理基础和技术基础。

2.3.2　电力发展依托技术积累

电力工业是技术密集型行业，关键技术突破始终是推动电力发展的重要因素，但这需要经历学习、模仿、消化、吸收，而后到创新的缓慢发展过程。在西方列强的压制下，我国电力发展更加步履维艰，"学习"和"获得"电力技术就成为突破这种发展困境的开始。西方列强在对中国电力工业投资与掠夺的同时，也带来了国外先进的电力技术，这使得具有先见之明的电力前辈们依稀看到了发展电力事业的希望。国民政府资源委员会的成立，使电力发展进入规范化的制度轨道，开始了在学习国外发电技术的基础上大规模引进技术和设备。资源委员会的最大贡献，就是较系统地培养了一批电力管理和技术人才，奠定了中国电力发展的基础，为我国电力事业发展凝聚了智慧。资源委员会在电力事业的发展进程中起到了推进作用。抗日战争胜利后，电力事业与此同时也得到了进一步发展。电力工业也开始进入了由电源点向电网的发展进程，电力事业在一定程度上出现了由电源点孤立发电、用电转向通过电网综合使用电力的格局，成为电网建设的开始。电力发展随即进入了公司化运营的新阶段。资源委员会积极开展对外合作，这一时期签署的规模最大的两个技术引进合同，是与美国西屋电气公司和摩根·史密斯水轮机公司签订的，这两家公司拓展了我国电力发展的新视野。

2.3.3　电力事业开始涉足水电

我国电力的发展并非火电在唱独角戏，水电事业在火电充分发展的同时也在快速跟进。中国是一个水力发电资源十分丰富的国家，1908年前，法国人在云南勘察，发现了石龙坝河段丰富的水力资源，并向云南省政府提出要求建设该电站，这时期人们开始注意到云南具有的丰富水力资源，只有将丰富的水力资源转化为电能，才能让自然资源助力经济发展。云南省当局因受反帝爱国运动的影响，不敢将建设电站的权力交给法国商人，而且进一步坚定了开发水力资源的决心。云南省政府于是准备自筹资金主持修建电站，于是石龙坝水电站的建设被提上日程。综合多种因素看，当时采取官办方式最为妥当，这个决定对建立电站起到了巨大的促进作用，这一巨大决定推进了石龙坝水电站的建设速度。石龙坝水电站全部工程完成并开始运行发电后，我国终于有了大规模的水力发电站，在一定程度上补充了电力的不足。中华大地于是开启了水电事业发展的征程。在过去很长一段时期，中国发电方式和电源构成比较单一，主力电源只有火力发电，这种单一的电力结构，不但限制了水力资源的开发力度，而且也限制了电力资源的空间布局。我国具有丰富的水力资源，石龙坝水电站的建设，为我国大规模发展水电事业积累了经验、技术、人才以及管理经验，为进一步优化能源结构和大规模使用清洁能源拓展了发展路径。

2.3.4　电力事业挺进农业领域

电力的发展是为了促进国民经济全面发展，除了促进城市发展及工业发展外，也要促进农业和乡村发展。电力之光只有散布到祖国的每一寸山河，才能实现光耀中国的目的。电力首先发展于城市，但其发展目标不能局限于城市，只有从城市辐射到乡村，才能在各行各业展开电能对社会经济发展的推进力。中国是一个农业大国，县及县以下的电力供应通称农电。虽然今天中国已进入城乡一体化阶段，但发展现代农业的首要任务仍是保障电力供应，这就需要将电力推进到乡村场域。戚墅堰电厂开启了我国向农业供给电力的发展历程。该电厂的供电范围西至武进，东至无锡，虽然供电范围不够大，但这表明了电力供应从城市走向乡村的态度。该厂建站的最初目标主要是满足农田电力灌溉，而后应武进市民的请求，电厂将邻近江阴的芙蓉圩也纳入电力服务范围，架设杆线后输送的电力用于排水。于是农电供应的目标从起初的灌溉扩展为"灌溉＋排水"，给地势低洼地区的农田排水同样是加强农田基本建设的重要环节。因芙蓉圩地势低洼，积水不易以人力排泄，如果不排水，秋冬则无法种麦。电力输送到芙蓉圩后，积水即可迅速排出，为农田排涝解决了大问题。这一举措对于电厂也是利好，电力用于排涝也为充分利用电能提供了思路，电厂由此则扩大了用户覆盖面，电厂与芙蓉圩均可获利。电力应用于农业增加了电能的消费渠道，在发电商与用电消费者之间实现了双赢。但这种局面也并非一帆风顺，20 世纪 60 年代后，中国农村电气化事业才真正得到快速发展。电力的应用在推进农村经济发展、实现农村社会进步中发挥了巨大作用。

2.3.5 电源点供电到电网供电

独立电源的电能服务范围是有限的，如果独立电源的较大发电量不能让更多消费者受益，就意味着电能的浪费。因此，电网就是充分利用电能的创新性思维方式。电网的发展，是电力工业实现规模发展的必然结果，也是大规模和高质量发展电力事业的前提。早在 19 世纪 30 年代以后，平津地区的电力需求就开始快速增长，但仅仅依靠点对点供电，已难以满足要求。通过建设电网实现电力的跨区域消费就成为发展必需。北平南苑变电站至天津第一发电厂的平津间 77 千伏线路，由天津向北平送电，实现了平津地区的跨区域电力消费，这意味着平津电网呈现雏形。由塘沽经汉沽至唐山发电厂的线路，与以石景山发电厂为主力电厂的北平电网一起，正式形成"平津唐电网"，平津唐电网成为当时我国空间距离较长的电网，将京津与冀东地区紧密连接在一起，结束了平津唐地区电厂单独运行的局面，并为后来形成比较完善的京津唐电网奠定了基础。京津唐电力联网意味着电压、电频等各方面进入标准化运营阶段，为全国更大区域的电力联网提供了宝贵经验，开启了电力联网的大发展时代。当时各个电源点的电压、频率是各不相同的，当然这种局面也是因发电设备的不同而不同。为了促进电力事业大发展，就需要统一电力工业的发电标准。伴随电力工业的快速发展，"一点＋多面"供电布局、联网供电布局成为行业发展趋势，但与此同时出现了新问题，这就是不同的电压和周波①成为制约发展的技术因素，这严重阻碍了电力事业的发展进程。只有突破这方面的发展瓶颈才能使得电网建设从理论化为实践。

2.3.6　统一标准推进电力发展

规则统一有利于电力事业大发展，这需要政府部门出台政策规范发电、供电秩序，为了推进这方面的工作，20 世纪 30 年代的国民政府公布《民营公用事业监督条例》，并公布电气事业的电压和周波标准规则，这为不同电源企业之间进行无缝对接，从而建立大规模的输电网奠定了技术规范基础。国民政府规定必须严格执行，标准规定用户端电压统一采用 380/220 伏标准，全国统一采用周波 50 赫兹，这也是中国电力工业最早的行业标准，这一标准一直延续至今，为我国电力事业的后续发展规定了尺度。统一的标准规则成为电力经济实体之间的话语方式，从而使得发电、输电、用电等各个环节完美统一起来。电力事业的发展不仅在国民党统治区得到发展，而且在抗日战争期间，有条件的地方积极开展电力建设工作，红色电业有了初步发展。电力事业的发展有力推进了红色政权的巩固和发展，在支持抗战和取得抗战的决定性胜利方面发挥着重要作用。中共中央在延安阎店子创建发电厂，虽然

---

① 周波是指发电机输出的交流电频率，通常为 50 赫兹或 60 赫兹，即一个周期内，电流改变方向的次数。

电厂装机容量不大，但基本解决了工作用电问题，数十个无线电台的联络范围一下子扩展到了国民党统治区，传达和接收信息方便快捷。这时在河北涉县西北清漳河的赤岸村，建设了一座 10 千瓦木制水轮机发电站，这座发电站被载入了我国发电工业史册，赤岸村也因此成为中国北方地区最早通电的村庄之一。另外，河北省平山县沕沕水水电站也是当时一座重要的水电站，该电站容量为 155 千瓦。河北省曲阳县建成葫芦汪火电厂，装机 650 千瓦。这些电站的早期发展，为后来电力事业的大发展积累了宝贵的技术资料，并培养了大批专业技术人才。

2.4　新中国成立后到改革开放前电力事业的持续发展

2.4.1　电力事业整装推进

新中国成立前的电力事业自从 1882 年起步以来，到新中国成立时虽然已经有了 67 年的发展历史，但仍然是处于设备破旧、电网瘫痪的发展状态，电力事业只有呈现出新的发展局面，才能满足人们生产和生活的用电需求，到 1952 年，生产运行逐步走上正常轨道，电力事业的各项经济技术指标均有所好转，电力事业也由此进入了快速发展时期。在实施"一五"计划中，电力事业快速发展，以苏联援建的 156 项大型工程中的 23 项火力发电工程为中心兴建了一批骨干电厂，这时期兴建了新安江水电站、新丰江水电站和柘溪水电站等。与此同时，我国利用已有资源条件，积极进行水电开发，成立了黄河规划委员会，在黄河上游首先开发了刘家峡、盐锅峡和八盘峡等水电站，新中国的电力事业在此稳步推进。为了进一步推进水电事业的发展，1956 年成立了长江流域规划办公室，开始了黄河和长江这两条中国最大的两河的开发规划工作。新中国成立后，在进行电源建设的同时，电网建设与改造也开始起步，只有将电源联网才能最大限度地发挥电能的社会效用。"一五"期间，全国各地的高压电网有了发展，只有高压电网才能在最大限度上降低输电线路上的电能损耗。1954 年初，新中国第一条自行建设的丰满至李石寨220 千伏高压输电线路建成，开创了我国跨空间远距离输电的历史，这为我国形成完善的国家电网奠定了基础。

2.4.2　电力事业曲折发展

电力事业的大发展过程中，发展电源的同时也需要考虑优化电力结构的问题。中共中央于1958 年 1 月在南宁召开了会议，会议提出以"水主火从"为发展思路的电力工业建设方针，这是我国大力发展水力发电的历史性决策。党的八大二次会议后，电力与其他行业一样也进入了发展的快车道。电力事业虽然受挫但仍然稳步前进并在发展中取得了可喜的成绩。随后几年时间内，电力事业仍然按照"调整、改革、整顿、提高"的"八字"方针持续推进，在既有基础上继续稳步发展，取得了可喜成绩。总体而言，新中国成立后的前 20 年时间内，电力事业以及在电力事业支撑下的各行各业都呈现较好的发展势头，我国电力事业的绝对发展水平在不断提升，与世界电力事业发展超前的国家相比，我国电力事业的发展速度仍然排在前列。但这一良好发展势头马上受到干扰。"文化大革命"开始后，电力工业也进入了曲折发展阶段。在"文化大革命"初期年装机容量增量开始下降，由于电力发展受阻，新建电站的装机容量的增量受到负面影响，而且既有存量电力资源的正常运营也受到负面影响，许多地区出现严重的缺电局面，电力产能下降对国民经济发展和人民生活的影响非常突出。1975 年国家作出"支持电力发展"的重要决策，电力事业逐步走上发展正轨，这年底，全国拥有发电设备容量4340.6 万千瓦，电力事业是对国民经济发展的基础支撑作用马上彰显了出来。

2.4.3 多元电源形式产生

这时期电力产业虽然受到影响，但为了推进国际各方面的发展，电力事业仍然保持快速推进，这时期新建了一批电厂，电力产能开始增加。这些新建的电厂包括高井电厂、吴泾电厂、朝阳电厂、刘家峡水电站、望亭发电厂等。当时这些高参数、大容量国产机组的投运，标志着中国的发电设备从设备制造到发电生产都上了一个新台阶，我国发电事业突飞猛进。不仅如此，电网事业也在同步跟进。1972 年中国第一条 330 千伏线路（刘家峡至关中）建成，逐步形成了陕甘青电网，西北地区的电源开始连成一片，电能因能够依托电网调剂余缺，使电能的利用更加充分。这也为进一步大规模开发化石能源奠定了基础。我国很早就发现了大庆油田，但开发大庆油田并持续发展需要充足的电力做支撑，而当时这里只有两台设备状况一般的 1500 千瓦的发电机组为大庆油田供电，为了解决持续的电力供应问题，"列车电站"① 担负起了供电的重要职责。"列车电站"不同于传统电站，这种移动式电站的安全性就成为头等大事，其安全性与油田的稳定运营直接联系在一起，但而后还是由于外力原因电站紧急停机，这次电站停机导致电力供应中断，严重影响了油田正常运转。这说明"列车电站"虽然灵活性强，但其不稳定性的缺陷还是暴露了出来。为了适应新的发展形势，"列车电站"于 1982 年取消，并不断探索新的持续供电模式，多样化的电力供给模式在创新创造中不断诞生。电力事业在发展进程中发电形式多样，与不同的发电形式相适应，多样化的管理措施也应运而生，为电力事业的蓬勃发展积累了宝贵经验。

---

① 列车电站是将发电设备安装在特种铁路车辆上的移动式发电厂。这种发电方式具有很大的灵活性，按要求迅速转移到铁路能到达的任何地点，可以满足用电场合的紧急供电需求。

2.4.4 装机容量不断提升

目前电力工业方兴未艾，电力系统已有更多、更高级的机动电源在应对突发事件和各种限重事件中发挥重要作用，目前的电力供应水平已经远远超出了电力供应匮乏时期的"列车电站"的发展方式。多样化的、机动灵活的电力供给模式的诞生，提升了国家应对各种突发事件的能力，也为发展更加多样化的电力事业进而优化电力结构提供了经验。我国在大力发展火电的同时，水电事业也在蓬勃展开，这首先表现在对黄河干流水力资源的开发层面，我国相继建设了三门峡水电站、刘家峡水电站、新安江水电站等。三门峡水电站是黄河干流上的第一个大型工程，该电站于1957年4月13日开工建设；刘家峡水电站于1958年9月27日正式动工兴建；新安江水电站建成投产于1960年，这是新中国第一座自行设计、自制设备、自己施工建造的大型水力发电站，是中国水利电力事业史上的一座丰碑。虽然水电事业在蓬勃发展，但火电在电力事业的大家族中一直扮演着主导角色。1956年在淮南电厂投运了我国国产的第一台6000千瓦火电机组。随着发电机组规模不断扩大，电能供应水平不断提高，这时期我国的发电机组由小到大主要有1958年的2.5万千瓦火电机组、1967年的10万千瓦机组、1969年的12.5万千瓦火电机组、1972年的20万千瓦火电机组、1974年的30万千瓦燃油机组、1975年的30万千瓦燃煤机组，它们分别在上海闸北电厂、北京高井电厂、上海吴泾电厂、辽宁朝阳电厂、江苏望亭发电厂、河南姚孟电厂投运，这些发电机组在当时都是象征我国电力发展进步史的国产第一台机组。我国火电事业进入大发展时期，祖国的电力事业在快马加鞭中呈现迅猛发展势头。火电事业的大发展，从根本上解决了我国电能的供给缺口，由供不应求逐渐转向供需平衡。

2.5 改革开放后电力事业进入发展的春天

2.5.1 电力产业的投融资体制在发生变化

新中国成立后的前 30 多年的时间内，全国还存在到处缺电、随时停电的问题，拉闸限电的情况非常普遍。出现这种状况的根本原因就在于电站数量太少、发电总量有限，电力供给存在着巨大缺口，发出来的电远远满足不了生产、生活的需求，这对我国电力供应提出了新要求，要解决这个矛盾就必须多建电站、多发电。但是建电站就需要资金，没有资金做支撑，电力事业就无法推进。国家这时期虽然在快速发展，但经济实力仍然与电力事业的发展需要之间存在偏差。如果仍然沿袭国家单一投资办电的电力发展模式，资金就会显得严重不足，进而成为电力工业发展的瓶颈。政府单一办电的既有发展格局已经不能满足社会需要。只有打破传统电力体制的投融资机制，才能尽快为电力事业发展筹集到雄厚资金。因此，破除国家作为单一投资主体的办电模式就显得异常紧迫，据此才能形成多渠道、多方式的结构化筹资办电的新的投资格局，从而在一定程度上解决办电资金紧张的问题。当时能够彰显电力投资体制改革大智慧的创新性举措，就是建立了"向用电企业每度电征收两分钱的电力建设基金"的资金筹集制度，用电户虽然承担的电力费用不多，但却为电力事业的发展解决了资金难题。

为了解决办电所需资金问题，就需要改革办电体制。新的融资机制的建立为电力事业发展开辟了广阔天地。"借鸡生蛋"和"借蛋孵鸡"成为电力企业谋求扩大再生产的创新思维。山东龙口电厂开了集资办电的先河，该举措打破了电力部门"独家办电"的传统模式，借助社会力量办电，在激发社会资源办电积极性的同时，也解决了国家独资办电的资金缺口问题，电力建设的融资渠道开始突破既有的思维模式并向多元化方向发展，龙口电厂集资办电为加快中国电力工业发展闯出了一条新路，这种办电模式被称为"龙口模式"。随后龙口电厂的办电模式开始在全国推广。除此之外，办电思路还在继续拓宽。为了解决办电基金问题，1983 年开始试行征收办电建设基金，进一步为办电筹资拓展了融资通道，在一定程度上推进了电力事业的发展速度。国家从 1988 年开始对全国所有企业征收电力建设基金，收费的标准是每度电 2 分钱，这就是"两分钱电力建设基金"，在推出该项措施的同时又作出补充规定：电力建设基金随电费缴纳，且要单立账户，实行专款专用。不但有利于筹集资金，而且保障了基金的使用方向，为电力事业发展提供了资金保障。"电力建设基金"进入了制度化、规范化、持续化的发展进程。

2.5.2　拓展资金筹措渠道实行多元化办电

联合办电和集资办电只是电力建设融资新思路推动电力事业发展的起步。利用外资是筹集办电经费的另外一个思路，这是电力工业集资办电、拓宽资金筹措渠道的重要方式。20 世纪 80 年代初，发电量仍然存在较大的供给缺口，为了解决中国长期的缺电矛盾，在国内集资办电逐渐走向成熟后，利用外资办电也被提上了议事日程。发达国家具有资本输出的愿望，我国具有扩大融资渠道的需求，利用外资进一步弥补办电资金缺口具有现实性。利用外资的决策是在 1985 年 6 月作出的，华能国际电力开发公司（以下简称华能国际）几乎同时也在北京西苑饭店正式成立，该开发公司成为中国电力改革利用外资的"窗口"，为借用外资发展电力事业积累了经验。在获得充足的资金来源后，我国电力发展从此搭上了国际快车，从此开始了在资金、技术、人才、管理等多方面的合作。华能国际被定位为自主经营、自负盈亏、自我发展、自我约束的经营主体和法人实体，在市场经济环境中具有充分的自主权，从基建、运营到管理，都按照市场经济的方式运作。华能国际快速发展的实践成果证明，利用外资助力电力事业发展的决策是正确的。华能国际在成立后充分利用国内外资金和设备，坚持"高速度、高效率、高质量、低造价"的建设方针，在东南沿海地区率先建设了总容量达 500 万千瓦的发电厂，成为祖国东南区域电力发展的璀璨明星，在引领国家电力发展过程中发挥了重要作用。

华能国际的快速发展进一步推动了电力事业的深入发展，为了推动电力事业的规模化发展，1988 年国务院批准组建中国华能集团，1994 年华能国际成为境外上市企业的试点，电力经济主体通过发行股票向社会筹集资金，推动电力事业发展成为办电的创新性思路。而后国家又发起设立了山东华能发电股份有限公司和华能国际电力股份有限公司，同时在纽约证券交易所上市发行股票。电企上市为电力吸纳社会资金步入更高的发展平台奠定了基础，为电力发展进一步开辟了新天地，也为中国电力登上国际舞台开辟了新通道。1984 年世界银行向中国鲁布革水电站贷款支持水电站的建设，这是中国第一个利用世界银行贷款的电力企业，也是率先实行国际招标建设的国家重点工程，又一次为中国电力高水平发展和吸引世界注意力创造了新机会和补充了新动能。鲁布革水力资源丰富，但由于开发条件受到限制而影响了水电站的发展进程，长期以来一直停留在理论论证阶段。鲁布革水电站位于云南省罗平县和贵州省兴义市境内，在南盘江支流黄泥河上，电力开发的环境条件复杂。"鲁布革"是中国少数民族布依族语的汉语读音，蕴含着吉祥美好的意思。其中"鲁"是民族的意思，"布"是山清水秀的意思，"革"是村寨的意思，"鲁布革"的意思就是山清水秀的布依族村寨。优良的环境条件加上丰富的水力资源，成为建设水电站的良好选择，但是此前由于开发条件不够充分而迟迟不能得到开发。

2.5.3 鲁布革工程刷新了对水电建设的认识

鲁布革水电站的建成，为工业生产和居民生活提供了巨大电能，进一步满足了祖国经济大发展对电能的巨大需求。鲁布革水电站装机容量为60万千瓦。该电站利用国际资金建设，建设过程中必须满足协议的有关条款。根据中国与世界银行的协议，鲁布革水电站工程的引水隧洞必须实行国际招标。在招标中，日本大成公司中标。这次招标也为电力人学习国际同行建设电站的智慧开阔了视野。日本大成公司高效率的施工进度引起了社会各界的关注与思考，形成了强大的"鲁布革冲击波"[①]。这个"冲击波"是电力人学习国外先进经验的冲击波，也是树立赶超世界先进水平的冲击波。鲁布革水电站招标为国人向国际同行学习水电站的先进建设经验搭建起了平台。习得先进技术和管理经验与建设水电站本身同等重要。水电站的建设高标准快速顺利推进。1988年12月27日，鲁布革水电站第一台机组正式并网发电，这比预期的发电时间提前了三个月。由于工程快速推进，从投资建设到并网发电仅仅经历了四年时间。鲁布革水电站的推进速度和建设质量都刷新了人们对电力建设的传统理解方式。鲁布革水电站的竣工，终于使水电资源开发从理论走上了实践。我国电力人在鲁布革水电站的建设过程中学到了很多此前不曾学到的东西，日本大成公司的先进管理方法值得全面学习和推广。与世界接轨的目标就是要与世界并驾齐驱进而领先世界。"鲁布革冲击波"掀开了中国水电建设新的一页，结束了计划经济下自营体制的历史。电力人对电力事业的发展又有了新的理解，进而能够为国家电力事业的高水平、高目标发展作出长远规划。

---

① 杨飏. 鲁布革冲击/鲁布革冲击［R］. 北京：水利电力部办公厅宣传处，1987（11）：3–6.

2.5.4　核能实现零的突破并实现规模化发展

优化能源结构一直是电力事业的发展方向。我国在推进火电和水电事业的同时，也开始进军核能领域。核能大发展可以弥补传统能源的不足，从而为电力发展拓展新的发展空间。1991 年 12 月，中国自行设计建造的秦山 30万千瓦核电站并网成功，为我国发展核电事业平添了信心和底气。秦山核电站是中国内地核电零的突破，为我国深入研究和发展核能事业积累了理论成果和实践经验。在此基础上进一步提升了我国核电的发展速度，随后中国引进国外技术建成内地第二座核电站即大亚湾核电站，两台 98.4 万千瓦单机容量的机组先后投入商业运行。秦山核电站和大亚湾核电站成为我国进军核电事业的龙头企业。核能的广阔发展前景将打破电能发展的困局。核电站在结构上一般分为两个部分：其一是利用原子核裂变生产蒸汽的核岛；其二是利用蒸汽发电的常规岛。核电站使用的燃料一般是放射性重金属铀和钍，这些重金属元素在裂变时能够产生巨大能量。核电是补齐人类能源短板的重要方式。同欧美相比，中国核电事业起步较晚，但在核电厂设计、建造和运行方面均较好地吸收了国际成熟经验，在向同行学习过程中进步很快，因而具备了一定的后发优势。

相比国际同类机组，我国核电具有较高的安全水平。秦山核电站是中国自行设计、建造和运营管理的第一座 30 万千瓦压水堆核电站，为我国进军核电事业奠定了坚实的基础，该电站坐落于浙江省嘉兴市海盐县秦山镇双龙岗，因面海背山而具有得天独厚的发展优势，这里拥有建设核电站的各种必备条件，是建设核电站的理想之地。秦山核电站建设过程很顺利，于 1991 年建成投入运行，为电网注入了强大电能。秦山核电站的建成，标志着中国核工业的发展上了一个新台阶，为核电事业进一步推进积累了经验和科研资料，成为中国军转民、和平利用核能的典范，它使中国成为继美、英、法、苏联、加拿大、瑞典之后，世界上第七个能够自行设计、建造核电站的国家。由于核电发展，此前火电和水电几乎构成中国电力结构全部的电力发展格局迎来了新的成员。大亚湾核电站是中国大陆第一座引进国外技术建成的大型商用核电站，该电站的建设也是我国吸收国外先进经验和跟进世界领先水平，进而达到世界领先水平的先导。该电站位于广东省深圳市大鹏新区大鹏半岛，它是大陆首座使用国外技术和资金建设的核电站，也是中国第一座大型商用核电站。该电站的建成，使得我国的核电事业打破了零的纪录，为核电事业的深度发展积累了技术、经验和人才。该电站拥有两台装机容量为98.4万千瓦的压水堆核电机组，年发电能力近150亿千瓦时。巨大的电能让人们看到了核能事业的发展前景。

2.5.5 电力事业从平原地区走进青藏高原

改革开放40多年以来，我国的电力事业稳步发展。电力工业呈现遍地开花、异彩纷呈的局面，火电、水电和核电并驾齐驱的多类型能源结构的发展新格局正在逐步完善。在完善电力空间布局方面，我国在不断加强东部地区、平原地区的电力事业的同时，也重视雪域高原电力事业的发展。拉萨市在20世纪90年代中期还经常出现拉闸限电。只有将电力输送到西藏，才能助推西藏经济发展，也才能更好地体现电力事业全面进步，在雪域高原点亮电力之光具有重要性和紧迫性。在电力事业的均衡布局中，国家将发展电力事业的力量逐步拓展到雪域高原。20世纪末投产的羊湖电站是西藏自治区最大的能源供给基地，电站建成后在很大程度上解决了这里的用电问题。羊湖电站最初被设计为单纯的引水发电工程，但建成后发生了"湖面水位下降"这种意想不到的问题，从而影响了当地的生态环境。而后经过对电站进行深入细致的再勘测、再论证和再设计。在全面诊断地质条件的基础上形成了更加完备的施工方案。三年后，羊湖电站复工，电站的建设目标进行了调整，电站由原来单纯的引水发电工程，修改为既能发电又能进行抽水蓄能的水电工程。

修正后的建站方案顺利开展，在保障电站顺利推进的同时，也有效地保护了生态环境，在发电需求与保护生态环境之间实现了平衡。这里需要对抽水蓄能电站进行一个简单的解释。抽水蓄能电站是利用电力负荷低谷时的电能抽水至上水库，在电力负荷高峰期时再放水至下水库，从而利用水的重力势能发电的水电站，又称蓄能式水电站。简单讲就是将电力负荷低时的多余电能转化成水能暂时储存起来，而后在电力负荷高峰时再将水能转化成为电能，从而达到充分利用电能的目的。抽水蓄能电站可将电网负荷低时的多余电能，转变为电网高峰时期的高价值电能，可以称之为"电力系统的蓄电池"，也可以称之为"电力系统的充电宝"。但是抽水蓄能只是权宜之计，在抽水蓄能能力不能储存更多多余电能的情况下，就需要考虑通过高压输电将电能输送到需要的地方，这是提升电能利用效率的终极方案。随着电力建设的发展，大容量水电站、火电厂、核电站以及电站群越来越多，而动力资源又往往远离负荷中心，只有采用超高压输电才能有效而经济地完成输电任务，于是高压输电被提上了议事日程。

2.5.6 通过高压输电提升电能的利用效率

高压输电是通过"发电厂用变压器将发电机输出的电压升压后"，将电能进行远距离传输且尽量降低电能损耗的电能输送方式。之所以采用这种方式输电，是因为在相同的输电功率的情况下，电压越高电流就越小，这样高压输电就能减少输电时的电流，从而降低因电流产生的热损耗和降低远距离输电的材料成本。公式表示就是：$Q = I^2 Rt = (P^2/U^2) Rt$，其中 Q 是电流产生的热量，在 P 一定、R 一定的情况下，U 越高就会导致 Q 越小。当然高电压需要的技术参数也就相应较高，而通过高电压输电网络输电降低电能损耗在世界范围内已经成为电力工业的发展方向。电网互联能够使电能在更大范围内优化空间布局，从而进行资源优化配置，达到各电源企业协同配置电能的目的，所以电网互联是电网发展的必然结果。随着电压等级提高，高压乃至超高压输电的技术日渐成熟，中国电网的网络规模也在不断扩大，特别是三峡水电站的竣工，为全国联网提供了契机，建设全国电网的条件越发成熟。从葛洲坝送电到上海的"葛沪直流输电工程"，实现了华中与华东电网的互联，拉开了跨大区、大范围互联网的序幕。中国的电网格局正在发生深度变化，跨区域配置电能已经走出了单纯的理论论证阶段，电能的充分供应进一步助推了人民美好生活向往目标的实现进程。华北与东北电网通过 500 千伏线路实现了第一个跨大区交流联网。紧接着在实现了川渝与华中的联网后，电力工业实现全国联网的条件更加成熟。21 世纪初，华中与华北电网联网工程投运，自此形成了由东北、华北、华中区域电网构成的交流同步电网。我国在电网发展的征途上，补齐了电网跨区域长距离运输的短板。

电网快速拓展将更大区域涵盖进来，早在 2007 年底时，全国除新疆、西藏、海南、台湾外，所有电网已经全部运行在交直流联合电网中，形成了全国联网的基本框架，我国的大区域联网进一步走上完善，超高压输电成为电力进一步向远方延伸的目标。超高压输电线两端的电源连在一起，能够实现双向抽丰补欠的目标，从而大大提升电能的使用效率。"平武工程"实现了我国超高压输电线路建设史上的突破。"平武工程"是中国第一个 500 千伏超高压交流输变电工程，该输电线路实现了湖北、河南两省的电力交换，工程线路起始于河南省平顶山市姚孟发电厂，止于武汉市凤凰山变电站，全长 594 千米。"平武工程"将鄂豫两省的电力整合在了一起。"平武工程"的建成和投产，使中国成为世界上第八个拥有 500 千伏输电能力的国家。中国的远距离跨区域的高压输电技术迈上了新台阶。同样，"葛上线"工程是中国第一个大容量、长距离超高压直流输电工程，为我国进一步发展超高压直流输电工程奠定了基础。"葛上线"工程即"葛洲坝—上海" ±500 千伏超高压直流输变电工程，这是中国乃至亚洲第一条直流输电工程，成为中国电力工业发展史上的重大事件，这是葛洲坝电站向华东送电的第一条直流输电线路。该工程采用了当时国际上最先进的技术和装备，并做了许多开创性的工作。这样，我国在交流电输电以及直流输变电①方面均获得了长足进步。

2.5.7　电力充分发展与城乡电力"同网同价"

电力作为商品需要通过定价和付费完成生产端与消费端的交换，因此电力事业的发展与电价息息相关，在电力事业突飞猛进的发展进程中，电价问题开始成为普遍关注的问题。电价必须定位在合理水平，电价过高会损害消费者的利益，电价过低则会弱化电源企业的积极性，除此以外还存在着城乡用电一体化问题。"两改一同价"②从根本上改变了农网的用电格局，这项改造工程让乡村千家万户受益。实施"两改一同价"与农村的用电状况是紧密联系在一起的。中国社会长期处于城乡二元结构之下，城乡的用电体制长期不统一，乡镇以下农村低压电网由农民自管自建，这不但增加了低压电网建设的随意性，也为电力传输造成了诸多安全隐患。由于投入不足和电网破旧，村民用电困难且面临诸多困扰。同时，农村电网的电能损耗、运行维护费用和农村电工的报酬等，都要通过电价方式体现出来并由农民来平摊，农村居民的用电成本较高。电力销售过程中存在较多问题，包括售卖过程中的层层趸售问题，甚至在广大农村还存在着因电力供应紧张而造成的"人情电、关系电、权力电"问题，电价制定过程中也存在"乱收费、乱加价、乱摊派"问题，不少地方存在偷电、漏电问题，这些因电网不完善发生的费用也都要农民来负担，农民用电过程中存在诸多类似问题。直到 20 世纪 90 年代后期，

---

① 直流输电必须使用换流器。换流器是一种电力设备，用于将电能在不同的电压、频率或直流与交流之间进行转换。换流器通过改变电压、频率或电流的形式，实现能量的有效传递和利用。

② "两改一同价"是国务院部署开展的农村电网改造、农村电力管理体制改革、实现城乡用电"同网同价"工作的简称，在整个中国农电发展史上具有里程碑意义。

农村电价高、农民负担重的状况并没有从根本上得到解决。经济发展过程中，电已经成为缺乏消费弹性的日常消费品，但总体而言用电成本相对较高。电力之光就在眼前，但对于很多村民而言却成了烫手的山芋。发电企业称不赚钱，但农民也觉得用电用不起。一些农民干脆重新燃起了煤油灯。只有升级乡村低压电网，完善电力传输系统，降低那些本来可以避免的费用，农民才能够从电力事业的发展中享有充分的获得感。

乡村居民用电过程中遭遇的问题需要尽快解决。为了从根本上解决上述问题，国务院先后两次发文，提出一定要实现"改革农村电力管理体制，改造农村电网，实现城乡用电同网同价"的目标，这是惠及千万家庭的重大战略安排。该举措引起了中央及社会各界的普遍关注，媒体在此期间也对农电存在的问题进行了多次曝光。农村电网改造已经提到战略高度，只有改造农村电网，才能彻底降低线损和变损①，减轻农民承担电能损耗的负担，为此国家投入巨资对农网进行彻底改造，只有这样才能助力乡村工业化的发展进程，推进农村建设和实现乡村振兴。同时也对电价体制进行了完善，"改造电网"可以降低电力传输中造成的无谓成本，"完善电价"可以通过理顺电力管理体制，让村民享有更加合理的电价。"两改一同价"对农电管理体制进行了重新建构。中国农电在管理体制方面长期以来分为直供、趸售两种形式。通过对县电力公司趸售的电力管理体制改造，可以减少中间管理层次，从而在体制上杜绝从中间环节入手提高电价的可能，理顺县级供电企业与省电力公司及乡电管站的关系，使广大农村地区的用电秩序得到规范，实现城乡电网统一管理、统一核算、统一价格，农村电价于是具有了制度基础，从管理体制上可以解决农村电价混乱的问题，使得电价定价机制更加规范，杜绝农村电费中的乱加价、乱收费、乱摊派等问题，同时也在很大程度上解决

---

① 线损即线路电能损耗，即线路和变压器对电能造成的损耗；变损即变压器的电能损失，变压器在运行过程中，变压器的输入功率与输出功率不完全一致，输出的功率总是小于输入的功率，形成这个差值会造成电能损耗即为变压器对电能造成的损耗。

关系电、人情电、权力电等问题，使电力资源按照市场规则运行，为城乡用电同价提供了组织、体制保证。经过全方位调整，城乡生活用电同网同价目标已基本实现，村民终于用上了安全电、放心电、舒心电。通过实施"两改一同价"，城乡用电的差别电价得以消除，乡村地区的电价降低了，农民的生活负担得以减轻，进一步促进了城乡一体化建设，对提高农民生活水平、开拓农村市场、繁荣农村经济、保护生态环境等具有重要的现实意义和深远的历史意义。安全电网和普惠电网为乡村振兴提供了重要的底层支撑。

2.6　电力事业以煤电为基础不断拓展新领域

2.6.1　火电厂进军超临界和超超临界机组

中国煤炭资源丰富，燃煤发电消耗中国近一半的煤炭，燃煤电厂接近发电总装机容量的70%。为了提升火力发电的电能使用效率，就需要大力发展大容量、高参数、高效率的百万千瓦超超临界煤电机组，这是中国煤电清洁化发展的重要途径。超超临界机组不仅是我国火电发展事业的方向，也是世界电力进步的方向。这里需要解释的是，火电厂超超临界机组和超临界机组指的是锅炉内工质①的参数达到或超过临界压力的机组。只有弄清水的临界点、亚临界锅炉、超超临界等概念，才能对火电厂有正确的感性认识。锅炉内的工质都是水，水的临界压力是 22.129 兆帕（Mpa），临界温度是374.15℃。在这个压力和温度时，因高温膨胀的水和因高压压缩的水蒸气的密度是相同的，就叫水的临界点，炉内工质压力低于这个压力就叫亚临界锅

---

①　工质即实现热能和机械能相互转化的媒介物质。热机依靠工质状态的转化实现做功和传热的目的。

炉，大于这个压力就是超临界锅炉，炉内蒸汽温度不低于 621℃ 和蒸汽压力不低于 31MPa 被称为超超临界①。在工程上也常常将 25MPa 以上称为超超临界。山东邹县电厂是超超临界机组的典型代表，坐落在山东邹城市的华电国际邹县发电厂是一座现代化特大型坑口火力发电厂，这里具有建设坑口电站的必备水和煤等资源，具有得天独厚的发展条件。电厂的南面是水资源丰富的微山湖，保证了发电需要的水资源；北面与兖州煤田相邻，保证了发电需要的煤炭资源。该电厂曾是全国最大、国内综合节能和环保水平最高的燃煤电厂之一。邹县发电厂四期工程建设的两台 100 万千瓦超超临界燃煤凝汽式汽轮发电机组，创立了超超临界机组的国内纪录，为我国大规模发展超超临界机组积累了宝贵经验，培养了技术人才和管理人才，被列为国家"863"科技攻关项目和国家重点建设工程。该电厂为我国进一步发展超超临界机组提供了参考标准。

2.6.2　煤电与电力的非化石能源发电发展

传统发电均依托煤等化石能源发展而来。煤电会造成大气污染，这是大多数人对于传统火力发电厂固有的印象。但是面对中国"富煤、少油、缺气"问题以及传统化石能源"空间布局不均衡"的资源现状，用其他能源完全取代燃煤发电，短期内很难在根本上得到改变。因此，探索降低煤耗、节能减排和提升燃煤效率的有效办法就显得尤为重要。"双碳"目标实现过程中，煤电体量减小程度扮演着举足轻重的角色。在一定意义上，"节能"就是"富矿"，因此，"节能"被称为世界第五大能源②。中国人口众多，能源

---

① 这是美国 1957 年生产的第一台超超临界机组的标准。我国"863"计划中的超超临界机组的标准是蒸汽压力大于等于 25MPa，蒸汽温度大于等于 580℃。就物理学意义而言，水的状态只有超临界和亚临界之分，超超临界是应用在火电厂方面的概念。由于我国投运的超超临界参数机组数量全球领先，这一概念在我国被广泛使用，该概念也称为优化的或高效的超临界参数。

② 世界四大能源一般认为是煤炭、石油、天然气、生物质能。"节能"被称为"第五大能源"是一种形象的说法。

资源总量虽然很大但存在相对不足的问题，人均资源量不占优势，因此，为了保障能源安全供应和促进经济社会可持续发展，在不能开发更多的传统能源的情况下，首要的是节约能源使用，提高能源使用效率。火力发电是通过热能转化为机械能实现发电目的，热能的转化率就很重要。热能发电根据过热蒸汽压力和温度的不同，分成不同的等级，等级越高，热能转化效率越高，发电效率就越高，环保效益也越好。前文论及的超超临界是目前世界上最先进的火力发电技术，在提升能源转化效率的同时，也实现了电力企业与环境的友好对话，具有显著的节能和改善环境的效果，它比超临界机组的热效率高出约 4%①，与常规燃煤发电机组相比超超临界机组的高效率能源转化和节能环保的优势更加明显。

火电厂最重要的经济运行指标是供电煤耗，它是衡量火力发电厂每发 1 千瓦时电平均耗用的标准煤量。供电煤耗越低，发电机组的效率就越高，节省能源就等于创造能源。进入 21 世纪以来，中国火电机组供电煤耗持续下降，节能效益显著。从 2012 年到 2018 年，全国火电机组供电煤耗由 335 克/千瓦时降低到 307 克/千瓦时②，居世界先进水平。与 2012 年相比，在统计的年耗能 1 万吨标准煤及以上的重点耗能工业企业中，2023 年电厂火力发电标准煤耗下降 6.0%③。2023 年，中国煤电平均供电煤耗为 302 克标煤/千瓦时④。进入 21 世纪，人们的环保意识越来越强烈，国家对环境保护的要求也日趋严格，环保的思路由末端治理开始向清洁生产源头治理延伸，这才是根

---

① 程文煜，张健，熊卓，等."双碳"目标下煤电机组节能改造技术发展与实践 ［J］. 电力科技与环保，2024，40（5）：455 – 464.

② 帅永，赵斌，蒋东方，等. 中国燃煤高效清洁发电技术现状与展望 ［J］. 热力发电，2022，51（1）：1 – 10.

③ 国家统计局. 能源供给保障有力 节能降碳成效显著——新中国 75 年经济社会发展成就系列报告之十三 ［EB/OL］.（2024 – 09 – 19）［2024 – 11 – 17］. https：//www. stats. gov. cn/sj/sjjd/202409/t20240918_1956558. html.

④ 电规总院发布 2024 年度《中国能源发展报告》《中国电力发展报告》［EB/OL］.（2024 – 07 – 17）［2025 – 02 – 12］. https：//www. cnenergynews. cn/dianli/2024/07/17/detail_20240717168318. html.

本意义上的治理。在继续巩固烟气、废水治理成效的同时，火电厂硫氧化物和氮氧化物的治理成为重中之重，而且随着雾霾的加重，氮氧化物逐渐成为加强治理的重要对象。早在2011年，国家就出台了号称史上最严格的环保标准，对烟尘、二氧化硫、氮氧化物的排放限值要求，均达到或严于发达国家或地区，为生态环境建设提供了制度保障，但对煤电工业的发展是一种挑战。从煤电除尘技术的发展史层面看，烟尘排放控制技术经历了水膜除尘器、电除尘器、袋式除尘器、电袋复合式除尘器的发展历程。目前火电厂烟尘排放量和排放绩效[①]在持续下降。这说明，我国在推进电力事业迅猛发展的同时，也在加强电力发展中的过程管理，全力建设生态文明，推进电力发展与生态环境和谐共生。

二氧化硫排放控制技术以"石灰石—石膏湿法"烟气脱硫技术为主，其脱硫效率可达98%，这是对环境保护的巨大贡献。进入21世纪以来，中国电力工业发展进入了以"创新、安全、经济、绿色、高效、和谐"为价值理念和以绿色化和智能化为技术特征的时代。以最严格的制度和最严密的法治推动生态文明建设，在推进电力发展的同时，坚持尊重自然、顺应自然、保护自然和敬畏自然的生态文明建设理念，加快绿色化转型、提高非化石能源的发电比重成为大势所趋，这是优化电能结构的主导思路。在非化石能源发电品种中，水电和核电属于发电成本相对较低的品种。水电开发分为单独开发与流域开发两个层面，流域开发[②]是中国现阶段水电开发的重要方式，兼顾了电力发展的"点"与"面"的统一，推动了电力事业与区域经济协同发展。流域开发可以协调流域内水资源综合利用之间的矛盾，获得梯级效益，促进区域经济持续发展。核电站是指利用原子核裂变反应产生的核能来发电的电厂。核电站与一般火电厂的不同主要体现在核岛上。核电经过数十年的

---

① 排放绩效，即每发1千瓦时电排放的烟尘量。
② 流域开发是指以沿岸沿线城市经济为支撑点、以沿岸水陆交通物流体系为基础，推动沿岸沿线经济综合发展。

发展，发电技术已经日臻完善，核电安全已经具有充分保障。21 世纪以来，中国核电建设明确了通过走"引进、消化、吸收"发展路径，最终实现自主创新的发展思路，经过长期发展我国的核电建设已经取得了巨大成绩，截至 2023 年 12 月 31 日，中国大陆运行核电机组共 55 台，额定装机容量为 57 吉瓦[①]。我国在未来进一步完善能源结构过程中，核电规模将会持续发展，在电力能源结构中的占比会稳步提升。

2.7 风能和太阳能发电快速加入电力家族

2.7.1 风能发电的起步与发展

在电力事业进一步发展过程中，风能发电和太阳能发电也快速加入到电力事业的大家族中。风能发电具有悠久的发展历史。1229 年，荷兰人发明了第一座为人类提供动力的风车，从此"风车"成为荷兰民族文化的象征，成为荷兰标志性的文化符号。荷兰风能资源丰富，拥有规模庞大的风车发电场，被人们称为"风车王国"。风能相对于化石能源而言，具有可再生、无污染、能量大等优点，风力发电是目前风能利用的重要形式。中国是风能资源比较丰富的国家，分布区域比较广泛但相对集中。我国风能资源丰富的地区主要有新疆、甘肃、内蒙古、东南沿海、东北、华北等。但这些地区的电力负荷相对较少，因此产出的电能也面临并网传输问题。相对于煤电的发展历史，风电是电力家族中比较年轻的成员，到目前为止已经走过了 70 多年的历史。我国的风力发电研究始于 20 世纪 50 年代后期，从零起步不断积累经验，逐

---

① 核电评估部. 全国核电运行情况（2023 年 1 ~ 12 月）[EB/OL]. (2024 – 01 – 31) [2024 – 11 – 17]. https://china – nea. cn/site/content/44467. html.

渐赶上了发达国家的发展水平，并进入了规模化发展阶段。当时发展风电主要是为了解决海岛和偏远农村牧区的用电问题，重点在于离网小型风电机组的建设，属于孤立电源发电，电能主要是满足本地消费需求。20 世纪 70 年代末，中国开始进行并网风电的示范建设研究，我国风电事业由此进入了产业化发展阶段。中国第一座风电场即马兰风力发电场在山东荣成并网发电，拉开了中国风电商业化运行的序幕。此后风力发电开始进入规模化发展历程。"风车"成为我国富集风能资源的西北地区的重要旅游景观，风能凭借其巨大的电能产出能力为电网注入了巨大电能。目前，风电已是中国继火电、水电之后的第三大电源，蕴藏的巨大电能是天然馈赠，体现了利用自然与保护自然的较高水平，使得电能有了更加充分的持久保障。随着风电技术的成熟和为了突破陆地空间的局限，海洋风电成为全球风电发展的重要方向。相比陆上风电，中国海上风电还处于起步阶段，但为我国的风电事业进一步拓展开辟了新道路。海上风电发展需要面对沿海复杂的环境条件，各种技术指标相对更加严格。中国第一台海上风机在渤海油田于 2007 年建成投产。随后第一个近海风电场即上海东大桥风电场建成，该项目是除欧洲之外第一个海上风电并网项目。紧接着全球首座潮间带风电场即江苏如东潮间带风电场成功建成，填补了世界潮间带风电开发空白，并为国产海上风电机组走向成熟提供了试验平台。海上风电是风电事业发展的另一个重要阵地，中国风电的规模不断扩大，发展速度不断提升。

2.7.2 光伏发电的起步与发展

除了风电外，光伏发电也很快进入了电力工业的大家族。太阳是地球的生命之源，人类很早以来就知晓利用太阳能的方法，但均局限在直接利用太阳辐射热能层面。太阳能辐射到地球上为人类提供的巨大热能，也成为 21 世纪最具大规模开发潜力的新能源之一。从光电和热电的转化原理看，将太阳能转换为电能的方式主要有太阳能光伏发电和太阳能热发电两类。太阳能热发电又可以进一步区分为太阳能热动力发电和太阳能热电直接转换两种类型。两种方式的发电原理存在差别。太阳能热动力发电，是采用反射镜把阳光聚焦起来加热水，使之产生蒸汽以推动涡轮机等热力发动机，再带动发电机发电。也就是说，先把热能转换成机械能，然后再把机械能转换成电能。相对于热动力发电，光伏发电更广为人知，光伏发电是技术最为成熟的太阳能利用技术。光伏发电是利用太阳能电池（也称光伏电池）有效吸收太阳辐射，并使之转换成电能的直接发电方式。其间无须经过光能转化为热能再转化为机械能，然后转化为电能的过程。作为光伏发电物理支撑的重要物质基础的光伏电池主要有单晶硅电池、多晶硅电池和薄膜电池三大类。该三种电池中，多晶硅电池的市场占有率最高，随着技术突破，单晶硅因成本下降会成为市场上的主导产品，薄膜电池的市场占有率会逐渐下降。就热电转化效率而言，单晶硅与多晶硅相差不大，但单晶硅稍有优势，而薄膜电池的热电转化率最低。

光伏发电具有很多优势，这包括不受地域限制，规模大小随意，可以独立发电，也可并网发电，无噪声、无污染，安全可靠，维护简便。最初多作为非并网的独立电源得到开发。光伏发电有利于大规模发展。尤其是在不便接入电网的区域，光伏发电就更能显示出其便利性，可以利用这种便利性大量发展孤立电源。普通家庭安装2千瓦的分布式太阳能电站，就可满足日常用电需要。基于太阳能的孤立电源发电成为不便并网区域满足用电需求的便捷方式。分布式点状布局的太阳能发电就是适应这种电能供给方式的发展选择。目前，中国太阳能光伏发电利用主要有三种形式：一是大型并网光伏电站；二是与建筑结合的并网光伏发电系统；三是独立光伏发电系统。光伏发电占地面积较大，在发展过程中不能与农业生产或者发展畜牧业形成冲突，不同发电方式需要与生产、生活协同发展。建设大规模并网电站、分布式并网电站或者独立小型光伏电站等都需要视情况而定，太阳能资源丰富、具有荒漠或者大量闲置土地资源的地区适宜建设适度规模的大型并网光伏电站；广大城镇适宜推广与建筑结合的分布式并网光伏发电系统；偏远地区以及无电地区适宜建设独立用户用电的独立小型光伏发电站。我国的太阳能发电事业发展速度很快，早在 2007 年我国就已经成为全球最大的太阳能光伏电池生产国。目前我国的光伏电池及组件产能和产量均居世界首位。中国已成为全球最大的光伏设备市场，并已形成一条较为完善的规模化产业链。

2.8 西北地区告别孤网并通过跨区输电照亮世界屋脊

2.8.1 西藏电网加入西北电网助力全国电网建设

电力的主要特点之一是生产、输送、分配和消费在同一瞬间完成。因此，发电、输电、配电和用电等各个环节要形成一个整体，在此基础上形成功能完善的电力系统。在电力系统中，所有的输电设备连接起来构成输电网，所有的配电设备连接起来构成配电网，输电网和配电网统称为电网。发电、输电、配电等各环节只有高效协同发展，才能形成高效的电力系统。中国以及世界电力工业发展历史均证明，电网的逐步扩展是电力工业发展的一条规律，只有这样才能在更广大的空间范围内优化配置电能，保证电能资源的有效利用和充分利用。电网是随着电源点的建设、电网技术的进步和社会对电力需求的增加而不断扩展的。只有建立全国范围的电网系统才更加有利于电力资源高效利用。大电网有利于在更大范围内实现电能的优化配置，实现不同电能资源的优势互补，提高机组的利用效率，提高电力系统的调峰能力，为实现更大的规模效益创造条件。电网互联是我国电力事业的发展方向，也是当今世界电力发展的总趋势，这种趋势不仅表现在一国之内的电网互联从而在一国之内实现电能优化配置，也表现在邻近国家之间的电网互联从而在邻国之间实现电能调剂余缺，电能贸易成为国际贸易中新的增长点。电力发展水平越高，电网规模就越大，电网规模和电网质量决定了电能空间布局的均衡程度。

全国电网互联是一个伴随电力工业发展的历史过程，其间经历了从区域互联到片区互联、从省网互联到大区互联、从省域和区域互联到全国互联的发展过程。实现全国联网，加强大区间电网建设，实现电力资源在全国范围内的优化配置，从中国的现实条件来看是非常必要的。我国电力的发电端与电力负荷端存在严重的空间不对称问题，只有通过跨区域远距离输电电网建设，才能有效解决这一问题。电压等级的升高和电网规模的扩大，为全国联网打下了坚实的基础。早在 2009 年时，中国电网规模就已跃居世界第一位，为高效跨区域利用电能和在更广泛地区享有电力之光奠定了坚实的基础。快速增长的发电装机容量和电网规模的不断扩大，使全国电力供需实现了从起初的"普遍用电紧张"到后来的"实现总体平衡"再到目前的"保有适度余量"的转变。为了使电力之光辐射西藏，2010 年国家决定开工建设青藏联网工程，电力之光照亮了世界屋脊。这项工程虽然非常复杂，但可从根本上解决西藏的缺电问题，这是涉及西藏长远发展的战略问题。这项战略举措实现了西藏电网与西北电网的互联，进一步提高了大电网的资源优化配置能力，西藏的电力供应更加充分、更加稳定，也促进了西部地区将资源优势转化为经济优势和将电力生产力转化为经济生产力，为西藏地区更好、更快地发展夯实了电力基础。西藏电网与西北电网联通，就意味着西藏电网与全国电网联通。

2.8.2 川藏电网得以联通和特高压技术走出国门

西藏电网接入西北电网之后，川藏电网也得以联通，中国电网实现了跨越式发展。中国电网规模不断扩大，技术等级不断提高，特高压输电线路也开始投入运行，电网稳定控制技术等领域取得了突破。特高压电网是我国电网的发展方向。特高压输电技术最大的特点就是可以长距离、大容量、低损耗输送电力，在降低了电力传输中造成的损耗的同时，通过跨距离远程传输电力满足了其他地区的用电需求。中国能源资源分布相对集中，但与能源需求呈非对称分布，建设特高压电网是解决能源和电力发展深层次矛盾的根本出路，这样可以在一定程度上平衡电能的空间布局，也是满足各类大型能源基地和新能源大规模发展的迫切需要，可以实现能源从"本地供需平衡"向"在较大范围内进行优化配置"的转变，进而在更大范围实现统筹平衡，实现"以电代煤、以电代油、以电代气、以电促电、跨域消费、远距离输电"的目标。这个世界是用电联系在一起的，而电是通过电网连在一起的。2010年6月18日，中国第一个特高压直流输电自主化示范工程即云广特高压直流输电工程正式投入运营，我国的电网建设又迈出了一大步。云广特高压直流输电工程是世界上第一条 ±800 千伏直流输电线路，也是中国特高压直流示范工程，该输电线路建成具有重大开拓意义，特高压直流输电工程此前没有成功经验可供借鉴，只能在不断探索中谋求发展。工程综合自主化率达到62.9％，标志着中国电力技术、装备制造水平在世界输变电领域占领了新的制高点。为我国进一步发展特高压直流输电工程积累了经验和培养了人才。这里需要补充说明的是，特高压交流输电是指 1000 千伏及以上电压等级的交流输电工程及相关技术，具有输电容量大、距离远、电损低、占地少等突出优势。

云广特高压工程起点在云南楚雄，终点在广东广州，该工程由南方电网公司负责特高压直流输电的关键技术研究及工程应用，属于国家重点工程。在此之前我国就已经开始了特高压交流输变电的研究和实践。中国首个特高压交流输变电工程即"晋东南—河南南阳—湖北荆门"1000 千伏特高压交流试验示范工程，经国家发展改革委核准后开工建设，由国家电网公司负责。至此中国特高压直流输电和特高压交流输电有了质的突破，在世界电力同行中完成了从"跟着走"到"领着走"的角色的根本性转变，中国的特高压输电技术与此同时走出了国门。国家电网公司与巴西国家电力公司签署的《巴西美丽山特高压输电项目合作协议》是我国首次对外输出特高压技术，成为我国在世界舞台上树立国家形象和拓展世界影响的开始。巴西美丽山水电送出项目是巴西第二大水电站即美丽山水电站的配套送出工程。该项目是我国在世界上树立中国电力形象和亮出中国电力品牌的重要工程。该项目为美洲第一条 ±800 千伏特高压直流输电线路，可将巴西北部的电力资源直接输送到东南部的电力负荷中心，在很大程度上解决了巴西用电中存在的电力负荷与电能产出的空间布局不对称问题，在巴西的电力事业中占有非常重要的地位。这座水电站的成功建设与投入运营，进一步提升了我国的特高压技术在国际上的影响力，对我国的特高压技术出口具有很好的广告效应，为我国的特高压技术进一步展开国际合作奠定了坚实的基础，电力事业开始了在国际舞台上扮演"领着走"角色的重要一步。

2.9 "户户通电"和建设智能电网
成为电力发展的新追求

2.9.1 "户户通电"工程全面推进

只有"户户通电"才能让所有人享有电力进步带来的福利。"户户通电"一直以来成为祖国电力事业的追求。早在 1996 年 2 月，山东省在全国就率先实现了"户户通电"。国家电网公司肩负着"将电力之光送到千家万户"的社会职责，很早就全面启动了供区内的农村"户户通电"工程。这项惠民工程是基于"政企合作、共谋发展"的机制逐步展开的，该机制是"户户通电"工程得以顺利推进的重要制度保证，最根本的原因是强烈的社会责任感在驱动"户户通电"工程高效推进和快速实施。"户户通电"体现了电力人强烈的责任与担当，国家将这件事情作为战略任务进行了制度安排。为了尽快实现"户户通电"的目标，国家电网公司主动给自己的工作增加压力，与经营区域内尚未实现"户户通电"的省（自治区、直辖市）政府签署了"户户通电"工程目标任务书，详细规划了"户户通电"的时间表、路线图。随着这项工作稳步推进，南方电网公司首先全面实现了"户户通电"，随后甘肃、新疆、青海先后实现电网覆盖范围内户户通电，而后青藏高原上海拔5200米的珠穆朗玛峰大本营也正式通电。国家电网通过大电网延伸方式，点亮了世界海拔最高的地方。祖国大地上的点点繁星都饱含了电力人的心血，但只有拥有坚实的经济基础，电力之光才能覆盖到更远的地方。"户户通电"工程使得千家万户用明亮的电灯光取代了昏暗的油灯灯光，千家万户可以享用充分的电力，这为农民群众致富奔小康提供了基本的电力保证，为老百姓铺了一条致富的光明路，让他们的生活更加丰富多彩，使他们拥有了一个走向美好生活的新希望。

2.9.2　电力系统服务热线适时开通

电力人不仅要为人民提供充分的电力保障，还要为人民提供可靠的服务保障。让电力故障在第一时间内得以排除，这就需要建立全覆盖的电力服务网络，让沟通和服务无处不在，让用电障碍尽早排除。目前"95598"作为电力系统公用的客服热线，已经成为中国电力行业服务的一个品牌。"95598"成为千家万户解决用电难题的高效依靠。"95598"设立的目标是24小时受理业务咨询、信息查询、服务投诉和电力故障报修等。"95598"让人民用电与电力保障如影随形。"95598"的诞生成为将电力事业与千家万户联系在一起的节点，是人民群众迅速增长的用电需求和供电企业主动提升服务水平共同作用的结果，成为电力行业坚持"人民电业靠人民、人民电业为人民"服务理念、实现供电服务转型的标志性事件。"95598"让人民用到安心电、贴心电、舒心电、幸福电。"95598"的服务对象是全国用户，早在 2001 年国家电力公司就作出决定：用两年左右的时间建成一个覆盖全国且具有先进水准的电力客户服务系统，这就需要在全国范围内建立起"95598"的服务网络。

国家电力公司随后下发《关于建设"95598"客户服务系统的实施意见》和《"95598"客户服务系统建设规范》两个文件，成为"95598"在全国范围内铺开服务的两个重要文件，该文件要求所属各网省公司开通"95598"供用电服务电话系统，并对建设的总体目标和基本原则等作了规定，做到"全天候、全覆盖"的热情周到服务。"95598"将电力人的工作与千家万户的困难连接在一起，体现了电力人"以人民之心为心"的服务理念，电话就是召唤、电话就是命令，要在第一时间内解决用电户的烦心事、操心事、揪心事，解决用电户的急难愁盼问题。全国各省电网积极响应，浙江绍兴电力局"95598"系统很快率先上线。"95598 安心你我他"，电力人将电力服务送到家。这也是在时代进步中，电力服务借助现代通信方式与电力消费者进行高效互动的实践展开方式，将服务的理念转化为了服务的行动随后全国各省网快速跟进，"95598"成为家喻户晓的服务热线。随着科技进步，"95598"的服务手段不断创新，通过各种方式为用电户提供快捷周到的服务。"95598"服务热线、"95598"公众号与"95598"互动服务网站，协同作业进一步提升了电力服务的质量，使电力服务与电力消费主体实现高效互动。用户享受电力服务更加方便，客户通过使用"95598"互动服务网站，足不出户就可以实时查询自家的用电余额情况、交费购电情况以及欠费情况等，及时进行用电调整或交费购电。尤其新一代电表改装后，居民用户通过支付宝或者微信就能缴费，电力的贴心服务成为"温暖千万家"的"暖手宝"。客户在使用网站服务过程中出现任何问题，可随时拨打"95598"服务热线进行咨询并获取帮助。"95598"在电力服务与电力消费者之间实现了无缝对接。

2.9.3　电网2.0成为电力发展的方向

电网质量只有不断升级换代才能跟上时代脉络，也才能基于现代技术为电力负荷提供更加周到的服务。电力事业仍然在不断发展，电网需要向高效、节能方面发展，未来的电网将是智能电网[①]。智能电网能充分利用电能，在更大程度上满足用电负荷的需求，很早以来国家电网公司就率先提出发展智能电网的构想，于是正式拉开了我国智能电网发展的序幕，并逐步展开了试点。紧接着我国将智能电网建设首次写入《政府工作报告》，标志着智能电网的建设正式上升到国家战略层面。智能电网可以提升用电效率，在电力供给与电力消费之间实现高效对接。在政府、行业、企业的相互配合下，我国智能电网建设正在快速有序推进。智能电网在让人们的住宅更加智能化的同时，包括电动汽车在内的各种交通工具也可以基于智能电网展现电能高效供给的张力，人们的生活方式因而进一步向便捷和高效方向进步。具有零污染、低噪声、驾驶方便、能耗低和经济实用的电动汽车，越来越成为人们乐意选择的交通工具。这要求电力人基于智能电网建构方便地获得电能的"神经末梢"，让电力消费者具有方便的电能消费可及性。电力负荷的多样化发展趋势进一步为电网2.0的发展提出了要求，要求输电网络更加安全可靠、配电网络更加高效、电能覆盖更加广泛，为用电设施便捷接入电网创造条件。智能电网的应用使电动汽车走入百姓日常生活。早在2015年初，国内首个高速公路跨城际快充网络即"京沪高速快充网络"全线贯通[②]，为基于智能电网建构更加方便的用电设施网络，积累了技术资料和成功经验。目前，国家电

---

① 智能电网，也被称为电网2.0，简单地说就是电网的智能化，是将通信技术、信息化技术、控制技术、计算机技术和传统物理电网整合成一个高度集成的新兴网络，利用科技手段改变并提升人们的生活质量。

② 京沪高速电动车快充网络今日全线贯通（EB/OL）.（2015 – 01 – 15）［2025 – 02 – 14］. http：//auto. people. com. cn/n/2015/0115/c1005 – 26389025. html.

网在这条通道上已建成 2.4 万个充电桩，形成京沪、京港澳（北京—咸宁）、青银（青岛—石家庄）"两纵一横"网络，续行里程 2900 千米，成为世界上规模最大的充电桩走廊，为向世界贡献中国智慧提供了创新性的实践成果。随着智能电网的发展，未来的能源供应模式将是能源互联网模式。"能源互联网"将进一步更新人们对电力的认识，智能电网在这样的发展进程中不断创造出更加出彩的自身。

电的故事与案例

故事与案例 2.1：解密电的传导——格雷发现电的传导现象[*]

格雷是英国人，对电学非常感兴趣。40 岁的时候他开始尝试做电学实验。他在 1720 年发表的一篇文章中说，头发或者羽毛等非刚性物质都可以摩擦起电。格雷在做摩擦起电的实验时，是用两端都用软木塞塞住的玻璃管进行实验的。在玻璃管受到摩擦后，他发现软木塞也带电了，软木塞也能吸引羽毛。这说明"吸引效力"从玻璃管传导到了软木塞上了。格雷接下来开始研究这种"吸引效力"能够传输的距离。格雷找到一根木棍，木棍的一端插入软木塞，另一端装有一个象牙球。当玻璃管受到摩擦时，象牙球就能吸引黄铜箔，这说明电的"吸引效力"从软木塞通过小木棍传导到了象牙球。他觉得这个木棍不够长，于是找到一根足够长的大麻线代替小木棍，结果在大麻线的另外一端同样发生了像象牙球那样吸引黄铜箔的现象。后来他又用更长的鱼竿代替大麻线做实验，发生了同样的事情。格雷对"吸引效力"的传

---

[*] 蔡斌. 斯蒂芬·格雷发现电的传导［J］. 供用电，2014（6）：74 - 76.

输距离很感兴趣。后来找到一个宽敞的院子做实验，这次传输距离增长到 30 英尺，将几根杆子接在一起，杆子的另外一端接上象牙球，实验同样获得成功。后来又改用更长的线接上象牙球做实验，线在房梁上绕了好几圈，但这次线的另外一端的象牙球没有吸引黄铜箔，实验失败了。格雷认为这次实验失败的原因在于电的"吸引效力"传导到房梁上而没有传导到象牙球上。

为了进一步研究"吸引效力"的传输距离，格雷寻求皇家学会会员惠勒的帮助，实验分为四个阶段：第一阶段的实验是用了一根 80 英尺的丝线，实验获得了成功。第二阶段是将丝线换成了黄铜线，但实验失败了，无论怎样摩擦玻璃管，黄铜线的另外一端仍然不能吸引起轻小的物体。在这个实验中，格雷已经认识到，电的效力会从黄铜线上跑掉而不会从丝线上跑掉，这说明黄铜线和丝线在电的传导方面存在着差别。电的传导的成功，并不在于丝线的粗细，而在于丝线本身的材质。第三阶段是继续用丝线做实验，这次格雷增加了丝线的粗度，并且将丝线的长度增加到 650 英尺。格雷在丝线的一端摩擦玻璃管，看看丝线的另外一端的象牙球是否能够吸引箔屑，实验获得了成功。第四阶段的实验是格雷不让玻璃管与丝线接触，发现丝线另外一端的象牙球同样能够吸引箔屑。后来格雷又用空心的和实心的方木块做实验，发现只在方木块的表面带电，其他部分并不带电。格雷在继续进行反复实验的基础上证明了电的感应现象，并且在一系列的实验中，发现了放电现象以及电的绝缘体。这对电学的发展无疑起到了重要的奠基作用。而后，英国皇家学会会员将能够导电的物体称为导体，将不能导电的物体称为绝缘体。这就是目前电学理论中论及的绝缘体和导体的区分，而后将导体又进一步区分为良导体和不良导体。格雷的实验为电学理论的进一步发展起到了非常重要的奠基作用。

故事与案例 2.2：世界上最大的水电站——三峡水利枢纽工程

三峡水电站是世界上规模最大的水电站。三峡水电站于 1992 年由全国人民代表大会获批建设，1994 年开始动工，2003 年 6 月 1 日蓄水发电，2009 年全部完工。由乌东德、白鹤滩、溪洛渡、向家坝、三峡、葛洲坝 6 座梯级水电站构成世界上最大的清洁能源走廊。2024 年 7 月 31 日高峰出力超过 7000 万千瓦。建设三峡水电站的历史可以追溯到 1919 年，这一年，孙中山先生第一次在《建国方略之二——实业计划》中提出建设三峡工程的设想。1932 年，国民政府建设委员会在调查研究基础上出具了《扬子江上游水力发电测勘报告》，并提出在葛洲坝、黄陵庙两处建设大坝的方案。1950 年初，国务院长江水利委员会正式在武汉成立。1954 年，长江水利委员会提出三峡坝址拟选在黄陵庙地区。1956 年，毛泽东在武汉畅游长江后写下了"更立西江石壁，截断巫山云雨，高峡出平湖"的著名诗句。1960 年 4 月，水电部协同苏联专家在三峡查勘并研究选择坝址。1989 年，长江流域规划办公室推荐建设方案："一级开发①，一次建成，分期蓄水，连续移民"。1994 年 12 月 14 日，国务院总理李鹏在宜昌三斗坪举行三峡工程开工典礼，三峡工程正式开工。1997 年 11 月 8 日三峡工程成功实现大江截流。2002 年 10 月 21 日，三峡大坝最关键的泄洪坝段全部建成。2004 年 8 月 24 日，三峡工程已有 10 台机组投产发电，投产总装机容量达 700 万千瓦，实际装机容量已位居世界发电厂第三位，发电能力位居全国第一。

2024 年 9 月 10 日，三峡水利枢纽工程目标水位为海拔 175 米，这是三峡水利枢纽工程全面发挥其各项功能的重要标志。三峡工程主要有三大效益，即防洪、发电和航运。在三峡工程建成后，其巨大库容所提供的调蓄能力，将能使下游荆江地区抵御百年一遇的特大洪水。三峡工程是中国西电东送工程中线的巨型电源点，所发的电力将主要售予华中电网、华东电网以及南方

---

① 土地一级开发的意思是，由政府或其授权委托的企业，对一定区域范围内的城市国有土地、乡村集体土地进行统一的征地、拆迁、安置、补偿，进行市政配套设施建设，使土地达到"三通一平"。"三通一平"是指建设项目在正式施工以前，施工现场需要达到"水通、电通、道路通和场地平整"的目标。

电网，可缓解我国电力供应的紧张局面；三峡蓄水能够进一步改善通航条件，从而提高货运量。三峡工程自从筹建伊始就存在争论，早期争论的焦点主要集中在经济支撑和移民难度等方面，后期的争论主要集中在地质影响以及气候影响等方面。三峡水电提供的清洁能源能够有效降低环境污染。按照标准煤的换算系数，1031 亿千瓦时的清洁电相当于 3171 万吨标准煤[①]。据报道，2023 年发电量超 2760 亿千瓦时，同比增长 5.34%，相当于节约标准煤约 8300 万吨，减排二氧化碳超 2 亿吨，可满足超 2.9 亿人一年的生活用电需求[②]。目前在我国长江沿线已经形成了世界上最大的清洁能源走廊，乌东德、白鹤滩、溪洛渡、向家坝、三峡和葛洲坝 6 座梯级电站总装机容量 7169.5 万千瓦[③]，相当于三个三峡的装机容量，相当于节约燃煤 10 亿吨和减排二氧化碳 28 亿吨。同时三峡工程也是一个重大的生态工程，能够改变不利于人类可持续发展的状态，减少洪涝灾害和改善人类生存环境。

故事与案例 2.3：风能王国丹麦——世界风能发电大国

荷兰被称为"风车王国"，丹麦则是"风能王国"。丹麦的电力有 33% 来自风能，达到了全世界风能并网的最高水平。丹麦虽然人口不足 600 万人，却是世界上的风能发电大国。丹麦的能源曾经严重依赖进口，但 20 世纪 70 年代美国石油危机使得丹麦人必须想办法化危为机。大力开发绿色能源，走出一条可持续的能源发展道路，就成为丹麦人的理性选择。丹麦的洛兰岛常年有来自波罗的海的强劲的海风，为丹麦带来了用之不竭的风能资源。在这

---

① 保守估计，按照每千瓦时消耗 307.6 克清洁煤计算，产出 1031 亿千瓦时的电能需要消耗相当于 3171 万吨标准煤。

② 世界最大清洁能源走廊 2023 年发电量超 2760 亿千瓦时 [EB/OL]. (2024 - 01 - 26) [2025 - 02 - 14]. http：//www. nea. gov. cn/2024 - 01/26/c_1310762219. htm.

③ 世界最大清洁能源走廊春节期间累计发电约 40 亿千瓦时 [EBOL]. (2025 - 02 - 5) [2025 - 02 - 14]. https：//baijiahao. baidu. com/s？id = 1823224643481296594&wfr = spider&for = pc.

个面积不大的小岛上分布着近 500 个大型风车，将丰富的风力资源储存起来，也成为丹麦人需要解决的问题。"氢动力社区"为丹麦人解决储能问题带来了答案。在氢动力社区里，在用电低谷时段用多余的电能将水电解为氢和氧将电能储存起来，在用电高峰时段通过氢燃烧反向供电，氢动力社区为丹麦电能的持续利用创造了新途径。

丹麦生产的风轮在世界范围内具有广泛的销售市场，过硬的风轮制造技术使得丹麦这个"风车王国"也成为风轮产品出口王国，世界上的绝大多数风轮制造商都使用丹麦的风轮技术。丹麦气候多风，但这并不是丹麦发展风能的主要原因。如果单论自然条件，挪威、爱尔兰和英国的风能条件似乎比丹麦更好。丹麦发展风能最主要的原因是有世界上一流的制造风轮的技术。丹麦早在百年前就制成了世界上第一个发电风轮。随着技术不断进步，发电风轮不断更新换代。直到 20 世纪 80 年代，丹麦仍然是世界上唯一拥有大规模制造风轮能力的国家。丹麦制造的风轮出口到全世界几十个国家和地区。丹麦制造的风轮具有定速和直连电网的特点，在世界风轮市场上牢牢地占据着主导地位。

风轮的使用寿命一般为 20 年，建设周期短，建成后可以立即投入使用，但是风能发电的成本仍然高于传统的燃煤发电，在电力市场化进程中，如果与传统能源并网竞价并不占优势。目前丹麦的风电设备用户主要有两类：其一是以德国和美国为代表的欧美国家；其二是中国和印度等发展中国家。

故事与案例 2.4：甘肃酒泉风电基地——我国第一个千万千瓦级风电基地

甘肃酒泉风电基地是我国第一个千万千瓦级风电基地，项目场址位于甘肃省酒泉市玉门镇西南戈壁滩上。该项目的年发电量相当于每年降低标准煤耗 25 万吨。甘肃的风能资源主要集中在酒泉，而酒泉的风能开发主要集中在玉门、瓜州和马鬃山等区域，这三地距离兰州负荷中心的距离分别为900千米、1000千米和1100千米，这是目前已知的距离负荷中心最远的风电场。因此，"距离负荷中心最远和输电线路最长"，成为甘肃酒泉风电基地的基本特点。欧美国家发展风电较早，但陆上风电多为小型风电场，且这些风电场一般都靠近负荷中心，以分散方式或以低压接入电网。海上风电一般规模较大，大多采用高压方式且集中接入的送出模式。欧美国家的电网结构较强且吸收风电能力较强，风电集中接入电网对电网的影响较小，风电多靠近负荷中心，这一点与酒泉风电场存在较大差别。我国拥有丰富风电资源的地区均远离负荷中心，而这些地区的电网都相对较为薄弱，吸纳风电的能力不够强。风电场大规模接入电网需要的电压等级越来越高，风电场高压接入电网的要求与既有电网基础薄弱之间也存在较大矛盾。酒泉风电场也存在这样的问题，酒泉风电场接入电网系统的电压等级最高，电力送出工程的建设规模也是世界最大。酒泉千万千瓦级风电基地的电能大规模集中开发和超远距离传输，已经突破了国内外目前的风电发展理论，为我国和世界风电发展积累了经验。电力的特点是电的发、供、用必须同时完成，这就意味着电力系统的总发电能力要有对接用电负荷的能力，即发电能力必须随用电负荷同步调整。但因风力资源具有间歇性、波动性和随机性特点，这就意味着风电的发电能力很难保持稳定，为了适应调峰调频的要求，必须有其他能源形式担负起本来应该由风力发电承担的发电能力的变化要求。

第 3 章

电力结构从以火电为主到
多种形态的电力共同发展

电力工业的基本任务是为国民经济和人民生活提供"充足、可靠、合格、廉价"的电力,这个基本任务也是电力发展规划的目的。电力作为一种公用事业,世界各国的电力事业都已经实行了"以电养电"的方式,电力结构必须保持在合理状态,在电力过低时调高和在过高时调低。在电力事业发展过程中,电力企业都要受到当地政府和有关代表组成的委员会的监督,保证电力能够满足人民的日常生活需要。但人们日常生活中使用的电能主要来自其他形式能量的转换,包括水能、热能、原子能、风能、生物质能和光能等,合理优化电能结构才能使人民用电的保证更加充分。我国电力发展已经进入跨省、跨大区域联网输送阶段，电力在这样的大电网中可以在不同区域间调剂余缺，"西电东送、全国联网"战略的实施进一步推动了更大范围内进行优化资源配置的平台。

3.1 习近平生态文明思想与电力能源结构

3.1.1 人与自然的和谐关系是电力发展的基础

电力的发展方向是清洁能源。随着人们生活水平提高，电能的需求量逐渐增加，在这种发展趋势下，如果传统能源在电能总量中的占比居高不下，并且脱硫脱硝技术以及降低温室气体排放的技术不能进一步提升，电力的发展与生态环境保护之间就会出现矛盾。因此，在电能的总量中降低传统能源的占比并逐步扩大清洁能源的占比，应该是电力工业的发展方向。电力事业在发展初期的一段时期内是与环境污染联系在一起的。废气、废水和废渣影响了空气、水体和土壤的质量。在电力给人们带来了方便的同时，人们呼吸的空气、喝的水以及各种动植物赖以生存的土壤的质量都不同程度地遭受污染。因此，电力事业与生态环境保护之间需要和谐发展，才能使人们在享受到电的便利的同时，也能居住在美好的生态环境中。每个时代都有每个时代的主题，在没有意识到生态环境破坏会给人们的生活造成极大困扰的时候，这种严重的问题就无法进入人们的视野。从哲学层面看，人们只能看到其认识能力以内的世界。在主体世界与客体世界打交道过程中，主体世界在改变着客体世界，同时客体世界也在改变着主体世界。但主体世界与客体世界打交道之初，总是喜欢以自我为中心看问题，过分强调主体世界对客体世界的主观能动性，并将这种主观能动性强加于客体世界。但并未意识到主体世界认识到的客体世界只是其认识能力以内的世界，有可能只是将客体世界的表

象误认为是客体世界的本质，而这种认识的误差会随着主体世界认识能力的
提升而发生改变。主体世界在与客体世界进一步打交道的过程中，自身此前
的认识可能会被认识主体自身所否定，认识主体否定自身就是认识主体自身
得以提升的过程和方式，这也是从相对真理趋近绝对真理的过程。电力事业
的发展过程就是电力人在与自然界打交道过程中逐渐修正自身的过程。电力
事业发展之初，人们将从自然界获取的煤炭等化石燃料转变成热能进而通过
驱动汽轮机发电，在自然界能够容纳污染物排放的容量仍然存在充分的余量
之前，排放的污染物会被自然界快速消纳，但是随着这个余量变得越来越小，
污染物排放与环境质量的保持之间的矛盾就会变得日益尖锐，保护环境就会
成为新的迫在眉睫的主题。

3.1.2 电力的持续发展需要走生态环保道路

在这个主题的变化过程中，社会主要矛盾也在发生变化。社会主义改造
完成后，党的八大对社会主义初级阶段的主要矛盾作了第一次表述：人民对
于建立先进的工业国的要求同落后的农业国的现实之间的矛盾，人民对于经
济文化迅速发展的需要同当前经济文化不能满足人民需要的状况之间的矛盾；
党的十一届六中全会对社会主义初级阶段的主要矛盾的表述是：人民日益增
长的物质文化需要同落后的社会生产之间的矛盾；党的十九大对社会主义初
级阶段的主要矛盾的表述是：人民日益增长的美好生活需要和不平衡不充分
的发展之间的矛盾。新时代人们对生活的追求已经从传统经济条件下对量的
增长的需要发展为对质的提升的需要，这就需要统筹推进"五位一体"总体
布局和协调推进"四个全面"战略布局，以新发展理念推进中国式现代化。
在电力事业进一步发展过程中，不但要秉持推进电力事业发展和为经济发展
作贡献的社会责任，更要秉持人与自然和谐共生的理念，为保持良好的生态
环境作贡献，形成尊重自然、保护自然、顺应自然、敬畏自然的人与自然和

谐共生的实践自觉。人类进入工业化进程以来，征服自然和改造自然的能力不断提升，人们虽然从自然界攫取了被认为是财富的东西，但财富的获得是与人们的生活方式和生存环境的改变相伴随的。人们改造自然的力量的提升，也正在以相反的方式助推着人与自然的关系，为了做到"顺应自然"，就需要在人类文明发展进程中，逐渐纠正这个正在被扭曲了的关系。恩格斯在这一点上指出，我们不能总是陶醉于对自然的胜利，每一次对大自然的胜利总是遭到来自大自然的十倍百倍的报复。人们可以充分发挥主观能动性将各种化石能源转变为方便利用的电能，但需要处理好人与自然和谐共生的关系。只有坚持保护与发展并重的原则，电力事业才能做到永续发展。绿水青山就是金山银山，没有了绿水青山就没有了金山银山。在生态文明建设过程中需要"十个坚持"：坚持党对生态文明建设的全面领导；坚持生态兴则文明兴；坚持人与自然和谐共生；坚持绿水青山就是金山银山；坚持良好生态环境是最普惠的民生福祉；坚持绿色发展是发展观的深刻革命；坚持统筹山水林田湖草沙系统治理；坚持用最严格制度最严密法治保护生态环境；坚持把建设美丽中国转化为全体人民自觉行动；坚持共谋全球生态文明建设之路。电力发展之路是一条生态文明建设发展之路，新时代在不断实现人民对美好生活向往的目标过程中，污染程度相对较高的燃煤发电的污染物排放量持续降低在保持人与自然和谐共生关系的过程中扮演着重要角色，需要在电力事业发展进程中将习近平生态文明思想转化为生态文明建设的自觉行动，实现电力事业光明的未来与生态环境的绿色未来之间的平衡。

3.2　火电在电力结构中的占比仍然居于高位

火力发电是通过燃烧化石燃料实现热能发电的方式。火力发电厂通常是指以汽轮发电机组为主的发电厂。火电燃料以煤炭为主，并且绝大多数国家都是从发展煤电开始起步，到目前为止，在世界范围内煤电在电力结构中占绝对主导优势。我国随着电力工业发展，发电用煤占煤炭产量的比重逐年上升，电力已经成为煤炭消费大户。在火电的燃料结构中，燃煤仍然居于主导地位，但燃气的比重正在上升，燃油的比重在下降。在煤炭资源的空间布局方面，我国的煤炭资源主要分布在"昆仑山—秦岭—大别山"一线以北地区，这里有全国煤炭探明储量的90%，其中晋、蒙、陕、黔、滇、皖等地区是煤炭的集中产地，其他地区如京、津、冀、辽、鲁、苏、沪、浙、闽、粤等虽然煤炭资源也相对较为丰富，但煤炭储量占全国煤炭资源保有量的比重较小。煤炭的空间布局与电力负荷的空间布局不对称，对电能远距离传输提出了更高的要求。总体上看，我国的煤炭资源存在"西多东少、北富南贫"的问题，但地区的经济发展程度与煤炭资源的分布不一致。只有理顺能源布局与生产力布局间的关系，能源才能发挥其应有的作用。煤炭产地一般都远离煤炭消费市场，因此存在着"西煤东调、北煤南运"的现实要求。煤炭的远距离运输增加了运输成本从而也提升了发电成本，但这是平衡电力生产与电力消费的主要方法。中国华能、中国华电、中国大唐、国家电投和国家能源集团等五大国有发电集团在全国的电力供应中扮演着主要角色。在电力结构方面，火电在电源结构中仍然是最重要的电能产出大户。相对于其他能源形式，火电的优势仍然很明显，全国火电的装机容量和发电量在不断增加，而且在电力行业的能源结构中的占比有继续增加的趋势。因此，在优化电能结构与煤电占比持续提升之间存在冲突。

火电机组的体量在增加，也在不断得到优化，其技术水平在持续提升，这方面的主要工作是：存在发电效率低和污染严重问题的小火电机组被关停；发电效率高和大容量的发电机组的装机容量在不断扩大；加大了以清洁燃煤技术为核心的装机容量规模；老发电机组在不同程度上得到改造。这些工作都有助于提升燃煤效率和提高电能产出量。在此过程中，火力发电的燃料也在发生变化，在火电事业的家族中，天然气的发电建设已经初具规模，发展天然气发电事业为我国的电力工业拓展了发展空间。国家早在1996年开始就对天然气发电作出了战略部署，并于次年由国家电力公司牵头成立了天然气发电办公室，开始谋划基于天然气的电力工业布局。在华东地区和广东等地开始引进LNG发电项目①即液化天然气发电项目，为建设天然气发电厂做好前期准备工作。在此期间，浙江半山天然气发电工程是第一次由国家统一组织的通过引进国外大型燃机先进制造技术而建设的国际化电力项目，使我国天然气发电具有了新的突破。火力发电方兴未艾，而传统的以燃煤为主导的发电状态在短时期内不易发生根本性改变。以煤炭为主体的能源结构决定了我国电力能源在较长时期内的发展样态，这就意味着将会在今后很长一段时期内维持以火电为主的基本格局。为了推进电力事业的可持续发展，仍然有一些问题需要得到前瞻性的重视，这些问题主要有：其一是火电厂的污染气体排放需要进一步得到有效控制。煤炭在发电过程中会产生硫氧化物、氮氧化物和碳氧化物，这是产生温室效应和酸雨从而对生态环境造成污染的重要原因，目前脱硫和脱硝技术已经普及但仍然需要进一步提高。其二是火电机组结构需要进一步进行合理化设计，进一步持续扩大高效率的大型发电机组的占比。目前火电机组结构仍然不太合理，供电煤耗相对较高，仍然存在进一步下调的空间，据此进一步推进"上大压小"②的进程，逐步退役中小型发电机组。其三是火电燃料结构仍然需要进一步优化。从发达国家的火电燃料结构的占比中可以看出，虽然燃煤在燃料结构中的占比都比较高，但发达国家的天然气占比都远高于我国，我国需要进一步提升发电燃料中的天然气占比。发电用户是天然气市场中最大和最稳定的用户，对天然气发电站的气价需要给予适当优惠，引导企业采用天然气发电，

---

① LNG即液化天然气（liquefied natural gas，LNG）。主要成分是甲烷，被世界公认为最干净的化石能源。该燃料无色、无味、无毒且无腐蚀性，其体积约为同量气态天然气体积的1/625，液化天然气的质量仅为同体积水的45%左右。

② "上大压小"就是降低小发电机组的比重，发电机组向高容量、大参数方向发展。

不断提升开发中国的天然气市场的动力。天然气市场与发电市场由此可以在双赢中实现互动。

3.3 水电在电力结构中的比重正在稳步上升

水力发电是利用水的重力势能发电的一种发电形式。水力发电是将高处的水通过导流引导到下游，通过水的重力势能推动水轮机转动，从而将水的势能转化为机械能的发电方式。以水轮发电机组发电的发电厂称为水力发电厂，包括常规水电站和抽水蓄能电站。常规水电站就是利用水的势能发电的电站，而抽水蓄能电站则是将电能转化为水的重力势能并将其储存的电站。我国水力资源丰富，但分布具有地域性。我国无论是水能蕴藏量还是可开发的水能资源，均居世界首位，这为我国大力发展水电事业提供了资源基础。但受地形地势等因素的影响，我国的水能资源的空间分布不均衡，水力资源的集中分布区往往都缺乏较好的开发条件。我国水能资源的突出特点在于河道陡峻，水体天然落差大，从而蕴藏了巨大的水能，为大力发展水电事业奠定了资源基础。发源于青藏高原的大江大河的天然落差高达 5000 米，巨大的水力资源为发展水电提供了可能。我国水电事业发展迅速，但"小水电资源丰富"成为发展水电的显著优势，小水电一般是指容量在 5 万千瓦以下的水电站，这种小规模电站的发电量适合就地消纳，特别适合广大农村地区和偏远山区的水力资源开发，并且以孤立电源形式出现。大型水电站产出的电能主要通过电网输送到东部地区，在"西电东送"过程中扮演着重要角色。20世纪 50 年代至 60 年代初，我国的水电事业不断发展壮大，开始迅速建成一批较大规模的水电站。这时期建立起来了包括丰满水电站、狮子滩水电站、盐锅峡水电站、新丰江水电站等在内的重要水电工程，使我国的电力供应能力得到大幅提高。20 世纪中期到 70 年代末期这段时间内主要的工程包括龚嘴、映秀湾、乌江渡、碧口、凤滩、龙羊峡、白山等重要水电工程，我国的水电事业呈现蓬勃发展态势。

20 世纪 70 年代初我国建设的第一座 122.5 万千瓦的刘家峡水电站投产，80 年代装机容量为 272 万千瓦的葛洲坝水电站建成，随后就是三峡、龙滩和公伯峡项目的投产和运行，我国水电事业呈现突飞猛进的发展态势。水电事业的发展呈现出以下特点：其一是增长速度快。水电装机规模和发电量均呈现快速增长态势，对优化电力结构起到了重大促进作用，目前中国已经成为世界上水电装机容量最大的国家。其二是建设水平提升快。水电建设水平正在不断提升，全世界的水电项目中有 30% 在中国。水电在很大程度上弥补了火电的不足，对优化电能的结构布局和空间布局具有重大贡献。水电作为清洁能源具有远大的发展前景。虽然如此，与发达国家相比，我国的水电开发程度仍然不够高。同时水电事业在发展中也存在一些亟须解决的问题，主要表现在：其一是火电的垄断优势不易实现能源替代。高度垄断的电力工业管理体制，束缚了水电事业的发展，相对固化的电能结构布局形成对传统能源的过度依赖，不容易在更大程度上对火电进行替代。其二是水电会挤占其他电力形式的发展空间。水电事业的发展会使得煤电以及煤矿的发展面临困境，因此在一定程度上存在"保火电、轻水电"问题，水电资源因而不能得到最大限度的开发。其三是水电在调峰和甩负荷方面的优势未能彰显。从技术层面看，水电较火电在调峰和甩负荷方面更易操作，水电在启动或者停止方面都更加简便易行，但由于前两个方面因素的存在，致使水电这方面的优势并未显露。综合如上诸多问题可以认为，行政层面需要在思想上进一步加强对发展水电的必要性和紧迫性的认识，虽然水电由于在客观上存在一次性投资大、建设周期长和运行初期回报低等不足，致使水电事业的发展遇到阻力，但需要更多从长远利益层面进行前瞻性考虑。通过发展水电优化电能和电源结构是电力事业的发展大计。

3.4 核电正在发展为电力结构中的重要支柱

3.4.1 核电站与核能布局

核电站是利用原子核内部蕴藏的巨大能量生产电力的新型发电站。就技术方面而言，核电站大体上可以分为三个部分：其一是核岛。这是利用核能产生蒸汽的核心装置，包括核反应堆和一回路系统①。其二是常规岛。这是利用蒸汽发电的重要装置，主要涉及汽轮机发电系统。其三是厂房。其作用是存储燃料。目前世界上采用的反应堆包括五种类型，即压水堆、沸水堆、重水堆、快堆以及高温气冷堆等。核电与水电、火电一起，并称为世界电力工业的三大支柱。我国核电行业的特点主要表现在空间布局、装机容量和生产主体三个方面。在空间布局方面，集中分布在东南沿海，与我国的水电和煤电形成空间互补发展态势。"水火并进"一直是我国电力事业的重大战略举措。我国煤炭资源主要分布在北部，水力资源主要分布在西部，而电力负荷主要集中在东南沿海。发电燃料与电力负荷空间不对称成为建立坑口电站的主要原因。传统电能的空间布局与电力负荷的空间布局的不对称性，也成为核电在东南沿海布局的重要影响因素。在装机容量方面，核电的装机容量和发电量在国家的电能结构中居第三位。核电在未来的能源结构中占比会逐步提升，并在国民经济的能源供应中发挥重大作用。在生产主体

---

① 反应堆堆芯因核燃料裂变会产生巨大热能，热能会将由主泵泵入堆芯的水加热成 327 度和 155 个大气压的高温高压水，高温高压水流经蒸汽发生器内的传热 U 型管，通过管壁将热能传递给 U 型管外的二回路冷却水，释放热量后又被主泵送回堆芯重新加热再进入蒸汽发生器。水这样不断地在密闭的回路内循环，被称为一回路。

方面，核电生产为国有垄断。出于核电的安全性以及巨大的人力资源、经济资源、管理资源等方面的考虑，只有国有垄断经营才能保证核电的安全、持续运营。

我国的核电产业正在呈现规模发展格局，在未来发展中会进一步增加核电站的数量和装机容量，在调剂电能余缺方面发挥重大作用。我国目前的核电企业数量不多，主要有中国核工业集团有限公司即"中核集团"和中国广东核电集团有限公司即"中广核集团"。"中核集团"是经国务院批准在中国核工业总公司的基础上组建起来的核电企业，它是中央直接管理的特大型中央企业，其主要职责是多方面的，包括：核电、核动力、核材料、核燃料的科研开发；乏燃料和放射性废物处理与处置；铀矿的地质勘查；核仪器设备、同位素、核技术应用等的科研开发。除了肩负科研开发职责外，还要承担项目建设与生产经营以及对外经济合作与进出口等业务。其下所属的核电站主要包括秦山一期、二期、三期核电站、江苏田湾核电站以及三门核电站等。"中广核集团"是由国有资产监督管理委员会监管的中央企业，这是我国唯一的以核电为主业的电力企业。该集团下属的核电企业主要有大亚湾核电、中广核电、岭澳核电、岭东核电、阳江核电、红沿河核电、宁德核电等。这些核电站为我国的核电事业积累了丰富的科研资料和建站经验，培养了大批核电人才，为我国核电事业的持续发展奠定了坚实的基础。

3.4.2　核电产业稳步发展

我国核电事业起步较晚，但发展速度较快。在 20 世纪 90 年代有了突破性发展，在较短的时间内且以较少的投入走出了一条适合我国国情的核电发展道路。秦山核电站是我国进行独立设计的第一座核电站，该核电站的建设为我国积累了大量科研资料和培养了大批宝贵的核电人才。秦山核电站并网发电并投入商业运行后，我国成为继美、英、法、苏联、加拿大、瑞士之后的第七个能够自行设计和建造核电站的国家，我国的核电事业走出了实质性的一步。而后是大亚湾核电站，该核电站是我国改革开放后引进的第一个最大的外资项目，创造了中外合作建设核电站的成功范例。大亚湾核电站为我国基于国际视野积累办站经验和走稳核电发展步伐奠定了基础，开创了国际合作办站的先河。随后我国自主设计建设了秦山二期、秦山三期核电站和田湾核电站，多项指标达到世界先进水平，使中国成为世界上第八个能够出口核电站技术的国家。我国在核电事业方面实现了从"跟着学"到"教人做"的实质性跨越。

通过工程建设和运行管理实践，我国取得了丰硕的科研成果，并积累了丰富的管理经验和培养了大批管理人才，在核技术研发、电力设备制造、项目运营管理等方面，已经具有较为雄厚的基础和实力，为进一步发展高水平的核电事业积累了经验和奠定了坚实的基础。目前，我国的核电发展在很多方面均取得了长足进步。在核电设备制造方面，我国已经拥有自主设计和制造百万千瓦级压水堆核电机组的核心部件的绝大部分设备的能力，已经具备了较高的科研水平和项目开发能力，已经实现了自主设计和自主运营核电站的目标，为进一步提升我国的核电自主建设和管理能力奠定了坚实的基础；在核电设计和技术研发方面，我国已经培养出了一大批专业素养较高、专业知识过硬、经验丰富、年龄结构较为合理的核电研究队伍，为核电事业的深入发展提供了人才前提；在核燃料保障方面，已经形成了包括铀矿地质勘探、铀矿采冶以及铀转化、铀浓缩、乏燃料后处理、放射性物质管理等所有环节的较完整的核燃料循环工业体系，为安全发电和安全环保奠定了基础，也为我国的核电事业跻身世界前列奠定了基础，并且核电站的全部核燃料元件均实现国内生产，质量达到国际先进水平，核电发展的技术瓶颈问题完全不复存在；在核电工程建设管理方面和核电安全管理方面，我国积累了丰富的管理经验，并且具有核事故应急体系和技术支持体系。核电发展从此不再有后顾之忧。

3.4.3 核电产业继续发展

核电发展的规模在进一步扩大，核电发展的速度在进一步提升，核电已经成为国民经济发展的重要支撑。我国的核电产业方兴未艾，核电产业发展之初确定的目标是：将核电作为发展核工业的龙头，将核燃料和核科学研究作为发展核工业的基础，将核技术作为发展核工业的增长点，"核电＋核燃料＋核科研＋核技术""四位一体"推动核工业持续发展，这样的战略目标正在成为现实。核电的快速发展对我国进一步优化电力结构具有重大推进作用。核电在经济发展中的助推作用仍然会进一步增强。但也需要认识到，我国核电事业虽然已经取得了巨大成果，但与世界高水平核电发展相比仍然存在较大的发展空间，也存在一些需要注意的问题：其一是需要进一步稳定发展战略；其二是需要进一步进行管理体制创新，解决多头管理问题；其三是需要进一步提升核电在能源结构中的占比。这些问题都表现在宏观层面，宏观方面决定着发展方向和发展前途，核电发展需要在发展的空间布局、体量规模以及管理方式等方面进行前瞻性设计，不断提升关系核电发展的各个环节的技术水平，进一步积累科研成果、宝贵经验、技术人才等，为核电持续发展夯实基础。核电是传统电力的替代能源，稳步提升核电在能源结构中的占比是电力工业的发展方向，核电在其中需要发挥重要作用。

3.5 风电已经成为新能源大家族中的生力军

3.5.1 风电事业蹒跚起步

利用风力吹动建造在塔顶的大型桨叶旋转带动发电机发电称为风力发电。

由数座乃至数十座风力发电机组组成的发电场称为风力发电场。风能资源是因地球表面的大气流动而形成的动能资源。风力发电能够利用的风能只是合理高度上的风能。我国的风能资源分布很不均衡，除了沿海地区具有丰富的风能资源外，陆地风能资源主要集中在蒙、甘、新、黑、吉、辽、青、藏以及冀等北部地区，北部风能资源较为丰富的省区因地势平坦和交通便利，有利于建设大规模的风电场，但风电并不仅局限于陆地，海上风力资源也非常丰富。在海上风电项目方面，国外在海上风电方面的技术已经比较成熟，但我国在海上风能开发方面刚刚起步。相对于陆上风电而言，我国的海上风电起步晚且规模小。上海东海大桥风电场是我国首个海上风电场项目。我国海岸线绵长，具有大力发展风能资源的优势。风电是新能源的主力之一，但我国风电的装机总容量仍然不够大，风力发电仍然具有很大的发展空间，五大国有发电集团也开始竞争风电市场。我国很早就将电能的视角转向了风电，风电是从 20 世纪 50 年代开始展开研究和进行试点的，70 年代又在牧区和海岛等地方为解决对电力的紧迫需求而发展了小规模风电，但是这些风电设备都是独立运行的。这些独立的风电电源虽然规模小，但成为解决当地用电问题的主要途径，也为我国进一步发展风电事业积累了经验。

3.5.2 风电产能迅速提升

我国第一座并网运行的风电场是在山东荣成建成的风电场，风电由此改变了此前的孤立电源状态，风电电能加入国家电网，这为推进我国的风电事业起到了促进作用，随后并网运行的风电场的研究开始不断增加，但这时期的风电场的规模都普遍较小，产出的电能也相对有限。只有扩大风电规模才能充分利用风能，也才能进一步提升风能在电能结构中的占比。进入 20 世纪 90 年代后，风力发电才进入规模化的建设阶段，风电的迅猛发展进一步提升了我国的电力供应水平。这时期风电场的规模和装机容量都开始普遍增加，风电事业得到迅速发展。目前我国的风电装机容量和发电规模已经位列世界前十，世界上风力发电按照装机容量的排序是：中国221GW、美国96.4GW、德国59.3GW、印度35GW、西班牙23GW、英国20.7GW、法国15.3GW、巴西14.5GW、加拿大12.8GW、意大利10.1GW[①]。我国已经成为风电产业的后起之秀，在世界风电市场上具有举足轻重的地位。大力发展风电就需要有高质量的风电机组，风电机组是风电场的核心设备，其生产水平反映了一个国家风电发展水平，也决定了一个国家风电的发展高度。为了持续推进风电事业发展，我国从20世纪80年代开始研制大型并网风电机组，但进步速度一直不高，直到20世纪末在国家大力发展风电的政策支持下，风电才真正从实验室状态走向了市场实战状态。为了尽快提高风电机组制造水平从而满足风电市场大力发展的需求，国家采取了以下两项主要措施：其一是引进技术，即引进国外成熟技术并对之进行消化吸收，以尽快提高国产化机组的制造技术；其二是合作生产，即采用与公司合作生产的方式引进技术，并允许国外风电机组制造企业在我国投资建厂。这两项政策都是在引进技术，通过引进和合作为风电发展创造学习机会，这是迅速赶上世界风电设备生产先进国家的捷径。目前我国比较有影响的整机制造厂有新疆金风、西安维德、一拖－美德、浙江运达、上海申新、北京万电等。风电发展已经进入了一个崭新阶段。

3.5.3 风电产业遭遇瓶颈

风电正在成为我国电力事业大家族中具有十足成长后劲的新兵，但发展中也暴露出一些问题，主要表现在：第一，风电并网价格高使其缺乏与传统电能的竞争力。风电虽然是清洁能源，但风电的建设项目费很高，风电项目的投资构成中除了风机设备费外，还有联网送电费、设计管理费、基础设施

---

① 全球十大风力发电国家排名［EB/OL］.（2019－03－26）［2025－02－14］https：//www.nengyuanjie.net/article/25099.html.

费等，这些费用占比过大，导致风电的千瓦造价居高不下，风电价格也很难降下来，这在很大程度上延缓了风电市场扩大的进程。第二，缺乏基于详细勘察而获得的风能档案资料。这些档案资料是深入开发风能资源的基础资料，只有丰富相关方面的气象资料才能解决问题。缺乏详尽的资料，就影响了对建设风电场的条件进行综合评估的基础，从而延缓了风能资源的系统开发进程。第三，风电技术的国产化水平有待提升。我国风机制造的国产化水平仍然较低，风机设备中的关键部件诸如风轮叶片、发电机、齿轮箱、控制装置等仍然依赖进口。这在一定程度上也提升了风电的运营成本，为了实现大规模发展风电的目标，就需要在与风电相关的技术装备方面壮大科研实力从而实现设备生产的国产化。第四，政策支持力度需要进一步加强。风电规模化发展的瓶颈在于风电上网的体制性问题以及引导投资主体进入风电产业的问题，与传统能源相比，风电在发电成本方面不占优势。作为电力家族中的幼稚产业，风电发展需要国家给予更多的优惠措施，这包括投资支持以及电力上网的政策支持等。制度支撑是发展风电的最大动力。

3.5.4　风电入网势在必行

我国的风电技术正在稳步发展，风电技术是从 20 世纪 70 年代开始起步的，风电方面的研发成果在不断取得新进展，风电规模在不断扩大，从百瓦级小型风力发电机组发展到兆瓦级大型风力发电机组，风电场的级别和发电机组的质量也在不断提升。在此基础上，我国有关大型风力发电机组的研发也在持续推进，这项工作起始于 20 世纪 80 年代中期。到了 90 年代中期，我国政府相继出台了一系列发展风电的政策，促进了大型风力发电机组产业的发展，我国风电工业也因而进入了快速发展阶段，先后在研制 600 千瓦和 750 千瓦级别的风力发电机组方面取得了新的突破，并逐步形成批量生产。这为风电场的进一步建设奠定了硬件基础。进入 21 世纪后我国开始研制兆瓦级风力发电机组，为风电场的空间布局提供技术基础，但风电工业的空间布局仍然存在局限性。自 20 世纪我国开展风电事业以来，风电基本局限于陆上风电，直到中海油安装了试验性的风力发电机组，陆上风电在风电家族中一枝独秀的格局才被打破，为日后的海上风电深度开发奠定了发展基础。海上风电为发展我国风电事业开辟了新天地。到目前为止，我国风电产业虽然已经取得了明显成就，但随着风电规模不断扩大，风电发展面临的最为突出的问题就是风电并网。风电并网存在两个问题：其一是输电网络建设问题。需要尽快解决风电电源接入国家电网的"匝道"建设问题，该问题的有效解决可以将风电电源变为并网电源，风电场的冗余电能据此可以变为现实生产力。其二是风电价格偏高问题。该问题不解决，就会因风电价格偏高而导致并网不占优势，从而削弱风电的投资积极性和电能产出的积极性。我国风电开发具有"规模较大、高度集中、距离较远、地处偏远、接入困难"的突出特点，这些特点中更多体现出的是问题。风电并网扩大远距离传输电能的水平，成为风电发展伊始就需要解决的问题。目前风电的开发重点放在内蒙古、河北以及西北、东北、东南沿海和近海岛屿等风能资源丰富的地区，风电集中分布进一步增加了电能接入电网的难度，规划建设的万兆瓦级风电基地所在地区负荷水平较低，风电就地消纳能力十分有限。因此，解决以上两个问题就显得更加紧迫和重要。

3.6 太阳能蓬勃发展助力快速优化电力结构

3.6.1 发展前景可观与应用范围广泛

新能源是相对于煤炭、石油、天然气、水能等常规能源而言的，新能源是在新技术的基础上，系统地开发利用的可再生能源，如太阳能、风能、潮汐能、生物质能、波浪能、地热能等。常规能源的过度使用和不合理使用不仅加剧了电力持续发展的资源约束，而且造成了不少的环境问题。资源面临枯竭是电力事业持续发展需要面对的巨大难题。为了保证稳定和持续的能源供应，以及建立人与自然间的和谐共生关系，就需要减少对传统能源的消耗，大力发展新能源，这是世界电力发展的大势所趋。目前我国的风能、生物质能等的装机容量仍然相对较小，具有较大的开发空间。世界太阳能产业的快速发展也在带动我国太阳能进入快速发展阶段，太阳能由于具有广布性特点而具有广阔的发展前景，这表现在很多方面：光伏板的安装简便易行，占用空间小，城市和乡村均具有发展条件。大规模光伏发电可以作为并网电力跨区域调剂电能余缺，独立的光伏电源可以供应居民户日常用电。光伏发电可以在规模的大与小、并网与不并网等方面作出灵活选择。

太阳能发电又称为光伏发电，利用光生伏特效应原理，基于太阳能电池将太阳能直接转化为电能。目前光能发电产品主要用于三个方面：第一是为无电场合提供就地消费的独立电源；第二是为日用电子产品提供移动电源；第三是并网发电从而为异地电能消费供给电能。我国光照资源丰富，藏、青、新、甘、宁、蒙等是太阳能资源最为丰富的地区，太阳能资源的丰富度超过美国、欧洲和日本，这是我国大力发展太阳能发电的有利条件。太阳能发电虽然是新兴产业，但我国在这方面进展较快。在太阳能发电装置中，太阳能电池是发电设备的核心部件，其开发和生产能力直接影响太阳能发电的普及。我国有关太阳能电池的研究起步较早，在 20 世纪 50 年代就开始研究太阳能电池，太阳能电池于 20 世纪中后期首次应用于卫星上，解决了人造卫星的能源问题，而后太阳能电池开始应用于地面。但太阳能电池的规模化生产一直进展不快，主要原因在于太阳能电池开发成本较高，受到价格和产量的限制，地面上的太阳能电池主要用于小功率的电源系统，尤其是孤立电源的电能供给设备，例如航标灯、铁路信号系统以及偏远区域的路灯等。为了持续发展太阳能发电，就需要突破成本瓶颈。早在 21 世纪初，国家就启动了"西部省区无电乡通电计划"，太阳能发电对于这些偏远且联网存在困难的区域的供电显示出了优势，这在极大程度上推进了太阳能发电产业的发展，太阳能的应用范围也逐步扩大。目前太阳能电池已经广泛应用于通信、交通、民用产品等诸多领域。光伏电池的生产技术日趋成熟，产业规模也在不断扩大。

3.6.2　培养知名品牌与形成国际产业

在光伏产业发展方面，我国已经涌现出了大批知名品牌。无锡尚德、保定英利和南京中电等都在光伏产业的拓展方面发挥了巨大作用，这些知名品牌拥有巨大产能和坚实的研究团队，进一步助推了光伏产业的持续扩展。光伏发电已经遍及西部各省份以及中东部的部分省份。太阳能发电已经进入大规模发展时期，但在发展中也面临诸多短板，这些短板成为制约我国光伏产业持续发展的瓶颈，主要表现在：第一，太阳能发电技术落后于国际水平。我国光伏发电系统起步较晚，整体上仍然存在产量较小、应用面窄，以及光伏电池的质量问题。我国太阳能电池的能量平均转换效率不高，这会影响电能产出量。主要原因在于生产太阳能电池的专用材料国产化程度较低，主要问题是：封装玻璃完全依赖进口；低铁[①]含量的高透过率基板玻璃不能满足制造光伏板的大量需求；科研成果的产业转化率不高，使得科研实力不能转化为生产实力。不过在这方面我国有了最新进展，经国家太阳能光伏产品质量检验检测中心权威认证，光因科技联合上海交通大学共同研发的全钙钛矿叠层太阳能电池实现了30.58%的转化效率，其最大功率点跟踪稳态效率达到30.49%，打破了国际上一直保持的30.1%的世界纪录[②]，这项技术突破将

---

①　"低铁"即光伏电池的铁的含量低。Fe_2O_3 的含量一般不应超过 0.015%。低铁光伏玻璃也称为超白光伏玻璃，在光伏电池中发挥着重要作用，主要表现在提高透光率、减少光热效应、增强抗冲击能力、提供机械支撑、延长使用寿命等，从而能够显著提升光伏系统的发电效率和稳定性。

②　全钙钛矿叠层电池世界新纪录：光因科技创造 30.49% 稳态效率 [EB/OL]. (2025 – 02 – 10) [2025 – 02 – 15]. http：//ex. chinadaily. com. cn/exchange/partners/82/rss/channel/cn/columns/80x78w/stories/WS67a99ecba310be53ce3f4c25. html.

会大大推进我国光伏产业的发展速度。这些方面取得技术突破不但有利于我国光伏产业发展，也是对世界电力工业的贡献。世界上采用最广泛的太阳能电池是晶体硅太阳能电池，高纯度多晶硅则是其生产原料，是否具有该项技术成为太阳能产业能否规模化发展的关键因素，但该产品的关键技术主要掌握在美、日、欧等国家或地区的几家大公司手中，这也成为我国发展太阳能发电的"卡脖子"问题。第二，政府激励措施需要进一步强化。在发展光伏方面，日、美、德等国家都有配套的国家激励措施，例如日本专门提出"新阳光计划"对光伏事业提供大力支持，美国基于国家力量为持续大规模拓展光伏装机容量给予政策扶持，德国出台支持性的电价政策收购光伏电力，相比之下我国在这方面的鼓励政策仍然不够完善。光伏电力并网与传统电力相比不占优势，在一定程度上削弱了太阳能产业持续发展的动力，政策支持成为解决这一问题的关键。综上分析，政府的支持政策需要在两个方面下功夫：其一是出台激励性的财政支持政策，增加研发投入和人才培养；其二是针对光伏产业出台专门计划，在入网电价方面给予制度支持。

随着光伏产业持续推进，目前我国在晶硅电池的产业化生产方面已经位居世界前列。在太阳能发电产业蓬勃发展进程中，光伏的科研水平也在持续提高，国内一些大型的光伏发电企业均有了自身的研发机构，有些隶属于企业的研发机构已经发展为国家级实验室，我国的晶硅电池正在蓬勃发展。这里需要注意的是，虽然太阳能是清洁能源，但将光能转化为电能的光伏板的生产存在高污染问题，需要进一步加大科研投入，降低光伏板生产过程中造成的污染。在光伏产业带动下，基于半导体工艺与光伏产业因材料关联和技术交叉而存在的广泛兼容性，半导体产业介入光伏产业存在可行性，这为光伏产业的深度发展拓展了空间，很多具有生产半导体产品优势的传统半导体生产企业开始布局光伏产业，光伏产业的队伍在不断膨胀，光伏产业呈现爆发式发展态势，基于材料关联和技术交叉形成的前向一体化或者后向一体化产业链的发展成为趋势，通过展开产业聚合整合优势降低产品的生产成本和提高产品竞争力。具有光伏板量产能力和科研开发能力的大型生产企业如尚德和英利正在完善全产业链概念，即产品主要涉及"多晶硅—硅片—电池组件—系统集成"等全领域。通过在国际范围内创造光伏产品的消化能力推进光伏事业发展。光伏产业发展中也暴露出一些需要解决的问题：产能增长过快从而出现阶段性供需失衡问题；光伏产品成本居高不下以致竞争优势式微；产品成本保持在高位导致企业利润下降进而影响企业的持续发展；"大企业不能满负荷运转和小企业没有条件满负荷运转"的问题同时存在；多元化的资本竞相角逐光伏产业造成行业竞争程度提高从而导致产业发展失序。光伏产业面临的问题均是发展中的问题，随着光伏事业的持续推进，很多问题也会在发展中得到解决。光伏产业的优势也正在呈现，这主要表现在产业发展的国际化程度不断提高和产品的国际影响力在提高。这些有利因素都会推进我国光伏产业成为一个国际化的产业，成为使全球受益的产业。

3.7 生物质能成为新能源家族中的后起之秀

生物质能来源于生物质①。生物质能发电技术是将生物质能转化为电能的一种技术，生物质能成为电能家族中的后起之秀，在电能结构中，生物质能发电是目前世界上仅次于风力发电的可再生能源发电技术。生物质能的存在形式多种多样，各种含有有机质的物质都能成为生物质能发电的原料，其中主要包括薪柴、农林作物、甘蔗渣、城市固体废弃物、生活污水、水生植物、禽畜粪便等。从世界范围看，生物质能的思路是让产生于生活中的有机废弃物再度服务于生活，实现能量的循环利用，从而生物质能发电成为循环经济的典型代表。生物质能来源主要是农业废弃物和农林产品加工废弃物、

---

① 生物质就是所有来源于植物、动物和微生物的除矿物燃料外的可再生的物质，包括速生草本植物、富糖植物、富油脂植物以及各种废弃物等。

薪柴以及城市生活垃圾等。这些物质含有丰富的有机质，燃烧时释放出巨大热量。农业废弃物例如农作物秸秆、稻谷外壳、制糖作物残渣等，农林产品加工废弃物和畜禽粪便等的主要成分包括植物纤维性废弃物，对其进行充分利用，可以在产出电能和保护环境之间实现双赢；薪柴主要是指用材林用于加工木材之后剩下的附属品以及用材林中不能成材的树木、树根、枯枝落叶等。随着人民生活水平提高，城市生活垃圾中有机成分的比重在不断提升，这为生物质能发电提供了稳定的资源基础，生物质能发电不但可以循环利用能源，而且使城市生活有机垃圾能够得到及时回收，对美化城市生活环境作出很大贡献，生物质能发电成为有机生活垃圾资源化的重要方式。生物质能发电因具有用之不竭的可资利用的循环产生的资源而具有很大的发展潜力。在世界范围内生物质能呈现迅猛发展局势。按照目前的发展速度，会与风能发电并列成为可再生能源中位居第二的能源类型，到 2029 年，全球生物能源市场规模有望增至 2060 亿美元[①]。我国在生物质能发电方面也经历了引进、吸收和消化的发展历程，在充分借鉴先进经验的基础上，我国的生物质能发电已经有了长足进步。

从生物质能的发电形式看，目前主要有四种类型：生物质焚烧发电、生物质气化发电、沼气发电和垃圾发电。垃圾发电厂是生物质能发电的重要载体，目前我国的大型垃圾电厂的数量不多，主要有深圳市市政环卫综合处理厂、北京市朝阳绿色环保电站、上海东御桥垃圾发电厂等。为了进一步消化数量巨大的生物质，需要进一步提升发电机组的装机容量以及优化生物质能发电站的空间布局。自 20 世纪 70 年代世界石油危机以来，生物质能成为可再生能源中的重要生力军，很多欧洲国家走在了前面，开发生物质能增加电能总量成为世界范围内电力产业发展的新的增长点。丹麦的秸秆热电技术具有代表性，目前秸秆发电已经从丹麦走向了全世界，对世界范围内生物质能

---

① 2025 年生物能源行业现状与发展趋势分析 [EB/OL]. (2025 - 02 - 12) [2025 - 02 - 15]. https：//www. chinairn. com/hyzx/20250212/115229130. shtml.

发电规模的扩展起到了很好的影响作用。丹麦、荷兰、瑞典和芬兰等欧洲国家利用秸秆发电的技术已经很成熟，为世界上其他国家发展生物质能提供了宝贵经验。与发达国家相比，我国用于发展生物质能发电的资源并不匮乏，广大农村地区每年提供的生物质数量和城市居民生活中产生的有机生物废弃物数量巨大，但在总发电量中的占比仍然处于低位。主要原因在于两个方面：其一是核心技术和设备依托进口。生物质能发电需要的锅炉以及燃料传输设备等均依赖进口，而这是发展生物质能的核心设备，这种"卡脖子"技术导致投产后的生物质能发电企业在很长时间内会受制于国外企业。其二是发电运营成本相对较高。生物质能发电的重要特点是，运营初期成本高、燃烧的热效率低于常规火电、燃料成本高，这些不利因素都在很大程度上阻碍了生物质能的快速发展。关键技术自主开发率低和发电成本过高成为制约生物质能规模化发展的瓶颈，产业发展速度慢就相当于流失和浪费资源，突破发展瓶颈具有紧迫性。

　　生物质能产业发展除了前面论及的诸方面外，也面临一些需要解决的其他问题，这主要表现在调查资源、完善布局和研发投入等方面。其一是缺少系统的资源调查。生物质能利用最基本的制约因素是资源可获得性，只有能够集中利用的资源达到一定规模，资源才具有可及性，建设电厂才具有可行性。"摸清家底"是大力发展的前提。由于生物质能产业尚处于起步阶段，在对资源的供应能力、土地开发潜力、原料有机质含量等因素的前期研究不够深入，这些信息需要基于大数据分析手段才能助力生物质能产业持续发展。其二是规划布局不尽合理。生物质能发电原料具有广布性，合理解决电厂集中布局与资源分散布局之间的关系才能避免后续发展中出现问题。生物质能开发项目必须遵循"因地制宜"的原则，各地的人文环境和资源富集程度存在较大差异，不能将一地的经验简单复制到其他地方，盲目建设很可能导致项目的严重亏损，致使后续发展乏力。其三是技术水平较低。目前我国生物质能利用技术研发水平较低，生物质能的能量转化率不够高，于是形成了大量"吃进"资源与机组出力不高之间的矛盾,还有大量的技术瓶颈需要突破,持续加大研发投入才能创新发展并在发展中抓住更多机会。在生物质发电方面,以生物质发电为目标的规模化生物质能项目,缺少适用于在小地块内用于原料收集的机械化装备。在沼气工程方面,沼气压缩提纯设备与国外同类产品相比仍具有较大的技术差距,而这会进一步影响发电机组的工作效率。在生物质固体成型燃料方面,生物质固体成型燃料锅炉研发力量处于分散发展状态,有待进行整合和凝聚,以形成具有产出更大创新度的科研成果的科研团队。在生物液体燃料方面,目前技术贡献还不够充分,成熟的技术主要有以淀粉和糖类为原料的燃料乙醇生产技术和以废弃油脂为原料的生物柴油生产技术,不成熟的技术主要有以纤维质为原料生产燃料乙醇和生物柴油的技术,这些方面尚处于试验阶段。如上这些层面均需加大研发投入,为生物质能发展提供理论基础。其四是体系管理和政策保障不健全。体系管理问题主要表现在系统的人才培养制度建设以及产品标准款制度建设方面;政策保障问题主要表现在支持生物质能发展的配套制度细化程度不够高,投资者缺乏基于持续投入获得的稳定收益预期。

3.8 潮汐能是海洋能利用技术最成熟的方式

3.8.1 潮汐发电工作原理

潮汐能发电是利用海水涨落及其所造成的水位差推动水轮机,再由水轮机带动发电机发电的技术,这是将潮汐能的动能转化为水轮机的机械能的发电方式。潮汐发电在一定程度上与抽水蓄能发电站的发电原理相似:在涨潮时将海水存储在水库内,在落潮时放出海水,利用海水高潮和低潮间的落差推动水轮机旋转，带动发电机发电。"落差"的高低是产出电能多少的关键，如果"落差"不满足技术要求，这样的潮汐能就不具备转化为电能的经济意义。简单说就是，潮汐电站就是在海湾或者有潮汐的河口处建筑一座拦水堤坝形成水库，在坝中或者坝旁放置水轮发电机组，利用海水涨落时海水水位的升降，使海水通过水轮机时推动水轮发电机组发电，海水升降的水位差就决定了潮汐能发电的产出量。就能量转化而言，就是将海水的势能和动能通过水轮发电机转化为电能。海水的水位差越大以及发电站能够利用潮差的能力越高，发电站出力就会越高。因此，有关潮汐的前期统计资料就很重要，潮汐河口的地质条件对电站的出力水平也很关键。人们很早以来就致力于用潮汐能为生活生产服务。世界上第一座具有商业实用价值的潮汐电站是法国的朗斯潮汐电站。我国在潮汐发电事业上也有近50年的历史，持续推进潮汐发电事业。我国第一座"单库双向"式潮汐电站即江夏潮汐试验电站，其规模仅次于法国的朗斯电站，成为建站时世界上第二大潮汐电站，为我国大力发展潮汐电站积累了经验和培养了人才。江夏电站建站后我国潮汐发电站的样式也开始丰富了起来。按照潮汐发电的方式不同区分为单库单向电站、单库双向电站和双库双向电站。潮汐电站的装机容量也在迅速扩大。

3.8.2 双库双向发电选择

单库单向电站即只用一个水库，仅在涨潮（或落潮）时发电，我国浙江省温岭市沙山潮汐电站就是这种类型，这种发电模式只能在一个方向上利用潮汐能，即只能利用潮涨或潮落的能量，这就意味着只利用潮涨能量的电站就浪费了潮落的能量，只利用潮落能量的电站就浪费了潮涨能量；单库双向电站就是用一个水库，但是涨潮与落潮时均可发电，只是在水库内外水位相同的平潮时不能发电，这种发电方式较单库单向电站大大提高了潮汐能的利用率。双库双向电站发电效率更高，该种电站是通过建设两个相邻的水库，使一个水库在涨潮时进水，另一个水库在落潮时放水，这样前一个水库的水位总比后一个水库的水位高，这个水位差就是形成水的重力势能的条件，故前者称为上水库或者高水位库，后者称为下水库或者低水位库。水轮发电机组放在两水库之间的隔坝内，两水库始终保持着水位差，故可以全天发电，这种发电模式能够最大限度地利用潮汐能。从如上三种发电方式看，"双库双向"电站的潮汐能利用效率最高，也从根本上解决了潮汐发电产出电能的间歇性问题。目前著名的潮汐发电工程有：其一是法国朗斯潮汐电站；其二是爱尔兰斯特兰福特湾的潮汐电站；其三是我国浙江省乐清湾北端的江厦潮汐电站。我国紧跟世界潮汐能发电的步伐，已经跻身拥有大型潮汐发电站的先进国家行列。总体上看，潮汐能发电较其他发电方式具有如下优势：能量可以再生，从而具有永续发电资源；潮涨潮落具有规律性，从而发电具有可预期性；能够长期发电，清洁干净且运营费用低，从而具有了接入电网的可能；电站建设时不存在淹地和移民问题，从而不会产生更多的建站成本；可以促进围垦农田和水产养殖，从而可以产生更多的附加收益。正是因为潮汐电站具有多方面的优点，在传统能源面临枯竭的情况下，潮汐能就成为各国非常看重的需要大发展的能源替代形式。

3.8.3 潮汐电站发展前景

到目前为止，潮汐能发电是海洋能利用技术中最成熟且规模最大的资源利用方式。我国潮汐能资源非常丰富，潮汐能发电具有远大发展前景。有关材料显示，全球可供发电的海洋潮汐能约有 20 亿千瓦[1]，我国潮汐能资源的

---

[1] 众多国家开发海洋能源 [EB/OL]. (2006 - 02 - 09) [2025 - 02 - 15] http：//www. nea. gov. cn/2006 -02/09/c_131056260. htm.

理论储量为 1. 9 亿千瓦①。充分发展潮汐能可以有力推进我国能源结构优化。我国于 20 世纪 50~70 年代曾先后设计开发了 50 余座小型潮汐能发电站，在一定程度上解决了局部用电问题。但这些小电站由于当时缺乏科学论证，大多工程质量不高且设备简陋，缺乏向大规模发电进行持续发展的基础，除个别地方仍能照常发电外，目前大多数都已经停运报废。多年来潮汐电站的发展经验，也暴露出潮汐发电的一些常见问题：投资大和造价高，这导致潮汐电站的投资回收期很长；泥沙淤积量大，这导致潮汐电站的使用寿命缩短；海洋生物对金属结构和建筑物的腐蚀和黏污，这也降低了潮汐电站的使用寿命；发电具有间断性，这一点导致潮汐电站不能持续供电，影响了用电效能。持续的大规模发展潮汐电站，就需要尽力解决如上论及的这些问题。电能的边际成本也是建设电站需要慎重考虑的基本前提。潮汐发电的电力随着潮涨潮落而变化，潮位涨到顶峰或者落到低谷时，潮位与水库内的水位差大，电站发出的电力就相应增大，当潮位接近库内水位时，电站就停止发电。这种状况就会造成潮汐电站的发电具有间断性，这对于不能中断用电的用户而言就造成很大的不便。潮汐发电的间歇性特点影响了电站的持续发展，电站一经建立就需要相应的运营和维护，发电的间歇性特征无疑增加了发电成本。而且潮汐电站的建设需要严苛的地形条件，这也限制了电站的空间布局。

3.9　地热能有望成为替代传统能源的最佳形态

3.9.1　地热资源进入视野

人类的能源视角最初是向下看，看到了煤炭和石油；而后是向上看，看

---

① 潮汐发电优点有哪些？潮汐发电将迎来发展新机遇［EB/OL］. (2021 - 08 - 24)［2025 - 02 - 15］. https：//baijiahao. baidu. com/s？id = 1707173435746853113&wfr = spider&for = pc.

到了风能；再后是向远看，看到了潮汐能。为了解决能源瓶颈问题，人们不得不再次向下看。随着科技进步以及人类对地球内部结构认识的深化，人们在再次向下看的过程中看到了地热。地热资源是人们关注地下资源的新视角。地热能是产自地球深处的可再生能源，能量源自地球熔融岩浆和放射性物质的衰变。这种巨大的能量是自然对人类的馈赠，对其合理利用不会对环境造成负面影响，但是只有对于开发技术具有可行性的地热资源才能转化为人类的能源财富。从地球物理方面看，地球深处的岩浆侵入地壳后通过地下水循环，将热量带至地球近表层，从而具有开发利用的可能性。在利用地热能的过程中，如果热量的提取速度不超过热量的补充速度，地热能就可以得到持续开发利用，这也是合理利用地热能的关键。地热发电的原理与火力发电类似，总体而言是将热能转化为电能。首先是将地热能转换为机械能，而后将机械能转化为电能。我国关于地热发电的研究始于 20 世纪 70 年代初，起初以发展中低温地热实验电站为主，而后的地热研究目标是高温地热的商业应用，基于高温地热进行商业用途的发电才是我国大力开发地热能的方向。广东省丰顺县邓屋建立了我国第一座试验性地热发电站，为我国的地热事业奠定了基础。随后江西省宜春市温汤镇和河北省怀来县，也相继建设双循环系统地热实验电站。这两座电站开发较早，为我国后期发展热电事业奠定了技术基础和人才基础。我国地热资源空间分布相对集中，目前我国的高温地热电站主要集中在西藏地区，其中规模最大的是羊八井地热电站，其次是朗久地热电站[1]和那曲地热电站。

3.9.2 地热电厂发电原理

在世界范围内，地热发电至今已有近百年的历史了，地热资源丰富的新

---

[1] 朗久地热电站位于西藏阿里地区狮泉河镇朗久村，是 1983 年至 1985 年建成的电力设施。

西兰、菲律宾、美国、日本等国都先后投入地热发电的大潮中，其中美国目前是世界上地热发电装机容量规模最大的国家。地热资源的存在形态不同，地热电站的表现形态也存在差异。开发的地热资源主要是蒸汽型和热水型两类，因此地热发电也分为两大类。从技术层面看，地热蒸汽发电有一次蒸汽法和二次蒸汽法两种。一次蒸汽法不需要经过其他环节，而是直接利用地下的干饱和蒸汽发电。二次蒸汽法的发电过程则较为复杂，根据蒸汽状况不同可以区分为两种含义：其一是让比较脏的天然蒸汽通过换热器汽化洁净水，再利用洁净蒸汽发电，这种发电方式需要"洗汽"过程；其二是将从第一次汽水分离出来的高温热水进行减压扩容，生产二次蒸汽进入汽轮机发电，这种发电方式不需要"洗汽"过程。放电方式虽然有差别，但都是在利用蒸汽发电，蒸汽中蕴藏的热量是发电的重要动力源。从发电原理层面看，地热水中的水按常规发电方法是不能直接送入汽轮机去做功的，必须以蒸汽状态输入汽轮机做功。因此，对于温度低于100℃的非饱和态地下热水，需要利用抽真空装置，使其进入扩容器减压汽化，产生低于当地大气压力的扩容蒸汽，这是热能得以做功的关键步骤，然后将汽和水分离、排水、输汽充入汽轮机做功，这种系统称为"闪蒸系统"①。在各种可再生能源的应用中，人们长期以来更多关注的是来自太空的太阳能，而忽视了地球本身赋予人类的丰富的地热资源，地热能是人类将眼睛再次向下看时发现的巨大财富，这种能量一直存在，但只有人类的认知水平达到一定高度时才具有将"自在自然"转化为"人化自然"的可能，也才能将自然资源转化为人类的生存方式。地热能具有巨大的开发潜能，从这个意义上讲，地热能作为清洁能源有可能成为未来能源的重要组成部分。

---

① 闪蒸系统是一种利用地下热水产生蒸汽以推动汽轮机做功的发电方式。其工作原理是：地下热水被抽取到地面后，通过闪蒸器或扩容器等减压装置迅速降压，使得热水在低压下沸腾并转化为蒸汽。在该过程中，由于压力降低，水的沸点也随之降低，因此即使是温度低于100℃的地热水也能被转化为蒸汽，从而推动汽轮机做功。

3.9.3 地热发电发展前景

相对于太阳能和风能而言，地热能空间布局不具有广布性，但其具有较强的稳定性。地热能的这一特征使人类具有了大力开发热能的强烈愿望，使地热能有望成为能够替代煤炭和天然气等传统能源的最佳能源形态，进一步提高开发地热能的技术水平就很关键。地热能是清洁能源，在使用过程中不会产生温室气体，从而不会对地球生态造成破坏，在优化能源结构中扮演着重要角色，这也是相对于排放温室气体和具有造成环境污染潜在威胁的能源的优势所在。合理开发地热资源只能为人类带来福利而不会加害于人类，地热能具有"利万物而不自恃"的优秀品质，人类一定要善待大自然的这个馈赠。但是地热能得以充分利用的前提是在技术上能够对地热开采点进行准确勘测，以及对勘测点的地热资源热能储量的预测，只有对地热资源进行准确定位才具有进一步开发的可能，但这具有很大的偶然性。由于勘探成本过高，因此勘测到合适的地热开采点就显得非常重要。但是地热资源不像风能、光能那样具有广布性。就地热资源的全球分布状况而言，全球的地热资源主要分布在三个地带：其一是环太平洋带，主要分布在环太平洋的大陆架地带，这部分地热资源具有开发的可能性；其二是大西洋中脊带，这部分地热资源开发难度较大；其三是地中海—喜马拉雅带，这部分地热资源分布在陆地上，开发资源的环境条件较为充分。由于地热资源分布不均，各国的地热利用情况也存在较大差别。我国的低温地热资源和高温地热资源均有分布，但多为低温地热，开发利用价值受到限制。低温地热资源主要分布在四川、华北、松辽和苏北等地，高温地热资源主要分布在云南、西藏、川西和台湾。地热资源虽然具有开发难度，但地热发电具有广阔的发展前景，为了充分开发地热资源，需要从以下四个方面入手：其一是在地热资源的开发利用方面进行合理规划；其二是积极开展浅层地热资源的勘查和评价；其三是积极构建支持开发地热资源的产业政策环境；其四是加快构建有利于开发地热资源的技术创新支撑体系。

电的故事与案例

故事与案例 3.1：正电和负电的发现——迪费发现两种不同类型的电

电非常让人着迷，正是由于这种着迷，让人们不断追索电的规律。但最初的研究者们不曾想到这些曾经的着迷会成为惠及世人的福利。迪费是法国人，对格雷的研究成果很感兴趣。在格雷研究成果的鼓舞下，决心从事电学的实验研究。他首先研究了摩擦起电问题，并从此前研究中不曾涉及的材料开始。迪费最后得出结论，认为除金属和软材料以外的其他物质均可以摩擦起电。迪费首先重复了格雷的实验。迪费先将摩擦过的玻璃管放在有金属支座的物体上，结果发现这些物体不能带电；而后将金属支座换成玻璃支座，再做同样的实验时，发现这些物体能够带电。通过大量实验得出结论：导体只有用绝缘体支起才能带电，否则是不带电的。迪费在研究中发现，摩擦中最难起电的物质的传导性最好，而摩擦中最易起电的物质的传导性最差。在研究电的传导实验中，迪费发现，如果用手去接触吊在线的一端的小球，发现小球就不再吸引碎屑了，关于这一点迪费的解释是：电经由手通过人的身体逃逸到地下去了。

迪费尝试用摩擦过的玻璃管接触金箔，发现金箔与玻璃管接触后开始排斥金箔。迪费的解释是：带电的物体首先吸引不带电的物体，会将电传给不带电的物体，然后就会产生斥力，并证明在电失去之前就一直会受到这种斥力。迪费在研究中，用摩擦过的树脂去靠近受摩擦后的玻璃管排斥的金箔，发现金箔不但没有受到排斥，反而被吸引到树脂上。他不断重复这样的实验，但实验结果均相同。迪费于是猜想：受摩擦的树脂和受摩擦后的玻璃管，二者带的电可能是不同的，他将这两种电分别叫作"树脂电"和"玻璃电"[1]。后来经过大量实验，迪费指出，带树脂电的物体有琥珀、树胶、树脂、丝线等，带玻璃电的物体有玻璃、宝石、羊毛等。迪费据此得出结论，认为所有带玻璃电的物质之间相互排斥，但却能够吸引带树脂电的物体；同样，所有带树脂电的物体之间相互排斥，但却能够吸引带玻璃电的物体。这就是我们现在论及的正电和负电。用丝绸摩擦后的玻璃管所带的电即为正电，用毛皮摩擦后的树脂所带的电即为负电。带正电的物体之间相互排斥，但能够吸引带负电的物体；带负电的物体之间相互排斥，但能够吸引带正电的物体。

故事与案例 3.2：新安江水电站——我国自行设计研发的第一座水电站

新安江水电站位于浙江省杭州市建德市原铜官镇附近，是我国自行勘测、设计、施工和建设的大型水电站，被称为"长江三峡的试验田"，为国家建设大型水电站积累了宝贵经验。该项目于 1956 年 8 月开始施工准备，1957 年 4 月开工，1960 年 4 月第一台机组开始发电，总装机容量达到 662.5 兆瓦，该电站主要供应华东地区。新安江水电站的建设目的是解决新中国成立后国家面临的电力极度紧缺问题。新中国成立后，工农业得到迅速发展，与此同时用电量也大幅增加，为了解决华东地区的用电需求，开发钱塘江的水能资源就提上议事日程。1954 年开始对该地区进行地质勘测并初步讨论开发钱塘江水能资源的方案。初步认为在新安江干流上的铜官坝存在修建大坝蓄水的

---

① 王东生. 初探电与磁 [J]. 科学与文化, 2007（10）：55.

地质条件，拦蓄水资源不但可以达到发电目标，还可以通过消减下泄洪峰流量，对长江下游两岸起到防洪作用。拦蓄水资源形成的水库还可以为发展渔业以及旅游等奠定基础条件。但是拦蓄水资源会造成土地淹没，通过权衡利弊，最终确定了新安江水电站的建设方案。新安江水电站是中国水利电力事业发展历史上的一座丰碑，也是华东电网最大的水力发电站，被誉为"华东电网的明珠"。电站在建设过程中，研发、施工和设计等各个环节都为祖国水电事业的发展积累了宝贵经验，也为国家建设大型水电站培养了大批人才。

故事与案例 3.3：我国自行设计和运营的第一座核电站——秦山核电站

秦山核电站是中国自行设计、建造和运营管理的第一座 30 万千瓦压水堆核电站。该电站于 1985 年 3 月 20 日开工，1991 年建成投入运行。总装机容量达到 656.4 万千瓦，年发电量约 500 亿千瓦时，成为国内核电机组数量最多、堆型最丰富、装机最大的核电基地[①]。回顾秦山核电站的发展历史可以追溯到 1970 年，当时周恩来总理提出发展核电的计划，并在同年 2 月 8 日在上海布置了发展核电的工作，这个核电工程被命名为"七二八"工程。1985年 3 月 20 日，"七二八"工程在秦山选址并开工建设。1991 年 12 月 15 日 0时 15 分，秦山核电站成功并网发电。秦山核电站使我国的核电实现了零的突破，为我国从"核电大国"转为"核电强国"奠定了坚实的基础。秦山核电站厂区包括七个部分：核心部分、废物处理、供排水、动力供应、检修、仓库、厂前区。电站在确保安全方面设置了燃料包壳、压力壳和安全壳等三道屏障。严密的安全保障措施使得核岛能承受极限事故引起的内压、高温和各种自然灾害。秦山核电站结束了大陆无核电的历史，标志着中国核工业的发

---

① 秦山 9 台机组全部并网发电 中国最大核电基地诞生［EB/OL］.（2015 - 01 - 13）［2025 - 02 - 12］. hhttp：//politics. people. com. cn/n/2015/0113/c70731 - 26372737. html.

展步上新的台阶。中国就此成为继美、英、法、苏、加、瑞之后的第七个能够自行设计和建设核电的国家，达到了"掌握技术、总结经验、锻炼队伍、培养人才"的目标。秦山核电站也成为我国最早的核人才培养基地，为中核集团、秦山二期、秦山三期、田湾核电站、三门核电站等输送了大批核电技术人才和核电运营管理人才。我国在核电事业方面，除了开拓国内市场，也积极发展对外合作，例如承包巴基斯坦恰希玛核电站的建设，承担巴基斯坦核电站的人员培训、调试、试运行和换料检修等工作，受到了国际社会的好评。恰希玛核电站是中国核电出口的第一座核电站，为我国打开了在世界舞台上进行核电技术贸易的窗口。

故事与案例 3.4：巴黎北火车站火电站——世界上第一座火电站

世界上第一座火电站是 1875 年在巴黎北火车站附近建成的。这座火电站的规模不算大，但其意义非凡。这座火电站的建成标志着人类开始正式利用化石燃料发电，展示了电力在生产和生活中的潜力，这是世界上首次出现通过发电装置将热能转换成为电能的发电站。这座发电站安装的是直流发电机，目标是给附近的居民供应照明电。巴黎北火车站的建成成为世界火电发展史上的里程碑，为进一步发展火电事业积累了经验和奠定了基础，电力的大发展改变了世界的生产方式和生活方式。虽然电能结构在不断优化，清洁能源占比在不断提升，但火力发电在电能中的占比仍然居高不下。随着电力技术的不断进步，火电站的装机容量也从最初的几十千瓦到上百千瓦，乃至数百千瓦、数千千瓦，以至目前很多大规模电厂装机容量达数千兆瓦，火电厂的规模越来越大，结构越来越复杂，电能的贡献越来越多，对人们生产和生活影响越来越深刻。世界上正在涌现出更多的数千兆瓦规模级的火电厂。世界上规模最大的火电站包括俄罗斯的苏尔古特电站、日本的鹭岛电站、波兰的巴尔哈托夫电站、加拿大的楠蒂柯克电站。目前世界上装机容量在 3000 兆瓦以上的火电站的数量在快速增长。我国规模在 3000 兆瓦以上的火电厂包括内蒙古的托克托电站、上海的外高桥电厂、浙江嘉兴电厂、广东台山电厂、浙江北仑电厂。这些电站的装机容量均超过了 3000 兆瓦，并且在技术研发、发电管理和生态环保方面都取得了显著成绩。火电站规模的扩大与机组的单机容量以及机组的运行可靠性之间密切相关。火电站规模的扩大和结构复杂性的提升以发电技术走向成熟为前提条件，同时也对电力企业管理和电力后备人才培养提出了新要求。

第 4 章

电力产业正在形成政府监管下的竞争环境

4.1 基于电力市场化改革
推进电力事业发展

　　辩证唯物主义认为，生产力与生产关系、经济基础与上层建筑之间的矛盾构成了人类社会的基本矛盾。一定社会形态下占主导地位的生产关系的总和构成了人类社会的经济基础。物质资料的生产是人类社会存在和发展的基础，生产关系是人们在生产生活过程中结成的生产、分配、交换、消费的关系，是决定其他一切关系的基本关系。在生产力与生产关系这对矛盾中，生产力决定生产关系，生产关系反作用于生产力，但生产力是最活跃和最革命的因素，成为人类社会发展变化的最终决定力量。人类社会的发展变化，最终取决于生产力的发展状态。在生产力充分发展后，生产关系需要跟进生产力发展，在适合更高水平的生产力发展状态的同时更好地促进生产力的发展。生产关系不能长期落后于生产力，否则就会成为生产力发展的桎梏。生产力继续发展要求对生产作出调整，改革就提上议事日程。改革是变革生产关系不适应生产力发展的方面，是根本性的变革，这种改革的目的和作用以及改革的程度和状态等方面都可以找到充分的论据。

在调动经济主体创造财富的积极性方面既要充分发挥"无形的手"的优势，也要充分利用"有形的手"对市场进行宏观间接调控。计划经济具有事前性、计划性、确定性特征，但不能及时反映供求状态，市场经济具有通过价格状态及时反映供求关系状态的优点，但具有自发性、盲目性和滞后性的缺点。因此，需要将计划和市场紧密结合起来，不能用"有形的手"完全取代"无形的手"，也不能用"无形的手"完全取代"有形的手"。党的十四大就提出"市场在资源配置中起基础性作用"，在党的十八届三中全会上提出"市场在资源配置中起决定性作用"。市场在资源配置中起决定性作用，但并不是起全部作用，一定要将市场的决定性作用和更好地发挥政府的作用紧密结合在一起。

在电力事业的发展进程中，为了理顺各方面的关系和激发办电的积极性，并且让人民群众能够享受到价格更加实惠的电力，国家提出进行电力市场改革的创新性举措。在传统观念中，电力行业具有自然垄断性质，但电力产业可以细分为发电、输电、配电和售电等环节，电力行业的"两端"即发电和售电环节可以较快地建立起竞争性市场，可以逐步放松政府管制实现完全竞争。输配电环节的自然垄断性无法完全克服，只能通过加强政府监管来体现公平和正义。加强输配电环节的政府监管，克服由于自然垄断造成的行业发展的各种弊端，这是国际通行的惯例。从英国、美国、俄罗斯、日本、澳大利亚等国的电力市场改革的发展历程看，加强政府对输配电环节的监管是提升电力行业运行效率的必然选择。从理论层面看，有四种市场模式可以选择，这就是完全垄断市场、完全竞争市场、垄断竞争市场和寡头垄断市场。不同市场模式下存在的经济主体的数量存在差别，市场的竞争程度也截然不同。

一般而言，完全竞争市场形态的理论性比较强，现实生活中只能找到类似完全竞争市场的市场形态。但完全垄断的市场形态在现实生活中是存在的。完全垄断的市场形态由于缺乏竞争机制而降低了资源配置效率，但厂商却能获得高额垄断利润，消费者的利益在这种市场模式中会蒙受损失。在存在自然垄断的情况下，加强政府监管从而降低自然垄断所造成的资源配置效率下降问题就非常关键。电力产业的"两头"容易在电力市场改革中建立起竞争机制。但电网企业的自然垄断性质不易被竞争性市场机制所替代。电力行业的市场化改革率先从"厂网分开、竞价上网"做起。

"厂网分开"后发电企业与电网企业分离，发电端引入了竞争机制。但由于发电企业的行业转换成本较高，这就意味着发电端在面临竞争风险的同时，投资者因对获利水平存在不确定预期而在进入或者不进入电企的抉择之间持犹疑态度，这在一定程度上会削弱电力行业的投资吸引力。因此，在发电端介入市场后，政府需要充分考虑市场竞争效率与电企风险规避问题。除此之外，电能竞价上网对于大容量、效率高、具有雄厚发展基础的电企而言不是问题，但对于小容量、基础薄的电企而言，低价入网后就会面对经营风险问题。因此，竞价上网也需要充分考虑电厂的老与新、大与小等的关系，既要调动电企的发电积极性，也要考虑风险承担问题，更好地激励电能增量扩展，保证生产和生活的用电需求。

4.2 我国电力体制改革在阶段化推进中构建市场秩序和营造竞争氛围

4.2.1 电力体制稳步推进阶段化的改革

我国电力体制改革的发展历程大体上可以分为五个阶段：第一阶段，通过集资办电缓解资金紧张以便达到激励发电的目的，从而解决电力供应短缺的问题；第二阶段，破解电力企业政企合一问题，将行政职能与企业的经济职能剥离，使企业成为自主经营、自负盈亏、自我约束和自我发展的微观经济主体；第三阶段，在政企分开的基础上进一步强化电力企业的市场主体地位，完善鼓励企业发电的制度设计，强化企业的经济功能与其独立性；第四阶段，初步试行厂网分开以逐步完善电力市场，使电力经济实体逐步成为具有与非电力经济实体相同的市场功能；第五阶段，硬化"市场在资源配置过程中起决定作用"的制度设计，使电力经济主体尤其是发电端和电力消费端完全走向市场。改革开放前国家经济基础薄弱导致电力投资不足进而导致电力生产能力不足，为了保障工业企业的电力供应，经常会出现拉闸限电情况，人民日常生活由于不能有充足的电力供应而受到负面影响。改革开放后形成了多种形式的集资办电投融资体制改革，为电力事业的快速发展奠定了制度基础。电力事业在管理层面的改革也对电力市场的持续进步提供了制度前提，在推进电力市场化改革进程中，我国实行了中央和地方共同领导的电力管理体制，实行了厂长负责制和承包经营责任制，电力企业的成长动力更加充分。电力经济主体成为具有独立决策权的经济实体。在厂长负责制的管理方式下，明确规定了厂长、党委和工会的权责关系，通过完善电企的组织结构设计，基本克服了多头领导问题以及管理职能缺位、错位和越位的问题，行政力量对企业的管理由此前的直接介入变为间接介入。厂长的权力更多集中在经济层面，有权决定企业的生产经营计划、机构设置、人事任免以及进行各种经营决策，在电企的运营方式上实行承包经营责任制。企业发展中的事权与财权的统一，进一步平添了电力企业的发展动力。

在投融资体制方面，电力建设资金率先实行了"拨改贷"，提高了资金使用成本，电企使用资金有了更强的风险意识、危机意识和节约意识，从而提升了资金使用效率。这时期国家出台了电力部门与地方相关工业部门之间进行联合办电和集资办电的举措，并提出利用外资办电解决电力建设资金不足问题的思路。办电的资金来源从而更加多元化，在这种办电创新举措推进过程中，由中央与地方共同集资兴建了山东龙口电厂，龙口电厂的建设方式随后被作为"龙口模式"向全国推广。龙口电厂无论是在筹集资金还是在管理模式上都为电力工业发展提供了新思维。国家这时在探索集资建设电力工业的融资途径方面又相继推出了电力建设资金征收管理办法。在此期间，国家为了进一步激励电能产出，还出台了各种鼓励发展小水电和小热电的政策，通过发展不同规模和不同形式的电企来达到提升电能产出的目的，充分调动各部门和各地区集资办电的积极性以便缓解缺电状态。利用外资办电是集资办电和拓宽资金渠道的另一项重要举措。多元化的办电举措为快速推进电力事业的发展提供了动力。利用外资办电，在很大程度上解决了办电的资金缺口问题，同时也进一步拓宽了电力人的视野，先进的电力技术和电力人才随同外资引入国内，电力事业迅速进入高速发展阶段。云南鲁布革发电厂利用世界银行贷款兴建，这是我国利用外资兴建的第一个电力工程项目，为充分利用外资以及与外资连带的技术引进和管理制度建设借鉴积累了宝贵经验。

与投资体制改革相适应，电价改革也在同步实施。以公平原则为目标的电价改革是普惠民生的战略举措。电力改革的第一阶段是国家出台了电力建设基金。20 世纪 80 年代，除确立了多种电价形式体系和"燃油加价"政策外，同时还出台"2 分钱电力建设基金"政策，该政策的具体实施办法是：对工业企业用电每度电加收 2 分钱的电力建设基金，作为地方办电基金。这是为解决电力建设资金匮乏而采取的应急性举措。这项政策随后在全国范围内铺开，即在全国范围内向电力用户征收 2 分/千瓦时的电力建设基金，电力发展资金的蓄水池的充盈，充分调动了各方面办电的积极性。该基金虽然"加价"不多，但由于电力消费基数很大，因而能够募集到巨额资金，在一定程度上使电力发展资金紧张问题得到了缓解。解决电力企业政企合一问题是电力改革的第二个阶段要解决的主要问题。原能源部试行了政企分开的"四管三不管"试点政策，目的在于"管住核心"和正确处理管理中集权与分权间的关系。"四管"即管发展政策制定、管行业发展规划、管行业行为监督、管电力企业服务，"三不管"即不直接管企业、不直接管钱财、不直接管物资。"四管三不管"政策进一步扩展了企业的经营自主权，有关企业发展的具体问题可以自主决策，理顺了"集权"与"分权"间的关系，将企业的事权与财权统一了起来，电力企业因具有更强的自主性而具有了更强的发展积极性。在理顺如上权责关系的基础上，国家紧接着成立了煤炭总公司、石油总公司、核工业总公司，对能源试行公司化运营，进一步落地电力企业的经济职能。企业作为"微观经济主体"市场基础进一步夯实。国务院印发的《电力工业管理体制改革方案》，明确"政企分开、省为实体、联合电网、统一调度、集资办电"的方针。电力政策为电企发展铺路搭桥，电力企业发展阔步向前。

国家在推进如上举措的同时对电企实行公司化治理是一项里程碑式的战略举措，国家组建起了东北、华东、华北、华中、西北五大电力集团公司，标志着电力生产完全进入公司化运营阶段。规范经济职能需要以完善的制度设计跟进为前提。为了进一步保障电力企业的经济功能，必须规范电力行业管理，国家为此成立了电力行业的中介和自律性的管理组织即中国电力企业联合会，这是电力企业规范运行的"总开关"。规范管理的第一重要举措就是前文论及的电价改革。电价改革的目标不仅是让所有用户都能公平地消费电力，还是为了吸引社会投资进而推动电力事业发展。电价改革释放出的是电企约束力也是行业吸引力和发展牵引力。国家在继续实行集资办电和设立电力建设基金的同时，出台相关制度使得电价更加规范和透明，将不同行业、不同区域、不同时段的用电均纳入统一规范的电价体系当中，电价制度能够做到对任何区域或个体不偏袒。电力体制改革不仅要覆盖城市和厂矿，更要惠及广大乡村。随着政企分开深入推进，开始进行农电体制改革，实行"两改一同价"政策，"两改一同价"即"改造农村电网、改革农电管理体制、统一城乡用电价格"，使广大农村地区的用电电价更加合理和用电设施更加安全，国家通过"厂网分开、竞价上网"试点及"两改一同价"政策完善了农村电网，使农村低压电网呈现出更好的运营姿态，这是党中央、国务院为减轻农民负担，促进经济发展而采取的一项重大举措，成为推动乡村振兴的基础性工作，使乡村振兴战略和推进乡村社会的现代化进程迈出了实质性的一步。"两改一同价"政策的实施拉动了农村电力需求的增长，促进了农村经济发展。

4.2.2 厂网分开、竞价上网和主辅分离

随着电力体制改革的深入推进，电力经济主体的积极性得到释放，电力工业的生产力得到显著提升，缺电问题得以阶段性解决。但与此同时电力行业的垄断性经营的体制缺陷日益凸显出来，只有解决这一问题才能使电力事业发展到新水平。于是电力体制改革的重点就是打破电力行业垂直一体化的垄断模式，以解决电网企业长期以来存在的自然垄断问题为突破口展开，通过建立"厂网分开 + 主辅分离"的运行模式将电力系统中存在自然垄断的环节引入竞争机制。"厂网分开"是指国家电力公司管理的资产按照发电和电网两类业务划分，使发电端和电网端分开并分别进行资产重组，以便推进电

力的市场化进程，基于市场机制规范电力系统的各环节。电力工业于是开始实施以"厂网分开、竞价上网、打破垄断、引入竞争"为主要内容的改革，对长期以来处于垄断发展状态的电力产业引入竞争机制，从而提升资源配置效率是"厂网分开"的初衷。但由于发电企业和电网企业的性质存在差异，在进入市场化进程中需要进行更加详细的制度设计。根据预定改革方案，首先对原国家电力公司进行拆分和重组，组建起了五大发电集团、两大电网公司和四大电力辅业集团。五大发电集团即中国华能、中国大唐、中国华电、国家电投、国家能源集团；两大电网公司即国家电网公司、南方电网公司；四大电力辅业集团，即中国水利工程顾问集团、中国电力工程顾问集团、中国水利水电建设集团、中国葛洲坝水利水电建设集团。厂网分开，首先在发电企业之间引入了竞争机制，为提升电力资源运营效率从而持续发展电力事业提供了新的平台。

厂网分开只是电力体制改革的开始，紧接着就开始着手出台电价改革方案。价格是调整电力资源流向的晴雨表，资源配置基于价格机制需要按照供求原则进行优化配置，这就需要对上网电价、输配电价和销售电价在进行详细切割的基础上进一步协同考虑，使得发输配电的各个环节均按照市场机制运行，让"无形的手"在资源配置中发挥积极作用，其间也要适当发挥"有形的手"的宏观调控作用。这里需要说明的是，上网电价就是电网企业向发电企业购买电的价格；输配电价相当于电的运费；销售电价就是电用户购买电的价格。用户电价实际上是多个电价叠加的结果，即"用户购电电价 = 电源发电电价 + 电网输配电价"，电网维护费以及输配电设备费等均包括在电网输配电价中，任何一个环节的电价的提升都会导致用户电价的升高。为了达到优化电价的目标，就需要从各个环节着手降低不必要的运营成本，使消费端能够获得优惠的电力供应。因此，销售电价在理论上更详细一些可以表达为"销售电价 = 上网电价 + 输配电价 + 输配电损耗 + 政府性基金"。"主辅分离"为推进电力市场化改革进一步奠定了制度基础。党的十八大以来中国经济发展进入新常态，电力的供需矛盾总体比较缓和，电力供给已经从供求平衡状态转化为供给略大于需求的状态。能源结构调整和优化取得的成效已经转化为千家万户的福利，新一轮的电力改革正在迅速展开。

为了进一步推进电力事业发展，国家在 2014 年提出了"推进能源消费革命、能源供给革命、能源技术革命、能源体制革命，全方位加强国际合作"的"四个革命、一个合作"的能源战略纲领，通过在能源产业本身做文章和通过国际合作寻求更多发展机会。同时实施输配电价改革，全面推进价格体制改革，为全民用电创造更好的市场环境。放开售电市场并逐渐培育发达的售电公司市场。售电公司分为三类，即电网企业的售电公司、社会资本投资的售电公司和独立的售电公司。售电公司是将发电端与用电终端用户联系在一起的最后一道关口，用电户的电力由售电公司购买后才能消费。售电公司市场的发育程度直接关系到用电户的利益。售电公司的投资主体不同，但其使命均是在建立起竞争机制的基础上将电能售给终端用户，让电力终端用户能够享受上优惠的电能资源。在如上举措基础上，逐渐推进电力的供给侧结构性改革，加速推进清洁能源替代的步伐，使电力的供给总量稳步增加。针对电力供应能力相对过剩的形势，加快推进能源利用结构性转型的问题也提上议事日程。随着能源资源的发展转型，煤电的角色也会逐渐发生变化。从长远发展趋势看，煤电目前担负的"单纯保障电量供应"角色会转向"提供辅助服务"角色，煤电在电力结构中的主体地位逐渐弱化。我国目前的水电、风电和太阳能发电量均居世界首位，巨大的产能保证了各行各业对电能的需求，并且随着国家电网进一步完善，大量清洁能源通过特高压电网，从中西部地区输送到东部地区，电能在全国的空间布局更加趋于合理。这就意味着新能源对传统煤电的替代能力不断增强。与此同时国家开始大力推进清洁供暖、以电代煤和以电代油工程，在供给侧清洁能源电力替代煤电逐步推进的同时，消费侧的电能替代的速度也在不断加快，并产生了良好的社会效应。新能源对传统能源的快速替代的发展趋势，在给电力事业创造光明的未来发展前景的同时，传统煤电企业需要前瞻性地具有危机意识。

4.3 电力市场化引发的经济效应和社会效应

电力体制改革的目的就是要打破电力行业一家垄断市场的局面，在电力系统中引入市场竞争机制，通过改革电价的定价机制，使电价逐渐走向市场，从而重构投资主体结构，理顺行政职能与经济职能间的关系，创造更加公平合理的电力消费环境，使得全民能够更加充分地享有电力发展的成果，最终达到降低电价和让人民群众受益的目标。电力体制改革的主要内容包括电力企业改革、建立市场运行机制和建立电力监管机制等。

4.3.1 电力体制改革提高了供电积极性和保障了电力供应

电力体制改革有力地促进了电力事业发展。由于电力投资主体多元化和利益驱动机制的作用，电力供给缺口问题从根本上得到解决，但高电能产出力背景下的电力供需结构性不平衡问题仍然存在，这需要通过进一步规范制度和加强监管并假以时日才能稳妥地得到解决。我国的电力事业已经不再是起步发展时期跟着世界走的"小学生"，而是正在向电力强国迈进，全社会的用电量、发电机装机容量、电网规模和超高压输电电网发展水平等重要指标均位居世界前列。自国家先后实施了多轮农网改造以来，农村电网焕然一新，农村电力已经提升到新的水平。村民用上了安全电、放心电，电价也更加合理。随着电力事业不断发展，电源与电网互动响应的水平大幅度提升，从而为电能远距离传输和跨时空消费奠定了基础。电网密度在提高，电网的主框架建设也不断完善，为建设坚强电网奠定了坚实基础。主干电网结构更加坚固，配电网的智能化水平不断提升，供电的可靠性和用电质量均在不断得到提升。国民经济发展的用电环境整体上在发生变化。人民群众对美好生活的向往以及对"用好电"的要求不断得到满足。在电力投融资体制方面，逐渐改变了此前国家作为唯一投资主体的办电形式。通过探索和利用联合办电、集资办电和利用外资办电等多种形式，解决电力建设的资金不足的问题，发展电力的蓄水池不断扩大。这为国民经济发展提供了坚实的用电保障，有效地提升了电力投资项目的管理效率，进一步提升了电力产业的发展规模和促进了电力市场体系走向完善。完全由中央政府独家投资的电力项目已经很少，多种办电形式齐步走的电力发展格局已经形成。"中央与地方、地方与地方、政府与企业、企业与企业"联合投资、跨行业投资的电力项目比较普遍，中外合资和外商独资的发电项目均有所发展。

前文论及，在推进电力稳步发展过程中，电价改革是电力体制改革的重要内容，通过电价连接起供给与需求、产出与投入、存量与增量，从而夯实电力发展的根基，为电力事业通向美好未来铺平了道路。通过不断推进电价改革和市场机制建设，逐步形成了投资与消费的联动机制，通过电力消费端竞争性市场的巩固推动发电端竞争性市场的形成，并逐渐削弱输配电环节的垄断性。还原了电力本来应该具有的商品属性，使其能够在规范自身的基础上按照市场规则运行。改革开放 40 多年来，电力工业以市场化为基本导向，多元化的市场主体格局得以建构，市场投资主体和建设主体实现多元化，电力的交易品种更加丰富化。激发电力发展的动因更加充分，在市场体系框架方面已经初步建成"统一市场 + 两级运作"和"放开两端 + 管住中间"的市场总体架构。"统一市场"就是着眼于能源资源在全国范围内优化配置，基于"竞争、开放、统一、有序"的市场体系实现资源优化配置，充分发挥市场在资源配置中的决定性作用，避免人为壁垒影响资源配置效率；"两级运作"就是在跨区跨省电力市场和省电力市场之间实现协调运作，共同确保电力供应和资源优化配置。电力体制和机制的深刻调整，保障了电力市场秩序不断规范，市场信息发布水平不断提升，电力市场的竞争机制不断得到完善。

"放开两端"就是放开发电端和售电端,"管住中间"就是基于行政力量加强对输配电环节的监管。国家有序放开配售电业务,出台有关售电公司以及配电业务等方面的管理办法和实施细则,输电端的垄断程度不断弱化,形成市场各方主体积极参与电力市场环境建设而后按照市场规则运作的良好氛围,电力市场空间更加广阔。

4.3.2 电力体制改革激发出竞争活力和推进了电力企业发展

电力企业改革的目的在于实现电力资源的优化配置,提高企业运行效率,重点在于厂网分开、资产重组和"主辅分离、多经剥离"①。电力企业改革的第一个着眼点是"厂网分开、竞价上网"。从二者的关系看,"厂网分开"由于将发电端与输电端分离而为"竞价上网"提供了前提,使发电端、电网端和用电端基于市场机制建立起联系,电力链条的各环节在资源交换的同时也基于市场原则而能实现利益补偿。"厂网分开"主要指将国家电力公司既有管理的资产按照发电和电网两类业务划分,并分别进行资产重组。厂网分开后,发电端的竞争市场格局迅速形成,原国家电力公司拥有的固定资产,除华能集团公司被直接改组为独立的发电企业外,其余固定资产则被重组为规模大致相当的多个全国性的独立发电企业,为在发电端之间引入竞争机制创造了市场前提,发电端经济主体在竞争性的市场空间内的发电积极性得到激发。在电网方面,国家电网公司和南方电网公司成立,国家电网公司负责组建华北、东北、西北、华东和华中等区域电网有限责任公司。发电企业均采取独立运行方式,通过"竞价上网"方式为电力负荷提供更加优惠的稳定电力。资源存量没有发生变化,但资源间的互动方式发生了变化,发展动力却全然不同,创造市场效率的动因也被唤醒。在电网端,电网企业的自然垄断

---

① 主辅分离、多经剥离,是指电网企业在改革中将主业与辅业进行分离,将多种经营业务进行剥离。

性虽然不能被消除，但通过理顺机制强化了行政监督的力量而在一定程度上受到削弱。理顺电价机制是电力体制改革的核心内容，新的电价体系将划分为上网电价、输配电价和终端电价。各环节的电价水平直接影响着用户最终承受的电价。厂网分开可以在发电企业之间、售电企业之间以及发电企业与售电企业之间引入竞争机制，在售电端实行低价者得的方式，反推"发电—输电—配电—售电"整个链条上的各环节降低电价，使发电厂卖给电网的上网电价随着电力商品的行情变化而变化，通过在电网的供应商之间引入竞争机制，使得用户的电价也从长期以来的固定不变，变为通过选择供电商达到支付较低电价的目标，消费者在新的电价机制中获得更多收益。

在供电企业之间引入竞争机制是打破长期以来电力价格固定不变格局的大事。厂网分开使得发电商和售电商均成为各自独立的市场主体，在市场的压力下，通过技术进步和加强管理适度降价成为电企的理性选择。电力企业改革的第二个着眼点是"主辅分离、多经剥离"。主辅分离就是在区分主业与辅业的基础上将主业与辅业分离，把电力企业主营业务以外的资产和人员分离出去，成为新的独立法人，按照市场规则进行自主经营和独立核算。在此过程中电网企业可以拥有必要的电力科研机构，但要将创新性的科研任务下放到高等院校或者专门的研究机构，经营主业以外的业务要按照规定程序报国家有关部门批准，并与电网业务分开核算，从而主业与辅业的经营权具有了清晰的边界。"多经剥离"即将企业中与主业关联度不高的多种经营业务从主体中分离出来，以便集中资源和精力发展核心业务。"多经"一般是与"多种经营"相联系，即企业不仅经营一种产品或者业务，"剥离"就意味着将部分资产、子公司或其他业务单元从母公司中分离出去，成为一个独立的实体。"多经剥离"使企业可以更加聚焦其核心竞争力的建构，从而提高资产运营效率，企业在经营发展中可以拥有更多自主权和更好的发展空间。"多经剥离"是伴随电力市场环境变化以及行业内经济主体间竞争力的加剧而出现的。"主辅分离、多经剥离"使得电力企业将失去垄断主业的保护，按照市场竞争规则规范自身发展秩序，并着眼于提升资源配置效率在市场中寻求合作伙伴，从而为用电户配置更加优质的电力资源。

4.3.3 电力体制改革通过制度规范化理顺了经济主体关系

为了推进电力事业的高效发展，需要进一步优化营商环境，解决电力工业存在的高投资、高能耗、高污染和低质量、低效益问题，建立长效机制使电企进入高效的持续运营轨道。基于市场规则引入竞争机制，避免管理过程中存在的非制度性因素的干扰，可以进一步实现降低成本、提高效率和改进服务质量的目标，让消费终端承受更加优惠的电价，在电力经济实体的增长方式与破除传统管理思维方面实现根本性转变。电力行业内引入竞争机制从而打破长期以来存在的垄断经营局面是发展趋势。在电力企业中引入竞争机制的目标是发挥市场在资源配置中的基础性作用。为此需要在两个方面得到加强：其一是建成全国"统一、竞争、开放、有序"的电力市场，避免存在行业壁垒和区域壁垒问题；其二是建立公平竞争的交易平台，"市场规则"成为电力经济主体进行交易的标准话语方式。通过引入竞争机制进一步激发电力供给主体间基于竞争而增加电能产出的活力，为此就需要在竞价上网、输配分开、大用户直接向电厂购电、统一电力市场等方面进一步完善运行机制。在发电方、输配电方与用电方之间建立多元化的对话通道。这里需要说明的是，引入竞争机制必然要经历一个过程，在建立起竞争机制的过程中必然会出现竞争与垄断并存的阶段，需要以市场力逐渐化解垄断力，逐步弱化垄断的力量和增加竞争的力量就成为电力市场前进的方向。竞争性电力市场的完善程度与电力市场的发育程度以及电力管理水平之间都存在直接关系，也与行政力量的坚定信心相联系。建立和发展区域电网能最大限度地打破省间壁垒，使电网间的竞争更加激烈，让市场规则深入人心并成为不同电力经济主体的发展硬约束，将制度规则的外在他律变成经济主体的自律，在上网电价、输配电价、跨网电价以及销售电价等多个电价环节上引入合理的竞价机制，激发供电端进行管理创新和技术创新，进一步优化资源配置、促进电价进一步降低从而实现让利于民的目标。这里需要论及的是，上网竞争电价即在发电环节引入竞争机制，形成竞价上网的电价形成机制，基于市场规则建立起"低价优先上网"的市场秩序，上网竞争电价由市场竞争形成。在形成竞价上网的电价形成机制的同时，也会鼓励发电企业直接向用电大户直供电，直供电会同时使发电企业和用电大户受益，这也是弥补传统供电方式下用电与发电、供电之间单一对话方式不足的制度完善。但是直供电会造成电网重复建设问题，必须进行充分论证和进行理性抉择。因此，创新性的发展思路在运行中出现的新问题需要尽快解决，一些着眼于提升经济效率而实际上导致新的经济问题的做法，需要从电力产业的整体发展角度进行重新定位。

4.3.4 电力体制改革构建起监管体系保证了电力运行秩序

在不能引入竞争机制的输配电环节只有通过电力监管加以解决。电力监管机构的职能根据供电主体的行为特征，可以区分为对电力企业垄断行为的监管和对电力市场交易行为的监管。两种不同类型的监管履行的职责存在差异。前者侧重于削弱垄断程度，行业角度遏制垄断行为；后者侧重于规范市场秩序，从交易过程遏制垄断。根据服务目标的差异区分为经济性监管和社会性监管。经济性监管的展开方式包括电价监管、电力市场监管、商品质量监管和服务质量监管。经济性监管主要是针对市场行为，其目的在于防止市场失灵，确保资源配置的效率和公平，基于行政力量提出电力市场中存在的不规范行为；社会性监管的展开方式包括电力生产的技术标准、安全标准、服务标准及环保标准等，社会性监管则侧重于社会福祉和公共安全，前瞻性地消除电力管理不善可能造成的不良社会影响。经济性监管与社会性监管两个方面相互促进，共同贡献于效率更高的电力发展环境。建立完善的电力监管制度体系，需要将目前分散在政府部门中的监管职能集中设置，授权监管机构统一行使。这里需要论及的是，在监管职能中必须包括对监管者自身进行监管的职能。监管制度首先应该具有对监管者自身进行约束的力量才具有对"他者"进行规范的现实可能，否则监管者自身因不能受到约束而导致权力过大，会影响公平正义的市场秩序的建构，因此监管者自身不能游离于监管制度之外。只有监管者自身也受到监管，监管制度的力量才能在有约束的前提下展开。这是约束监管者行为的基本方式，也是实现监管机构依法履行监管职责目标的方式。监管机构履行监管职责的监督程序和监督决策需要做到公开透明，让监管者接受公众的监督，提升"监管"中的"服务"意识。同时监管者有责任将国家有关法律法规公布于众并广为宣传，并在监管过程中贯彻公众参与原则，从而将制度规则转变为社会行动，在全社会范围内建立起从"规则之知"到"规则之行"的通畅链条。举办听证会、咨询会等方式，或者通过邀请被监管企业、用户代表、专家学者参与等都是监管制度转化为监管生产力的有效方式。这样才能保证监管者依法履行监管职责，保证监管者自身受到监管，增强监管在实际运行中的效力。

4.4 电力体制改革进程中的政府监管与电力行业的性质

4.4.1 电力体制改革进程中需要持续加强政府监管

电力行业属于自然垄断行业，需要在发电、输电、配电和供电各环节上协调一致，对于自然垄断行业，需要建构起不同于完全竞争企业的有效管理方式，如果在行业内部出现多家竞争的局面，不仅会导致重复建设，还会造成规模经济损失。因此，自然垄断行业不可能通过重复建设基础设施的方式形成完全竞争局面，重复建设基础设施从而提升行业内经济主体的竞争力，虽然在理论上具有合理性，但在实际运行中不可操作。不仅资源本身不允许，资源存在所依托的空间也因绝对无弹性而不存在重复建设的现实性。加强政府监管是提升资源配置效率的关键，政府监管的系统性、规范性、持续性、完善性的制度建设就非常重要。政府监管的依据是行政机构制定并执行直接干预市场主体运行方式或间接改变企业和消费者供需关系的一般规则。"强制权"是政府监管的主要资源，监管是这种权力的实践表达形式，"监管"通过权力的执行力得到展现。这是政府通过在实施中展开法律的威慑力，从而达到限制个体或者组织选择的权利实现的，这种限制力的展开过程就是市场的公平和正义得以维护的过程。在市场规则中，市场中的任何个体或者组织的选择均呈现为一种以约束为前提的自由，而在实践中表现出来的则是一种行政规范力。一般来说，监管应该有三个构成要素：其一是政府机构，这是履行监管职责的主体，也是行政权力的拥有主体，依托行政力量赋予的强制力规范市场秩序；其二是被监管的各种经济主体，这是监管的对象，在行政强制力约束下展开经济活动，在自身赢利的同时不侵害其他经济主体的利益，受管客体会与权利主体形成博弈，客体具有破坏市场秩序以谋取私利最大化从而弱化来自行政部门的监管力的可能，因此监管力需要保持监管制度的刚性；其三是各种法规制度，这是监管的依据，也是行政监管力得以展开的工具。这是行政力量在规范经济主体行为中履行约束权力的前提。根据政府监管的三要素可以这样认为，政府监管是指政府依照一定的法规对被监管者采取的一系列管理和监督行为。监管主体是监管力的施力体，受管客体是监管力的受力体，监管制度是监管主体将监管力施加于受管客体之上的媒介。只有监管主体具有执法力、受管客体具有遵法虔诚、监管法规科学合理才能保证监管制度的力量。在这里需要厘清监管、立法与执法之间的关系。监管不等于立法和行政执法，监管需要以立法为基础，监管机构实施监管时需要遵守相关的法律法规，监管的有效性在于执行。

行政执法从事物发展的时间顺序层面看在于事后的监督检查，监管在前、执法在后，但监管则是注重全过程监督、管理和控制，二者之间存在"事后控制"与"前馈控制"或"事中控制"的差别。政府监管与行政监管、市场监管均存在不同，首先，政府监管不同于行政管理，监管的对象是独立的市场主体，不是政府的下级单位，监管过程中不能采取上级管理下级的方式，监管客体与监管主体之间不存在行政隶属关系。其次，政府监管与市场监管也存在差别。政府监管的客体主要是企业，对企业的行为进行规范，这是"点"与"点"之间的关系；市场监管则是监管部门对市场行为主体在市场上的观察和检查，监管的客体是非企业的个体，体现的是"点"与"面"之间的关系，而且在市场监管中，监管者本身也处于被监管的范围之内。"监管主体处于还是不处于市场之中"是政府监管与市场监管的重要区分依据。政府监管在电力工业的应用就是电力市场监管。政府先是作为监管制度的提出者，但在监管制度开始运行后，政府也就作为市场中的一个"点"而接受市场监管，即监管制度需要在运行中不断规范自身。电力市场监管涉及多个方面，如监管的主体、对象、目的、依据、程序、标准、理论、方法等诸多要素。监管主体就是履行监管职责的实体组织，即前文论及的监管制度的施力主体，这个施力主体物质实体表现为电力监管委员会；电力监管的对象即前文论及的受力体就是电力市场，这是承担电力供配售各个环节的经济主体，涉及发电、输电、配电和售电等各个环节，监管主体需要规范监管电力的发输配售整个链条上的诸客体的作业方式以保障其在规定的秩序内展开经济活动；监管的目标在于克服市场缺陷进而规范经济主体的行为方式，使电力经济主体在电力市场内守望相助又相互制约，优化资源配置和促进电力行业的发展；监管的依据就是执行监管职责所依托的相关法律法规，即前文论及的监管法规展开为监管力的工具，市场主体要在坚持"科学立法、严格执法、公正司法、全民守法"的前提下规范电力经济主体的活动秩序；监管程序是履行监管职能过程中必须履行的步骤和相互衔接的环节，坚持制度刚性而不能出现制度"弯曲"，任何出现制度"弯曲"的环节就是制度被削弱力量的地方，前面的环节是后面环节的前提，后面的环节是前面环节的结果或者效果；监管的标准是市场准入标准、电价标准和效率标准，标准的执行同样需要严格执行而不能发生任何"弯曲"，标准在任何情况下都必须保持在场；监管的理论基础包括经济学理论、社会学理论、管理学理论、组织行为理论、电力工程理论等，这些理论保证了电力监管是在深入思考基础上得到的理性认知，使监管制度禁得住推敲并保持长久应用；监管的方法包括经济方法、行政方法、法律方法、技术方法、教育方法等，既包括定性方法也包括定量方法，监管主体通过调整电价、行政罚款、信息披露等方式保证监管的执行力，规范电力市场秩序和保障电力市场有序运行。

监管要素复杂多样，但不能孤立理解，只有统筹推进和协同作用才能让监管制度有力。综合监管的各种要素可以这样认为，电力监管主要集中表现在为何监管、监管什么、谁来监管、怎样监管等问题层面。政府监管的效力在于其基于行政权力具有的约束力，这是政府依托强制力进行资源配置的管理形式。监管者知法守法和保证监管的力量是排在第一位的要素。政府监管的功能通过以下方面得以体现：其一是解决因市场信息不对称而造成的资源配置效率不高问题；其二是解决因市场自身缺陷而出现的负外部性问题；其三是解决因市场垄断而造成的恶性竞争问题。监管需要基于公平正义原则维护市场秩序和经济行为。在缺乏政府监管的市场环境中，在信息不对称前提下，经济主体会通过各种方式屏蔽信息从而创造有利于自身的环境，在非对称信息博弈过程中通过各种方式释放获利的欲望，危害市场的公平和正义，从而扰乱市场秩序，给消费主体造成严重的负面影响，因此政府监管就非常重要。但过度的政府监管也会造成市场经济主体行为收缩，导致市场缺乏活力。监管的目标在于规范，如果因过度监管造成市场乏力就存在矫枉过正的问题。因此，政府监管在履行监管权力过程中不能存在缺位、错位、越位、偏位等问题，不能监管过于严格，也不能存在监管软弱无力的问题。因此，加强政府监管不等于简单机械地扩大政府监管权力，只有科学界定政府的监管边界，在保证制度不发生扭曲的前提下，也要充分调动经济主体创造产出的积极性，才能形成有效的监管体系和良性的市场秩序，从而合法有效和科学地体现政府监管的执行力。

为了合理界定政府监管的边界，政府可以采取三种不同的公共政策：其一是严格监管，即对自然垄断产业实行严格的监管措施；其二是完全放松，即对不具备自然垄断特征的产业实行完全放松的监管政策；其三是部分放松，即对一定程度上存在自然垄断的产业实行部分放松监管的政策。政府监管需要恰当处理"严管"和"放松"的界线，制度需要具有严肃性。经济主体在严肃的制度范围内可以获得"有限制的自由"。政府在履行监管职能时，需要坚持独立原则、开放原则、有效原则、清晰原则、必要原则、法治原则。第一是必须坚持独立原则。即履行监管职责必须保证公正客观，在行使权力过程中不能受到干扰，不能存在任何偏袒。第二是必须坚持开放原则。即政府必须基于充分信息履行监管职责，信息包括监管主体从市场获得的信息和向市场发布的信息，此间需要广泛听取利益相关者的意见，只有信息充分才能及时发现问题和实现精准监管。第三是坚持有效原则。即监管需要以尽量低的投入收到良好的监管成效，监管主体的体量以及监管主体付出的劳动都是监管职能发挥作用需要支付的成本，监管要落到实处，监管形式要恰当合理，监管成本不能过高。第四是坚持清晰原则，即监管规则要做到表述准确和容易理解，监管制度的编码原则要建立在全民理解力的基础上，只有被全民理解的规则才能转化为全民遵守的力量。规则需要明确"正确"与"错误"的界限，避免规则之间出现矛盾，不能存在含糊不清导致无法裁决的问题。第五是坚持必要原则，即监管不能出现"多余的""不必要的"监管问题，监管不能缺位，也不能错位、越位，但监管一定必须能解决监管对象可能存在的关键问题，监管职能只需要"肌肉"而不需要"肥肉"，要理解"肥大"不等于"强大"，以及"重量"不等于"力量"的道理。第六是坚持法治原则，即政府履行监管职责必须有充分的法律依据，不能出现违法监管问题。

前文论及，政府监管的关键在于执行。监管过程就是将监管职责实践化为监管执行力的过程。政府监管力的展开过程就是政府决定对特定领域执行监管规范的过程，直到矫正了监管客体的行为并解除该监管，监管职能才得以完成。监管基于如上论及的"六项原则"，保证制度边界清晰，这是监管制度具有执行力的前提。整个监管过程一般涉及监管立法、监管执行、法规调整和解除监管等阶段，每个阶段均要履行不同的职责，但各阶段必须相互配合和有序运行。监管立法的目的在于提供法律依据，从而使得政府履行监管职能有章可循，监管执法做到"有法可依"，使得电力经济主体基于自然垄断形成的垄断力量受到限制，电力经济主体在有效供电的同时在一定程度上消除垄断力量的负外部性，使得消费者权益受到保护；监管执法的目的在于政府监管机构基于法律履行监管职责的行动，做到"有法必依、执法必严、违法必究"，使得监管立法发挥实践效率，规范电力市场主体的活动方式，这是法律规范力的展开方式。这里需要提及的是，由于政府监管立法所规定的内容是原则性的，于是在履行监管职责过程中往往会存在较大的制度空间，但法律的严肃性和严格性是执法的首要前提，不能以执行过程中的灵活性侵犯法律的尊严。监管调整的目的在于伴随实际情况变化，监管立法要作出相应调整。监管的指导思想和监管职责并非一成不变，面对新问题和新情况，监管的指导思想也需要具有新内涵，在监管客体的技术特征以及政府监管指导思想发生变化的情况下，相关的监管法规也必须作出调整，以便使得监管立法符合已经变化了的实际情况。监管客体的自然垄断地位会逐渐发生变化，在由自然垄断业务转变为竞争性业务的情况下，市场竞争机制会逐渐替代政府监管机制，针对垄断格局下的监管也会相应淡出。

"监管解除"只是针对具体事务而言，由于电力系统电网环节的自然垄断性不能消除，监管职能也不会彻底解除。既有的监管方式只能以更加合理的监管方式替代。

4.4.2 政府履行监管职责需结合电力行业技术特性

电力系统的运行包括四个具有垂直关系的阶段，即发电、输电、配电和供电。在构建"厂网分开、竞价上网"的电力市场的过程中，发电企业因更易融入市场而首先引入市场竞争机制成为近乎完全竞争的发展势态。但从世界范围看，电网企业走向市场在制度设计上比较困难。电网企业实现完全竞争仍然需要逐步发展，这与电网企业的自然垄断性质相关联。实现完善的政府监管需要与电力行业的技术特性联系在一起，竞争性电企的监管和垄断性电企的监管在监管方式上会存在较大差别，前者主要是市场监管，后者主要是制度监管。垄断性的电企主要表现在电力行业具有网络性、规模性和专用性特征。电网企业的网络性特征是区别于竞争性电企的关键特征，电网的完善程度决定了电力服务的质量。电源企业通过复杂的输配电网络将电能最终输送到用户终端，才能完成电能承担的使命。为了保证电力生产、电力流通和消费各环节能够高效衔接，电力系统需要大量的自动化控制设备接入，保证电力供应的安全性和平衡电力的供需关系。在智能电网没有实现之前，这一点不易实现。电力用户的用电需求具有波动性，但电力生产的刚性特征使电企必须根据用户的需求即发即送。电企生产的而不能被用电负荷消费的电能如果不在电价中体现出来就成为电企的净损失。因此，电力生产需要对电力负荷进行预测，以保障电力负荷的用电需求。同时还必须保持一定的备用容量，但这个备用容量又不能保持过多，否则就会造成资源浪费。电力生产必须在适当保有余量的前提下平衡电力负荷之间的用电需求关系，做到"供给有度、竞争有序、需求有持、保有余量"。电力不可储存的特性要求电力系统必须保持实时平衡，否则电力系统的不稳定性可能会增加。电网越完善，就越能使大体量用电负荷通过电网寻找电能资源的方式，解决发电端与用电端的供需不对称问题，从而最大限度地降低电能浪费问题。正是由于电力行业的网络特性，在管理过程中都实行垂直一体化的管理模式。

电网行业具有规模经济性。经济学理论认为，当边际收益等于边际成本时，利润达到最大化。超过这一点后，每增加一单位投入所带来的收益将不足以补偿其成本，从而出现净损失，在这一点以内由于单位投入能够带来较该投入更多的收益而使得经济主体具有继续增加投入的欲望，于是在边际收益等于边际成本的这一点上实现规模最优。电网的规模越大，其调峰能力越强，电网的智能化程度就会越高，电力系统的安全性就会越有保证。因此，在局域电网连接为大区电网进而连接为全国电网后，电网的坚强程度得到提升，电网逐渐成为一个具有强大的自行解决问题的内生系统。从理论层面看，大电网可以把分散的电站和用户连接在一起，从而将不同地区和不同用户的电力负荷曲线叠加，提高网络的负荷率，电力供应和用电负荷间的对称程度就会越高。随着电网规模增大，电力系统的边际投入会逐渐下降，电网的技术性能不断得到改善，电网的边际收益水平和经济效益水平会得到提升。因此，电网行业的规模性是以电网逐步完善为前提，而电网的完善也会有助于电网获得规模经济性，大体量的更加完善的智能电网的建设，有利于提升电力的规模经济效应。

电力行业的投资具有专用性，即已经呈现为具体物质形式的电力投资作为沉没成本很难转为他用。电力投资的这种专用性必须使电企具有稳定的收入预期，电力投资才具有积极性。电力设备的投资以及电网建设只能服务于电源的生产和输送，投资完成后的资产即成为沉淀性资产，如果投资失败，这些资产转为他用的可能性就会降低。就经济学意义而言，电力市场的进入和退出成本相对较高。电力产品具有两个公认的特征：其一是即时生产即时消费；其二是具有准公共特征。在用户消费的电量未超出供电能力之前，电力因为能够进行足量供应而使所有消费者的用电需求不会受到影响，即电能的消费不存在排他性。但在这种电力供给条件下，因存在一定的供给余量而存在电能浪费，这个"浪费"需要电源企业承担。当发电量不能满足用户的总消费需求时，因电力供给具有的严重缺口而使电能的消费具有了排他性，通过拉闸限电保证专有部门用电需求的情况就会发生。因此，有限的电能资源需要首先满足关键领域和重要方面的用电需求，具有准公共性。这就是传统经济时期经常出现拉闸限电的原因。在电力供给不足的情况下，电力首先要满足工业需求是常规做法，民用电的需求就会受到排挤。电力市场的政府监管需要从自然垄断性和外部性两个方面进行考虑，克服自然垄断性和外部性问题的发生。电力生产不具备自然垄断性，而输电和配电领域具有自然垄断性。在建立竞争性市场的发展机制中就需要在电力传输环节上加强监督管理，为了克服电网的自然垄断性，理论上讲就存在两家以上的电网公司铺设电网的可能，这就会因低效率的重复建设而造成巨大的资源浪费，但这种情况在现实中不易出现。

电力监管的主要目标是抑制企业形成垄断价格，最大限度地保护消费者利益。由于发电领域不具有自然垄断性，经济主体基于市场规则就能够形成较为完善的竞争机制，因此政府的监管力量应该主要放在电网端，政府可以适当放松对发电领域的监管。同时政府也要在一定程度上加强行业进入壁垒，适当提升行业进入门槛，为经济主体创造良性有序的竞争性市场环境，通过这种制度设计保证发电端和售电端保持适度竞争。在保证基于竞争机制形成合理的电价的同时保证竞争性电企的正常收益。但对于存在自然垄断性的输电、配电领域，政府应该实行重点监管，避免低效率重复建设，良好的监管可以有效对冲因垄断造成的经济主体运行低效或者无效。政府监管的本质在于利用"看得见的手"的力量去矫正"看不见的手"的缺陷，政府通过制定相关法律法规，通过行政力量的强制力和限制力，矫正和补救电力发展中基于利益驱动而形成的负外部性。电力行业的负外部性问题主要是环境成本问题和交易费用问题，这主要表现在电力不合理发展导致经济与环境不能合理对话而造成的环境破坏问题。燃煤发电会释放污染物，进而导致温室效应和酸雨，造成严重的环境污染。核事故则会对环境造成毁灭性的破坏。水力发电也会因为改变了水文特征而产生可预知的或者不可预知的生态环境问题。政府通过对电力行业进行监管，建立起"让受益者付费"的约束制度降低环境成本，限制甚至杜绝不利于建构良性社会秩序的问题发生，从而尽可能少地减少环境污染和增加社会收益。

电的故事与案例

故事与案例 4.1：电的储存方法与电流通道——莱顿瓶的发现与沃森提出"回路"概念[*]

马森布罗克在研究中观察到，带电体所带的电在空气中会逐渐消失，于是开始设想一种能够使电保存下来的方法。马森布罗克想创造出一种装置，让瓶子里的水带电。实验装置是这样的：用两根丝线吊起一根枪管，接收从玻璃球传来的电。枪管的另一端吊上一根铜线，铜线插到注了一些水的玻璃瓶中，操作者用手压住玻璃球并使玻璃球迅速旋转。马森布罗克的右手拖着瓶子，当其试图用左手接触枪管导出火花时，身体突然受到猛烈的电击。马森布罗克受到了猛烈的电击，证明了存在放电现象。而后马森布罗克的学生诺勒，在马森布罗克的基础上使实验装置进一步改进，改进后的装置放电现

---

[*] 杨再石. 莱顿瓶的发明和应用 [J]. 物理教学，1984（12）：29，36－37.

象更为强烈。诺勒将这个能够储蓄电的瓶子叫作莱顿瓶。莱顿瓶在欧洲很快就引起了轰动。英国皇家学会会员沃森得知马森布罗克的莱顿瓶后又进一步做实验，取得了很多科研成果。沃森发现，瓶子越薄产生的电击就会越强烈，并且导体与玻璃的接触面越大，产生的电击作用就会越强烈。他在整个玻璃瓶外面都包上金属箔，发现产生的电击更加强烈。

沃森是第一个发现放电时伴有火花产生的人，这个火花可以用来点燃火药或者氢气等。沃森进一步推断：在莱顿瓶实验中，人们受到电击的部位只是胳膊和胸部，而身体的其他部分并不受影响，因此电击时应该是有某种东西从莱顿瓶经由受电击者的胳膊和手臂通过，这种东西通过时选择的是一条最短的通道，沃森将这个通道叫作"回路"。沃森据此提出"电以太"的概念并指出，任何物体都含有电以太，正常情况下并不显示出带电，只有在电以太含量比正常量多或少时才呈现带电现象。并进一步指出，带电是使电以太从一个物体流到另外一个物体的原因，电是在被转移而不能被创造出来或者被消灭掉。沃森这里论及的莱顿瓶现象实际上就是现在人们所说的电容器原理。莱顿瓶发现的放电现象以及沃森提出的回路原理，对电学理论中"闭合电路"理论的发展起到了奠基作用。由于莱顿瓶放电能够产生强烈的火花，于是莱顿瓶放电就极具表演性质。有人以此为业到处表演摩擦起电和莱顿瓶放电，这无疑对电学知识的普及起到了助推作用。

故事与案例 4.2：光伏发电原理、进程与效益——第一块单晶硅太阳能电池诞生

光伏发电是利用半导体界面能够产生光生伏特效应的性质而将光能转化为电能的发电技术。1839 年法国科学家贝克雷尔发现，光照射在半导体材料的不同部位时，半导体的不同部位能够产生电位差，这种现象就是"光生伏特效应"，即"光伏效应"。根据这个原理，1954 年美国科学家恰宾和皮尔松

制成了第一块单晶硅太阳能电池。光能转化成为电能据此从理论研究阶段转化为实用技术应用阶段。在化石能源危机以及煤电会造成环境污染的情况下，人们对清洁能源的呼声越来越高，光伏发电很快就进入了大发展阶段。美国最早制订出了光伏发电发展计划，随后日本制订并启动了光伏发电计划，并成为世界上生产光伏发电零部件最具优势的国家。而后德国的光伏产业也获得了迅猛发展。伴随光伏发电产业的迅猛发展，很多欧洲国家如瑞士、法国、意大利、西班牙、芬兰等均先后加入了光伏发电计划。中国成为光伏发电增长最快的国家。

太阳能是取之不竭的自然馈赠，太阳能发电具有清洁、安全、广泛的特点，但太阳能光伏板在制造过程中却存在高耗能和高污染的缺点。生产一块 $1m \times 1.5m$ 电池板需要消耗 40 千克标准煤，按照 300 克标准煤/千瓦时计算，这些煤能够转化为 133 千瓦时的电能。一块光伏电池一年的发电量仅 250 千瓦时。如果按照光伏板的使用寿命为 25 年计算，一块光伏板的发电量为 6250 千瓦时，相当于减少消耗 1875 千克标准煤。从长远发展情况看，发电量可观且在一定程度上能够产生较大的环境保护效应。但光伏发电需要面临的问题也是多样的：因光照密度不大从而需要很大的占地面积；获得能源与季节变化、光照条件以及昼夜变化关系大；发电的机会成本较高；光伏板制造会造成环境污染等。人类自诞生以来就接受太阳能的馈赠，万物生长靠太阳，但在将太阳能转化为生物能的过程中并未产生环境问题，而在将太阳能转化为电能的过程中，只有克服生产光伏板造成的环境问题，光伏发电才能成为真正意义上的清洁能源。

故事与案例4.3：交流电的发明——尼古拉·特斯拉制造第一台交流发电机

法拉第发现的电磁感应现象为产生交流电奠定了基础。法拉第发明的发电机的原型，又进一步证明了电与磁之间的关系。这些基础工作为尼古拉·特斯拉发明交流发电机奠定了坚实的基础。特斯拉在 1882 年制造出了世界上第一台交流发电机，并最初提出了多相电力的传输技术，这使电力的远距离传输成为可能。特斯拉很早就对交流电产生了兴趣，但当时普遍都采用直流电，然而直流电机的效率很低。电厂发出的电经过导线传输到负荷端会存在很高的电损。如果电源电压为 $P_{电源}=UI$，导线上的电损为 $Q=P_t t=I^2 rt$，负荷端得到的功率就是 $P_{用户}=UI-I^2 r$，其中 $I^2 r$ 就是电力传输过程中在输电线和变压器上损失的功率。为了使负荷端得到的功率较大，有两种办法：其一是减小电阻；其二是降低电流。前一种办法操作空间有限，只能探寻第二种办法。第二种办法的关键就是在功率不变的前提下提高电压，但是发电厂发电的电压不能太高，否则负荷端会由于不能承受这么高的电压而爆炸。解决问题的有效办法只能是发电厂的电能上网时升压。

通过高压输电线输送电，在电力的负荷端降压，将高压输电线传输过来的电降压到适合用电负荷的水平传输到负荷端。但从电厂发出来的电如果是直流电，按照法拉第电磁感应定律就不能变化电压，按照电磁感应定律，只有变化的电流才能产生变化的磁场，变化的磁场才能产生变化的电流。因此，只有从发电厂发出的电是交流电，才能解决给电升压和降压的问题。根据法拉第电磁感应定律，如果原线圈为 N_1 匝，副线圈为 N_2 匝，原线圈的电压为 U_1，副线圈的电压为 U_2，则会存在如下关系：$U_1:U_2=N_1:N_2$，通过改变原线圈和副线圈的匝数就可以达到变换电压的目的了。发电机的核心构件包括定子、转子、整流器、电刷、端盖等部分。定子是发电机的固定部分，位于转子外围，由定子铁芯和定子绕组构成，当转子在定子内部旋转时，定子绕组内的磁通量会发生变化，定子绕组中从而产生感生电动势；转子是交流发电机的核心部分，负责产生磁场，磁场随着转子旋转而旋转，为发电机产生电能提供磁场；整流器的作用是将定子绕组产生的三相交流电变为直流电。交流电的发现和交流发电机的发明使电能远距离传输成为可能，更为助推光明之旅前进的步伐走出了坚实的一步。

故事与案例 4.4：青海塔拉滩光伏发电园区——中国最大的光伏发电基地

青海塔拉滩光伏发电基地是我国最大的光伏发电基地，也是我国首个千万千瓦级光伏发电基地，总占地面积为 609.6 平方千米。青海塔拉滩海拔3000 米，年平均日照 3000 小时，日均日照达到 8 小时以上，最适宜建设光伏发电基地。在塔拉滩光伏发电园区内，有超过 700 万块光伏板根据地势起伏排布，总装机容量达到 2.2GW，园区内汇集了 2000 多万个观测点。塔拉滩发电站从 2011 年开始建造，经过多年发展，目前已经成为世界上装机容量最大的光伏发电园区。塔拉滩光伏发电站实现了远程集中监控、大数据分析和远程诊断等功能，提升了光伏发电的智能化水平。塔拉滩光伏基地建设过程中，为了使光伏发电与生态环境和平相处，工作人员对光伏板的安装角度进行了适当调整，使光伏板可以充分利用太阳辐射的同时，也可以使部分阳光照射地面，促进植物生长。光伏基地的建设需要大量劳动力，有效拉动了当地经济发展。

光伏发电在后续发展中可以对当地产生较大的乘数效应。塔拉滩光伏发电站的建设可以对发展光伏产业产生很好的典型示范效应。塔拉滩光伏发电站不仅提供了清洁能源，而且通过"上电下牧"的方式增加了当地农牧民的收入。在电站发展过程中，通过种植固沙植物等方式进行了生态修复，有效遏制了土地沙漠化，目前园区的植被覆盖率达到 80% 以上。塔拉滩光伏电站实现了经济发展与生态建设双赢。塔拉滩光伏电站毗邻龙羊峡水电站，同时在远处的高山上就是风能发电站，不同发电设施遥相呼应，形成了一道美丽的风景。在这里形成了光伏发电、水能发电和风能发电的组合发展模式。电能除了本地消纳外，更重要的是向外输送，每年产生的电能减少的燃煤量可以减排二氧化碳 7000 吨。青海到河南的 ±800 千伏特高压直流输电"青电入豫"线路是世界上首条纯清洁能源的特高压输电线路，这条线路长 1587 千米，将西北地区电力人的努力与中原地区的经济发展紧密联系在了一起。

第 5 章

中国电力的结构优化与可持续发展

5.1　可持续发展理论

可持续发展是关于自然、技术、经济和社会协调发展的理论和战略。这一概念最早出现在 1980 年国际自然资源保护联盟的《世界自然资源保护大纲》，该文件这样表述可持续发展：必须研究自然的、社会的、生态的、经济的以及利用自然资源过程中的基本关系，以确保全球的可持续发展。1987 年，世界环境与发展委员会出版的《我们共同的未来》这个报告中这样表述可持续发展：既能满足当代人需要，又不对后代人满足其需要的能力构成危害的发展。我国在《中国 21

世纪议程——中国21世纪人口、环境与发展白皮书》中首次把可持续发展战略纳入经济和社会发展的长远规划。在可持续发展的含义中不能缺少的意思包括：正确处理人与自然间的关系；当代人的发展不能以损害后代人的发展为前提；正确处理经济发展与环境保护之间的关系；生态保护是世界性论题；生态保护与人类生活水平提升相联系。2002年党的十六大将"可持续发展能力不断增强"作为全面建设小康社会的重要目标。

发展是人类的永恒话题。历史唯物主义认为，物质资料的生产是人类社会存在和发展的基础。人类社会在发展进程中，人类的欲望在不断膨胀，希望通过不断提升改造自然和征服自然的能力从自然界发掘更多用以满足自身需要的财富。在人与自然的关系不能正确处理时，人类改造自然和征服自然的能力在超过自然环境的承受阈限时，经济发展就会以损坏环境为代价，从而经济发展就难以做到可持续。传统的电力行业是将化石燃料转化为电能，这种以不可再生资源为基础发展的传统电力行业会面临资源枯竭问题。因此，电力行业的可持续发展问题需要从两个层面考察：其一是可资利用的资源存量问题；其二是电力与环境的和谐共生问题。前者保证了发电企业具有永续利用的资源，这需要从替代性资源找到突破口，新能源成为电力产业的发展转向；后者保证了电力行业与非电力行业协调发展，实现经济发展与环境保护之间相互协调。

可持续发展坚持三大原则，即公平性原则、持续性原则、共同性原则。第一，就公平性原则而言，可持续发展要实现当代人之间的公平、代际间的公平、资源分配公平和资源利用公平。可持续发展要求在经济发展进程中一个地区的发展不应以损害其他地区的发展为代价，资源收益必须与环境付费相对称。发展既要满足当代人的需要，又不能损害后代的发展能力。可持续发展要求处于同一空间中的人类各代，对自然资源和社会财富要拥有同等的享用权。第二，就持续性原则而言，可持续发展要求人类经济社会的发展不能超越资源和环境的承载能力。在满足需要的同时必须有限制地开发资源，也就是说，在发展中包含着制约因素，人类开发和利用自然资源发挥主观能动性的自由是以保护环境持续发展为限制的自由。唯物辩证法认为，事物在发展过程中，一方面通过肯定自身的因素确证自身的存在，另一方面也通过否定的因素让自身走向自身的反面，一事物从确证自身到否定自身，并不需要从事物之外寻找原因，原因就蕴藏在事物本身之内。因此，一事物之所以是其自身而非他物，取决于事物内部蕴藏的肯定的力量和否定的力量的较量，当后者超过前者时，事物就不再是其自身。电力事业在发展进程中也必然存在着这种限制性力量，这种限制性力量确保电力事业在发展过程中，在充分发挥人的主观能动性过程中，必须在自然环境能够承受的限度之内产生作用，当超越这个边界时，否定的力量就会大于肯定的力量，电力的发展就不可持续。第三，就共同性原则而言，地球具有整体性和相互依存性，可持续发展需要超越文化与历史障碍。需要从系统论角度理解人与自然的关系，只有在处理这个关系过程中通过限制性的制度设计为系统输入负熵才能让系统保持有序。

可持续发展关注的问题涉及全人类，实现可持续发展的模式也不可能是唯一的。地域不同、文化不同、基础不同、贫富不同的国度的可持续发展在公平性原则、协调性原则和持续性原则这一点上是共通的，全人类只有通过共同努力，才能实现可持续发展的总目标。习近平总书记强调："'万物各得其和以生，各得其养以成'，生物多样性使地球充满生机，也是人类生存和发展的基础。保护生物多样性有助于维护地球家园，促进人类可持续发展。……人与自然应和谐共生。当人类友好保护自然时，自然的回报是慷慨的；当人类粗暴掠夺自然时，自然的惩罚也是无情的。我们要深怀对自然的敬畏之心，尊重自然、顺应自然、保护自然，构建人与自然和谐共生的地球家园。……绿水青山就是金山银山。良好生态环境既是自然财富，也是经济财富，关系经济社会发展潜力和后劲。我们要加快形成绿色发展方式，促进经济发展和环境保护双赢，构建经济与环境协同共进的地球家园。"①

5.2　电力可持续发展

　　人口急剧增长和掠夺性的资源开发造成了人与自然间的不和谐，经济增长与资源短缺、生态破坏间的矛盾变得尤其尖锐。科学技术水平提升不断增强人们改造自然和征服自然的能力，但人类对自然的开发需要在自然力的承受限度以内展开。在人与自然的关系上，人必须享受有限制的自由才具有与自然环境永续共存的机会。1972 年罗马俱乐部发表了题为《增长的极限》的研究报告，首次向世界发出了警告，这是人类警醒对自然的改造力与自然承受力间的关系的最早宣言。该报告中论及的"资源供给和环境容量无法持续地满足外延式经济增长模式"的观点引起了全人类的觉醒，警示人们在开发利用自然资源的同时，也要承担起保护自然的责任，在保护中发展才能带来持续发展。人类谋求发展过程中需要限制其改造自然力的发展速度，该报告指出：改进人类生活质量，同时不要超过支持发展的生态系统的能力。1983 年挪威首相布伦特兰成立了一个由五大洲多国官员和科学家组成的委员会，以全球视野和通过集中世界的力量关注环境保护和可持续发展问题，该组织明确指出环境问题出现的原因在于人类的发展方式。社会可持续发展的前提就是创新人类发展方式。这表明，人类要想做到可持续发展，就要妥善处理经济发展与环境保护之间的关系，就需要改变发展方式，将可持续发展作为人类共同追求的目标。

　　可持续发展应该包括充分发展、关系协调、公平发展、科技进步等四个层面的内涵。第一是强调充分发展。发展是处理好人与自然之间的关系的目

---

① 习近平谈治国理政（第四卷）［M］. 北京：外文出版社，人民出版社，2022：435.

标，处理好人与自然间的关系就是要平衡开发与保护间的关系，要在有序开发中保护和在保护中进行有序开发，不能发生"涸泽而渔和焚林而猎"的问题。这点必须成为全人类的共同意识，任何国家都不能游离在该规则之外。第二是强调关系协调。可持续发展的基本目标是人口、经济、社会、环境、资源的协调发展，这就意味着处理人与自然的关系不能简单地以发展经济为中心，只有各方面关系协调，经济才能得到持续发展。第三是强调公平发展。可持续发展的关键问题是资源分配和福利分享，追求在时间和空间上的公平分配。主权国家内部的不同人群都有责任保护环境，并有义务遵循社会规则，人们在发展中守望相助而又相互制约。世界范围内的各个国家以构建"人类命运共同体"为目标统一到可持续发展的轨道上来。第四是强调科技进步。科技进步可以进一步提高资源综合利用效率，为更好地协调经济发展与环境保护之间的关系提供多元化发展道路，为保护生态环境提供更加有效的手段，各个国家需要摒除意识形态的分歧，基于文明互鉴共享科技进步成果。人类通过可持续发展实现自身的长远发展，在可持续发展中合理利用资源、创造发展机会，并为未来世代保留发展潜力。可持续发展的前提就是发展程度不能超过环境承载力，从而使得人类由于发展对环境造成的负面影响基于环境自身的修复能力得以消除。

一般而言，可持续发展必须坚持以下原则：其一是资源更新速度的限制性原则，即使用资源的速度不能超过资源本身的更新速度；其二是替代品开发速度限制性原则，即不可更新资源的使用速度不能超过这些资源的替代品的开发速度；其三是污染物排放速度限制性原则，即污染物排放速度不能超过环境对污染物的降解速度。以上三个原则归结到一点，就是资源利用有度和污染物排放有度，经济发展过程中需要注意处理好资源的"消费与再生""消费与保护"的关系。基于以上分析，电力可持续发展必须实现经济、社会和环境间的协调。电力仍然不能超出可持续发展的前提，电力工业发展进程中已经注意到了"节能减排""高效发展""环境保护"等诸多方面的问题，产业发展的科技含量在持续推进。电力可持续发展应该包括如下内容：充分依托科技进步实现的发展；节约能源和保护环境的发展；提高电力生产和提高资源综合利用效率的发展；在满足当代人需求的同时不危害后代人满足其电力需求的能力的发展。电力的发展水平对经济发展有决定性影响，在增加电能产出过程中需要建设电力与环境间的友好关系，从"燃料→生产→产出→排废"等各个环节着手，优化电力工业发展环境。为了推进电力可持续发展，需要坚持如下原则：坚持开源与节流并重原则；坚持开发与保护共进原则；坚持电源与电网协调原则；坚持效果与效率并重原则；坚持机制与制度相结合的原则。电力工业发展不但要处理好电力系统内部各环节间的关系，也要处理好与电力工业建立联系的各种外在关系，"内环境"与"外环境"构成了电力发展的"总环境"。

5.3 电源结构的优化

单纯的以化石能源为支撑的电源结构并非长久之计，优化电源结构是促进电力事业可持续发展的重要步骤，通过优化电源结构实现不同种类的电源之间优势互补。新中国成立后经过长时期的发展，电源结构正在走向多元化。但在很长一段时间内将提升发电量放在突出位置，各种样态的发展方式的装机容量和发电量都在不同程度地增长。资源存量在长时间内并没有成为人们关心的问题，而是错误地认为各种资源是取之不尽、用之不竭的。随着污染物排放对环境影响程度加深以及资源可开发储量面临危机问题的出现，电源结构优化成为刻不容缓的议题。研究电源结构一般从电能生产结构、电能空间结构、电源规模结构等三个层面展开。其一是电能生产结构，根据生产电能的原料进行划分，包括燃煤发电、水力发电、核能发电、潮汐发电、太阳能发电、风力发电、天然气发电、燃油发电、地热发电、生物质能发电等，优化电能结构首先要优化电能生产结构，这需要从转化为电能的原始介质谈起。其二是电力空间结构，主要是指各个地区的电力，即电力的空间布局，包括各个地区的电源分布状态和各个地区间不同电源形态的占比，优化电能空间结构才能使电能产出与电能消费实现对称，避免因基于电能具有即发即用特征而导致的电能产出大于电能消费造成的电能浪费。其三是电源规模结构，根据电力企业生产电力的机组规模进行划分，可以分为大机组、中机组和小机组等，机组规模的差异会导致发电效率存在差别，优化电源规模结构就是要调整不同规模的发电机组的占比，其目标在于研究最佳发电效率的机组规模，淘汰不经济的机组和扩大具有经济效率的机组。前文论及的"上大压小"措施就是基于优化电源结构进行的思考。相关研究表明，根据各类传统能源的储量和消费量，全世界的石油、天然气、煤等因消费速度持续提升而面临危机，我国可供开采的石油、天然气和煤的储量也在持续缩减。提升发电效率只是解决发电资源瓶颈的第一步，探索新的能源形式和实现能源替代才是解决能源危机的根本出路。

传统能源在人类历史时期内不可再生，只有对现有能源结构进行优化，才能推进电力事业可持续发展，这就需要充分发展核电、水电、风能、太阳能、潮汐能等可再生清洁能源和生物质能、地热能等可再生能源。优化我国的电源结构是能源安全的需要、环境保护的需要，也是履行"双碳"目标的国际承诺的需要，从而在电力发展、环境保护与人民生活水平提升之间实现相互促进的系统发展格局。从电力安全层面看，燃油、燃气、燃煤的发电都要受到资源限制，东部地区和南部地区的燃煤电厂的燃煤均需外地供应，煤的供应受到运力、价格、煤质以及自然灾害等的影响，这无疑会增加电力的供应成本。有效应对这些发展难题具有紧迫性和重要性。这就需要深入探索和正视我国电源结构目前存在的主要问题：第一是电源结构不合理。在全部电力中以火电为主、水电次之，核电的比重需要进一步提高，新能源在电源结构中的占比更低，只有不断降低传统能源的占比才能进一步优化电力结构，助推电力产业可持续发展，电源结构优化是电力工业的发展方向。第二是电源的地区结构不合理。主要表现为地区性电力过剩与地区性电力不足并存，电力生产与电力消费不对称就会造成电能的巨大浪费，名义电量不成为贡献社会的有效电量，加大电力远距离传输能力的提升进而完善超高压电网就具有紧迫性。第三是电源内部结构不合理。从整体上看存在电企数量多但大型电企不足的问题，一次能源向二次能源的转化能力存在较大提升空间，只有进一步提升大型发电机组占比才能提升电力工业的整体质量。

为此需要尽快探索优化电源结构，走出一条电力工业可持续发展的道路。首先，需要进一步加快核电建设的步伐。通过提升科研水平、技术水平、管理水平，以核电替代高能耗和高污染的传统燃煤电厂是发展趋势，尽快形成更加完善的沿海岸线、沿江河分布的空间布局形态。其次，需要加强水电的开发力度。水力资源是我国能源资源中最重要的组成部分，只要处理好水电发展与水生生态系统间的关系，水电就能做到可持续发展。在发展水电的过程中，要大、中、小等不同规模的水电站同时并举，但是坚持以大型电站为主，将开发重点放在西南地区，完善跨空间远距离电能消化与就地消化相结合的电能消纳布局，并进一步完善西电东送输电网络建设，调整水电与火电的比例，加快提升水电的占比，从而优化电源结构。再次，进一步优化火电结构。即进一步通过"上大压小"完善大小发电机组的比例，通过技术改造进一步优化火电结构，进一步提升火电发电机组的规模经济效应，建设规模大、效率高、能耗低、超超临界的火电机组，提高燃煤效率从而提升能源转化率，通过优化火电结构，降低硫氧化物、氮氧化物及烟尘等污染物的排放量，提升电力发展与生态环境保护相协调，为保护环境作出贡献。最后，大力开发可再生能源发电。火电在进一步发展中越来越感受到化石燃料存量有限的瓶颈，开发风能、太阳能、地热能、水能和潮汐能等新能源成为大势所趋，新能源的动力源取之不尽、用之不竭，为优化电源结构创造了光明前景。

5.4 火电与节能增效

火电厂的主要原料是煤、石油和天然气,燃料的化学能通过火力发电设备转化为电能。我国的火力发电以燃煤为主。发电原理是:发电过程中顺次经过以下过程,将煤送入磨煤机磨成煤粉→煤粉与空气混合→煤粉进入锅炉燃烧释放出热能→依托热能将锅炉中的水加热成为蒸汽→蒸汽进入汽轮机推动汽轮机旋转→蒸汽热能转换成为汽轮机旋转的机械能→汽轮机拖动与之连接在一起的发电机同时旋转→发电机在旋转中把机械能转化为电能。火电厂的最大缺陷是在发电过程中会产生大量污染物,从而造成生态环境恶化。为了解决发电与环境保护间存在的冲突,除尘、除烟、脱硫、脱硝就成为火力发电需要解决的重要问题。火力发电排放的废气中最主要的污染物是二氧化硫,这是形成酸雨的主要污染物,这是导致水体酸化和土壤酸化的罪魁祸首。燃煤发电排放的一氧化氮和二氧化氮等污染物,也是形成酸雨的主要成分。烟尘中包含的粉尘、颗粒物和可吸入颗粒物等弥漫到大气中造成雾霾天气,对人体健康造成负面影响。燃煤排放的二氧化碳是重要的温室气体,这是导致环境温度升高进而使生存环境恶化的因素。此外,一氧化碳、硫化氢、碳氢化合物等有害气体也是火力发电产生的污染物,排放到大气中,造成大气污染,随雨降到地面、水体、植被上后会造成土壤污染、水体污染和植被破坏,影响土壤的团粒结构、土壤微生物存活以及水生生物的生存环境等都会受到破坏。火电不仅排放有害气体和烟尘,而且通过排水和排渣造成废水污染和废渣污染,这种长期的影响短时间内很难逆转。火电厂不仅是耗水大户也是废水排放大户,排放的废水中含有大量的碱性和酸性物质,直接排放到自然界的水体中会对水体造成严重污染。燃煤发电的另外一个污染物就是粉煤灰,粉煤灰对土壤、水体和大气都会造成不同程度的污染。目前很多国家正在通过发展煤矸石电厂解决巨量煤矸石问题。火力发电只有处理好发电主体与生态环境的关系才能实现可持续发展。

从世界范围看，火电在短时期内仍然会在装机总容量和总发电量中占有绝对优势，虽然新能源不断加入电力大家族中，但由于发电成本较高以及其他各种制约因素存在，在短时期内还不能显示出替代火力发电的优势，提升减轻污染物排放的技术水平和探索减轻污染物污染途径的办法就显得非常重要。这可以优先考虑两种措施：第一是通过"上大压小"优化燃煤机组的结构。这在很大程度上可以提升能源转换效率。不同形态的发电机组的煤消耗情况存在较大差别，大型高效发电机组每千瓦时耗煤 290~340 克，中小机组的每千瓦时耗煤量较大型发电机组高出 100~200 克。大型火电机组无疑是火力发电装机增量的发展方向。从国际的火电发展状况看，超临界机组和超超临界机组的热效率更高，可靠性和环保指标等都相对更高，这也成为国际电力工业的主导发展趋势。第二是采用新技术以降低能耗和降低污染物排放。在这方面可以通过采用洁净煤技术[①]、烟气脱硫技术、烟气除尘技术、先进节水技术以及粉煤灰综合利用等措施实现。研究成果表明，使用"清洁煤技术"的发电机组较常规机组在脱硫脱硝等方面效率更高和环保性能更好，采用洁净煤技术可以将煤炭燃烧效率提高到98%以上，节能环保率达到95%以上[②]。这也成为电力工业的科研创新方向，科研成果的迅速转化就成为火力发电技术转型的关键。

在烟气脱硫技术方面，目前电厂普遍使用的是"石灰石—石膏湿法"脱硫技术，该工艺过程会产生巨量石膏，充分利用这些副产品，使其变废为宝，成为电力整个链条中需要重点研究的课题，据此实现这些副产品的资源化、

---

① 洁净煤技术是指煤炭在开发和利用过程中减少污染和提高燃烧效率，从而使得煤的潜能得到最大限度的利用，并使得释放的污染物控制在最低水平的高效、清洁利用煤资源的技术。

② 洁净煤：煤企可持续路径之选［EB/OL］.（2014－01－24）［2025－02－15］. http：//energy-law. chinalaw. org. cn/portal/article/index/id/2158. html.

无害化和减量化。从发达国家的情况看,石膏可用于水泥和土壤改良等领域。火电厂在烟气除尘方面目前采用的大多是电除尘,为了改善除尘效果需要探索包括低温 ESP① 在内的除尘措施。在节水方面可以采用空冷机组。我国很早就在太原和内蒙古投产了空冷机组。目前空冷机组技术已经成熟,空冷机组对于火电的节能减排具有较大的促进作用,在火电事业与生态环保的关系方面又迈出了一步。在粉煤灰综合利用方面,可以在开发新型建材、地面砖以及墙体材料等产品方面做文章,这需要进一步增加科研投入,在增加这些材料的观感享受与承力强度方面展开深入探索。为了实现火电节能减排的目标,除了需要在技术层面做文章外,也需要在管理方面做文章,通过有效的管理措施规范发电行为。

5.5 水电与生态保护

水电能够为经济发展产出巨大电能,但也会对河流生态产生不同程度的影响,因此处理好发展水电与河流生态间的关系就显得非常重要。河流的生态功能需要前瞻性地引起注意。从水文生态学角度看,河流的河道、两岸以及上下游是一个完整的生态系统,水生动物需要依托这种原生态的环境繁衍生息,任何人为因素都可能对河流生态系统产生负面影响,包括对水生动植物的影响以及通过改变河道对水生生态环境产生影响。从能量迁移方面看,河流是水能传递的通道,也是能量流动、物质迁移和生物活动的通道。河道在水的重力势能作用下,自身形态不断发生改变,水生生态环境也会不断发生变化。在水生生物与水体生态环境的关系中,水生生物或者逐渐适应这种变化,或者因为这种变化而走向灭亡。河道中的水生

---

① ESP 是 electrostatic precipitator 的缩写,即静电除尘器。这是一种利用静电力原理来分离和收集烟气中粉尘的设备,用于在燃煤发电过程中除去烟尘中的颗粒物。

生物在一定阈限内可以根据其生存条件寻找到适合自身的生境。河道具有为生物提供栖息地的生态功能，满足河道生态环境中各种生物生存所必需的资源要求。河道也具有屏蔽和过滤功能。屏蔽功能是促使能量、物质和生物发生转移，为河流设定边界的功能，同时也为人类的干扰活动设定了边界；过滤功能是指减少水体污染和降低沉积物转移的功能。水生生态环境就是一部哲学著作，水生系统中充满了自然哲学，在选择与被选择中成为时间的函数。水电作为人化自然的外力介入方式，会改变自在自然的天然水体形态，对生态环境造成的负面影响并非短期内能够以显性方式呈现出来，而是具有一定的时间跨度，在河道生态环境被破坏后造成的生态问题在很长时间后，以显性方式呈现出来时可能就是不可逆转的损失，而这一点凭借人类的有限认识和能力是无法事先预知的。人类在致力于提升生产力水平过程中总是习惯以自身为中心考虑问题，并且常常以既有的思维方式思考未知思维定式，但实际上人类作为主体世界在力求改变客体世界的过程中，自身也在发生改变。

人类总是在遭受来自自然力的报复后才增加理性思考的能力并尽量收敛自身行为，但由于人的思维局限性的影响，这种问题在一个领域或者一个区域发生后，仍然会在另外一个领域或者区域发生。水电对生态的影响是系统性的，往往不只是在某一方面产生影响。有些影响可能发生在人类的有限知识之外，即在遥远的未来某个时期才能看见，而近期内并不能意识到。水电工程介入环境实际上是在构建一种新的生态环境，在为水生生物创造一种新的生存方式。水电开发的生态效应还表现在传递性方面，传递性即水电开发造成的生态影响从一个层次传递到另外一个层次。这方面的例证非常丰富：其一是导致食物链断裂。水生生态环境发生变化会导致食物链断裂，从而影响水生生物生态环境。其二是诱发地质灾害。水库蓄水造成区域性的地质条件发生变化，有可能导致塌岸、地震、滑坡等，这些问题不会在短期内发生。因此，水电开发过程中会造成不同层次的负面影响。其一是造成水文情势变化。水库建成后，河道径流的水文情况会发生变化，水体中的泥沙含量以及水体搬运泥沙的能力会发生变化，进而对水生动物的生存空间产生影响，这一影响需要经过长时期观察才能断定。其二是造成河道景观变化。人们的生产生活方式会发生变化。水电站建成后水位会发生变化，曾经在水面之上的生存空间变成了水晶宫。水电工程会阻断水生动物的洄游路径，影响河道水温进而影响水生动物的生存繁衍，从而影响水生生物的生态环境。除了以上论及的各个方面外，水库在蓄水初期会对浮游植物产生影响，藻类因大量繁殖而造成富营养化问题，水生生态环境恶化后需要很长时间后才能恢复。因此，水电站虽然主要是针对水体而来，但水体中的"居民户"也需要纳入工程建设的考虑之中，这样才能做到"道法自然"和"敬畏自然"。在水电工程建设之前就需要对如上这些可能发生的问题进行前瞻性设计，需要在有序开发水力资源的同时有效地进行生态保护，从人与自然和谐共生视角评价工程建设。

5.6　核电与核电安全

核电①在电力事业的大家族中所占的分量提升速度很快，未来的电力结构中，核电会扮演重要角色，核电以其电能出力大而占据了电力工业未来的制高点。核电的优点是清洁无污染且发电效率高，缺点是建设周期长、技术要求高、投资巨大，核能具有放射性，因此核电站建设过程中对安全的要求非常严格。但是目前核电技术已经很成熟，核电安全设施方面已经具有丰富经验。在传统能源面临瓶颈的情况下，核电将是未来的重要替代性能源。世

---

① 核电就是利用核能燃料在核反应堆中进行可控的链式反应产生的热能进行发电的方式。目前核电站采用的反应堆包括压水堆、沸水堆、重水堆、快堆以及高温气冷堆等，其中压水反应堆被广泛采用。

界的核电发展史上曾经有两次严重的核电事故：其一是美国的三哩岛核电反应堆堆芯熔化事故[①]；其二是苏联的切尔诺贝利核电泄漏事故[②]。两次核泄漏均属人为操作失误引起。在排除人为因素的情况下，这些意外可以避免。只有提升核电设备的管理水平，才能最大限度地减少同类事故发生。

核电站对环境的负面影响主要表现在两种潜在危险：其一是导源于核电厂内部管理存在疏漏以及来自外部不确定性干扰因素引起的爆炸，这会造成人身伤亡和环境破坏；其二是导源于因技术层面不过关而发生反应堆冷却剂外溢，放射性物质泄漏到环境中会导致环境污染。两种危害造成的影响均是长期的，加强核电的安全评估和安全技术建设就很重要，通过加强管理将安全问题消灭在发生之前。目前核电技术已经非常成熟，并且制定了严格的核安全措施，核电实际上是非常安全的，加强核电站的管理就非常关键。核电站的建设以及运行等都已经具有成熟而严格的安全措施，尽管核反应堆存在潜在危险，但由于采取了特殊的安全措施，可以确保安全，大力发展核电无须在这个层面考虑问题。目前重要的问题是与核电相关的核废物处理。核电运行中需要对核废物进行安全处理。核废物会以固态、液态和气态等多种方式存在，只有加强管理才能做到万无一失。核废物的物理和化学特性、放射性浓度以及半衰期等都存在较大的差别，处理方法也不能采取"一刀切"方式。若处理措施不当，会在很大程度上影响环境安全。需要注意的是，核废物与一般的有毒废物存在巨大差别，处理方法也不同，不能将其与普通的废弃物等量齐观。核废物产生的放射性危害不能通过普通的化学方法、物理方法或者生物方法进行消除，只能通过其自身固有的衰变规律降低其放射性水平，这是一个漫长的过程，最终达到无害化目标才能保证安全。

---

① 美国三哩岛核电事故发生在 1979 年 3 月 28 日，反应堆堆芯的一部分熔化坍塌，但泄漏到环境中的放射性核素微乎其微。

② 切尔诺贝利核泄漏事故发生在 1986 年 4 月 26 日，核电站的 4 号反应堆发生爆炸，8 吨多强辐射物泄漏，致使核电站周围 6 万平方千米的土地直接受到污染，320 万人受到核辐射。

发展核电就要安全处理核废物，核废物中会不断发出射线，这些射线很难通过常规手段察觉，但可以通过高灵敏度的仪器检测出来，并通过检测出来的指标判断其危害程度。这也为处理核废物提供了安全技术标准，核废物的安全管理是非常关键的问题。国际原子能机构（IAEA）早在 1995 年通过并发布了成员国都必须遵守执行的有关放射性废物管理的 9 条原则：第一是保护人类健康，这是放射性废弃物管理的首要目标；第二是保护生态环境，严格处理放射性废弃物以避免使环境遭到破坏；第三是超越国界的保护，在严格管理放射性废弃物方面不存在国家障碍；第四是保护后代，要保持对后代生存负责任的态度正视该问题；第五是不给后代造成不适当负担，实现当代人与后代人之间的对话；第六是基于国家法律框架依法进行放射性核废物管理；第七是严格控制放射性核废物的产生以避免核废物造成环境污染；第八是放射性废物的管理需形成严密的制度规范，核废物从产生到管理的各阶段必须相互依存；第九是保证放射性核废物管理设施的安全，设施安全是核电安全的重要前提。保护环境就是在保护我们自身。按照这样的原则规定，核废物管理者的责任是按照国际一致同意的核废物管理原则，科学和合理地管理好核废物，防止核废物产生潜在危害，不仅要估计到放射性废弃物的显性危害，也要前瞻性地认识到隐性危害，处理好当前与未来间的关系。为达此目的，需要将非核废物和无害物分离出来，把可再利用和再循环的材料分离出来，从而使得真正需要处理和处置的废物得到安全处置，为核电持续发展创造更大的空间。

我国在核废物管理方面一向实施严格管理，核废物管理坚持 40 字方针：减少产生、分类收集、净化浓缩、减容固化、严格包装、安全运输、就地暂存、集中处置、控制排放、加强监测。为此一定要处理好"充分发展"与"严格管理"之间的关系。面对能源困境，大力发展核电是解决能源瓶颈的重要途径。我国已具备加快发展核电的技术条件，自我国第一座核电站即秦山核电站压水堆核电机组投入运行以来，以及随后在广东、江苏、浙江等共 9 台机组投入运行以来，均取得良好的安全记录，这为我国进一步发展核电事业积累了宝贵经验和丰富的科研成果，并培养出了大批技术人才，尤其已经形成了严密、成熟的管理制度体系，这为我国持续发展核电增加了底气。我国已具备加快发展核电的物质条件，具有相当规模的核电站厂址资源储备，为发展核电提供了物质基础和环境前提。我国已基本具备发展核电的技术装备基础和能力，这包括核燃料生产、供应及乏燃料后处理等处置能力。同时也具备了丰富的科研资料积累、成熟的管理方法积累和雄厚的人才队伍积累。我国一直致力于不断吸收世界上其他技术先进的国家的经验，并与国际同人进行合作，从而使核电厂的发展与利用更为安全可靠。

5.7　电能与能源节约

节能降耗是建设社会主义生态文明和实现人与自然和谐共生的重要举措，是建设资源节约型、环境友好型社会的必然选择，具有极其重大而深远的意义。从一定意义上讲，节约能源就是在创造电能。电力工业的节能是指在发电环节、输配电环节及消费环节的节电工作，就电力工业节能而言主要发生在发电、供电两个环节。电力行业节能降耗工作虽然取得了很大进步，但与世界主要工业国家相比，仍然存在差距，原因是多方面的：第一，输电损耗高和变电站空间布局不合理。我国电力工业年输配电损耗占发电总量的比重高达 6.72%[①]，线损率比多数发达国家高 2% ~ 2.5%[②]。另外，电网中超高

---

① 电力工业能效及节能问题研究 ［EB/OL］. (2012 - 02 - 10) ［2025 - 02 - 12］. http：//www. nea. gov. cn/2012 - 02/10/c_131402684. htm.

② 我国输电线损率比国际先进水平高2% ~ 2.5% ［EB/OL］. (2006 - 06 - 14) ［2025 - 02 - 12］ https：//www. cas. cn/xw/kjsm/gndt/200606/t20060614_1002622. shtml.

压输电线路比重偏低，而超高压输电是降低线损的有效途径，同时变电站空间分布密度以及不同级别的电站的数量比例也需要进一步调整。第二，节能技术和节能设备发展滞后。落后的传统节电设备和技术已经不能满足节电目标的需要，在化石能源面临枯竭的情况下"节能"就是在创造能源。但节能技术研发滞后、节能设备改造融资困难以及节能方面的专业人才匮乏等都成为造成这种发展状态的原因。第三，节能意识存在偏差。在节能认识上偏重增量发展而轻视存量节约，偏重局部效益而轻视整体效益，只有处理好增量与存量的关系以及整体与局部的关系，才能在节能、增效、环保之间建立起良性互动关系。"节能"必须在全社会形成共识，只有基于行政力量形成的约束力逐渐在全社会范围内形成不需要他人提醒的自觉，才能让"节能"内化于心、外化于行。另外，小机组持续建设及电煤质量下降等都在很大程度上影响着电力节能。因此，能源节约不仅是技术问题，也是管理问题，只有不断完善有关节能的整体性制度设计，节能才能在达成共识的基础上得到持续发展。在能源供应总量不能满足需求的情况下，节约是解决供需不平衡最现实、最有效的途径，为此就必须加快转变经济发展方式。为了在节能方面取得更好的成效，电力工业面临的任务是：在发电装备方面，要大力发展60万千瓦及以上超（超）临界机组、大型联合循环机组；在技术支持方面，要采用高效、洁净煤发电技术，改造现行火电机组，提高机组发电效率；在机组规模方面，要实施"以大机组代替小机组""扩大大机组规模和压缩小机组规模""淘汰小规模机组"等措施，提高单机容量，扩大单机发电机组的规模，提升能源转化率；在发电组织方面，要发展热电联产、热电冷联产和热电煤气联供；在电网建设方面，要推进跨大区联网，扩大实施超高压电网运行范围；在输变电技术支持方面，要采用先进的输、变、配电技术和设备，积极推进智能电网建设步伐，淘汰能耗高的老旧设备，降低输、变、配电等各环节造成的电能损耗；在发电燃料方面，要采用大容量燃气发电机组替代燃油小机组；在电力空间布局方面，要适当发展以天然气、煤层气和其他工业废气为燃料的小型分散电源的建设，实现小规模孤立电源与大规模并网电源并驾齐驱的发展格局，使电力之光照亮千山万水。

为了推进电能节约，我国很早以来就着手完善电力节能的系统化制度设计，主要表现在以下诸多方面：第一，调整电力结构。除了大力发展清洁可再生能源在能源结构中占比，也在能源存量调整方面做文章，有序关停并转老机组、小机组和落后机组等落后产能。电力结构持续优化和调整为电能节约创造了空间。电力结构调整既包括电能结构布局的调整，也包括电力空间布局的调整，后者的持续优化进一步保证了电能充分利用。第二，强化电网线损管理。通过科学选择电网建设材料和加强电网管理，有效降低技术线损和管理线损，通过降低无谓的损耗来提高运营效益。为此要积极应用超高压交、直流输电技术，减少电能无谓损耗。同时也要推广技术先进、成熟的输电技术，加强电网无功补偿①及其调节控制和经济运行调度。第三，推进发电调度改革。节能发电调度的目的在于充分利用清洁能源和减少传统能源的使用占比，即在发电过程中，优先安排可再生、节能、高效、低污染的机组发电，从而在制度上推行支持发展清洁能源的电力措施，达到优化电力结构的目标。第四，实施电力需求侧管理。电力需求侧管理是指通过提高终端用电效率和优化用电方式，鼓励电力负荷在用电低谷时多用电，通过削峰填谷方式避免电源产出无效电能。通过调整供电端和消费端的关系，实现电力的供求平衡，在完成同样用电功能的同时减少电量消耗和电力需求，提高能源利用效率，达到节约能源和保护环境的目标，在降低电力服务成本的同时不降低电力服务质量，实现对终端用户电力负荷的有效管理、提高终端能源使用效率。

---

① 电网输出的功率包括有功功率和无功功率两部分。有功功率直接消耗电能，把电能转换为其他形式能并利用这些能做功；无功功率消耗电能，但只是把电能转换为另一种形式的能，作为电气设备能够做功的必备条件，而本身并不做功。无功补偿就是一种在电力供应系统中能提高电网的功率因数、降低线路的损耗、提高供电效率，改善供电环境的技术。

电的故事与案例

故事与案例5.1：富兰克林的实验——电荷守恒及"正电""负电"的提出

随着摩擦实验的深入推进，人们从实验中得出了更多规律性的认识。不但莱顿瓶出现了，而且出现了许多关于电学的学术组织。学术刊物上开始出现更多有关讨论电学知识的论文，并且以表演电学实验（产生电火花）为谋生主业的人开始多了起来。富兰克林除了从既有的电学文章和其他研究资料中得到了一些不多的研究线索外，一切全靠自己去开创。凭借对电学的浓厚兴趣，富兰克林全身心投入电学研究。富兰克林通过大量实验得出结论认为，所有物体都存在电，但是在正常情况下不呈现出带电，这时物体呈现出平衡态。富兰克林在实验中用火花的强度说明电量的强弱。富兰克林认为，电不会因摩擦而产生，电只是从摩擦者身上转移到玻璃上，摩擦者失去的电与玻璃得到的电严格相等。从现在的眼光来看，这实际上就是最早的电荷守恒定律。

富兰克林将不带电的处于平衡态的物体叫作普通股。富兰克林这样描述电的传递：有 A、B、C 三个人，三个人都不带电。如果 A 站在蜡上摩擦玻璃管，A 身上的"电火"就会传递到玻璃上去，这时如果站在蜡上的 B 接近玻璃管，就能从玻璃得到电火，于是 B 就会得到多余的电。这时对于站在地板上的 C 而言，A 和 B 都是带电的。如果 C 接近 B，就能从 B 得到电，如果带了电的 B 接近 A，也会将电传递给已经欠了电量的 A。如果 A 和 B 接近，由于二者间的电量差别很大，或放射出更强烈的火花。在这样接触后，A 和 B

的电火花均已经恢复到常态，任何一个与 C 接触均不会产生电火花。

富兰克林在这样的实验中，用电火花的强度刻画电量的大小。非常形象地说明了电火花在不同物体间的传递过程，并描述了普通股与带电体间的关系。富兰克林还特别进行规定：电火量超过普通股的物体带正电，电火量少于普通股的物体带负电[①]。关于正电、负电的概念，目前一直是电学理论中的基本概念。富兰克林的电学实验为现代电学理论奠定了基础。富兰克林将自己的研究与迪费的研究联系在一起，规定"正电"相当于迪费的"玻璃电"，"负电"相当于迪费的"树脂电"。富兰克林通过研究认为，莱顿瓶的内部带正电，而莱顿瓶的外表则带负电。进一步指出，当一个物体带正电时，就会排斥带正电的物体，但会吸引带负电的物体；相反，当一个物体带负电时，就会排斥带负电的物体，但会吸引带正电的物体。

故事与案例 5.2：闪电与电火花同质——风筝实验和避雷针的发明

自从摩擦起电产生电火花的实验获得成功后，人们发现电火花与闪电有很多相似之处，便有"电火花与闪电同属一种现象"的假设，认为闪电是自然界中的一种大规模放电现象。为此，富兰克林设计了"岗亭实验"：在房屋的尖顶上设置一个类似岗亭的装置，岗亭可以容纳一个人和一个干燥的电架子，架子中间升起一根 30 英尺高的顶端很尖的铁杆，人站在电架子上，当云经过时，电就会通过铁杆引向此人，人就会有触电的感觉。但富兰克林的设想并未引起英国皇家学会的重视。没有想到的是，这个设想居然在法国引起轰动。法国人当时在距离巴黎 80 千米的一个花园里竖立起一根高 40 英尺有尖端的铁杆，铁杆的底端在一个岗亭内，用丝带绑在干燥的长木桩上以便绝缘。在雷雨天的时候，这个装置成功地用黄铜导线使莱顿瓶充电了。随后

---

① 蔡斌. 富兰克林："美国第一人"［J］. 供用电，2014（8）：74－76.

法国人又将杆子进一步加长到 99 英尺，实验同样获得了圆满成功。富兰克林的设想通过这样的实验进一步得到了证实。富兰克林得知法国人实验获得成功的消息后非常高兴，但他仍然觉得铁杆不够高，不能有足够的理由证明铁杆上的电来自闪电。经过反复思考后，富兰克林想到了用风筝将闪电引来做实验。

富兰克林用丝帕做成风筝，在风筝上安装上有尖端的导线。放风筝的线是普通的线。线的底端系上一条丝带和一把钥匙：丝带是为了保证绝缘；钥匙是为了将闪电引下来。放风筝时用手握紧丝带，并带上了自制的莱顿瓶。暴雨来临时，富兰克林将风筝升到天空中，闪电经过时，他发现风筝线上的小纤维都伸张开了。他用指关节靠近钥匙，立刻出现了火花，他在钥匙端给莱顿瓶充电，并用普通方法让莱顿瓶放电，发现闪电与普通电没有什么差别。富兰克林的风筝实验[①]，揭开了闪电的神秘面纱，使人在认识自然力方面又前进了一步。富兰克林在进一步研究中发现了"尖端放电"的重要性：他使小炮弹带电，用一根丝线吊起一个干燥的小木块靠近小炮弹，小木块被小炮弹吸引并接触后被排斥到一定距离之外。在用一根针接近炮弹时，小木块又落回炮弹上。富兰克林据此推断，是金属针将炮弹中的电火取走了。富兰克林在黑暗中做同样的实验时，发现金属针的顶端存在放电的电火花。富兰克林据此发明了避雷针，在保护高大建筑物以及船只的安全方面发挥了重大作用。

故事与案例 5.3：园子岔乡光伏电站——中国第一座光伏电站

中国第一座光伏电站位于甘肃省榆中县的园子岔乡。这个电站建于 1983 年，园子岔乡是当时国内最穷的乡村之一，为了改变村民的生产方式和提升人民的生活质量，首先就需要解决村民的用电问题。这座电站由日本京瓷公

---

① 贾焕玉. 雷暴闪电与宇宙线 [J]. 现代物理知识，2022，34（2）：11 – 16.

司捐赠的太阳能单晶电池板建成。总装机容量为 10 千瓦。该电站属于孤立电源电站，建设该电站的目的在于解决当地居民用电，发电量无法确切统计，但解决了该村 36 户居民的用电问题，使远离电网的居民也能够得到电力之光。当时每户村民安装了两盏日光灯。村民从此告别了靠豆油灯、煤油灯照明的历史。电站虽然装机容量较小，但解决了居民的基本生活问题。这座光伏电站为我国后来大规模发展光伏电站提供了宝贵经验。目前我国的光伏电站已经呈现大发展局面。截至 2023 年，我国的光伏发电总装机容量达到了5.21 亿千瓦。光伏电站一般都分布在光照足、风沙大的区域，这种气候条件对光伏发电设备的使用寿命也提出了严峻挑战。园子岔乡光伏电站从建电站到目前已经过去了 40 多个春秋，电站依然正常服役，已经远远超出了 25 年的预期年限，如今这座光伏电站产出的电能也已经并网。园子岔村的光伏电站也成为我国光伏事业发展历史上的"活化石"。在这里可以找到光伏发电的最老部件，单晶硅电池板虽然已经发黄，但仍然在正常工作，单凭这一点就能说明，单晶硅电池板的使用寿命并不限于 30 年。电池板的使用寿命直接涉及光伏发电的社会效益，电池板的使用寿命和光伏发电的运营支出是计算光伏发电盈利能力的重要依据。园子岔乡光伏发电站的服役期为光伏板的使用寿命提供了可以超过 40 年的有力的实践依据。

故事与案例5.4：深圳市垃圾焚烧厂——我国第一座垃圾焚烧发电站

垃圾电站是利用燃烧城市垃圾释放的热能发电的火电厂，这是充分利用生物质能的一种方式。垃圾电站与常规火电站的工作原理基本相同。但相对于常规火电站而言，其特殊性表现在四个方面：其一是垃圾电站需要设置密闭的垃圾堆料仓以防止污染环境；其二是设置燃料油供给系统以解决垃圾不易点燃的问题；其三是设置严格的废气净化系统以防止造成二次污染；其四是设置特殊的废水处理系统以解决废料间的冲洗废水。随着社会经济发展和人民生活水平提升，垃圾的体量越来越大，合理处理垃圾就成为迫切且重要的问题。垃圾在处理过程中需要坚持资源化、无害化和减量化原则。垃圾发电符合这三项要求。垃圾焚烧因大大减少垃圾填埋而节约土地资源，同时也在最大限度上减少因垃圾填埋而造成的地下水污染和土壤污染，以及对垃圾填埋场周边环境的污染。目前，垃圾处理与资源化利用在发达国家已经成为成熟产业，垃圾发电技术方兴未艾，这些国家强制垃圾焚烧发电产生的电力上网，并由政府给予电价补贴。我国的垃圾发电事业正在快速发展，第一座垃圾发电站位于深圳市市政环卫综合处理厂。该电站占地约 54.3 万平方米，总投资 40 亿元左右，日处理垃圾量达 5000 吨，年处理量为深圳市 2000 万居民年垃圾总量的 1/3，年发电量约 110116.5 万千瓦时[1]。该发电厂从 1985 年开始建设，于 1988 年开始投入使用。该电厂的建设初衷是处理深圳市快速增长的城市生活垃圾。随着垃圾产出体量不断增大，传统的填埋方式已经无法满足环保要求和节约土地资源的要求。通过垃圾焚烧发电就成为理想选择。该电厂由广东省电力设计研究院设计，标志着我国的垃圾发电事业正式起步。到目前为止，我国垃圾焚烧电厂的数量接近 1000 家，日处置能力达 103.5 万吨[2]。这标志着我国在垃圾处理和资源回收利用方面已经取得长足进步。从第一座垃圾焚烧发电厂建成投运到目前，我国的垃圾焚烧发电技术经历了从引进、消化到自主创新的过程。在垃圾焚烧技术方面，炉排炉技术[3]已经成为主流，在垃圾焚烧发电厂中的占比已经达到 80%。垃圾焚烧发电为解决城市垃圾问题提供了解决思路和宝贵经验。

---

① 中国深圳的超级工程，日处理垃圾 5000 吨［EB/OL］. (2024 – 10 – 07)［2025 – 02 – 15］. https：//www. kepuchina. cn/article/articleinfo？business_type = 100&classify = 0&ar_id = 531534.

② 35 亿吨、20 亿吨！"变废为宝"添价值 我国生物质能利用多元化发展［EB/OL］. (2024 – 06 – 18)［2025 – 02 – 15］. https：//baijiahao. baidu. com/s？id = 1802185008816004967&wfr = spider&for = pc.

③ 炉排炉是一种垃圾焚烧技术。炉排炉技术与流化床技术是垃圾焚烧技术中的两种常用技术。两种技术相比较，炉排炉适用范围更广；流化床技术在使用过程中需配合高热值燃料，因而成本较高。

第 6 章

电网产业的创新性发展与智能电网建设

电网是连接电力生产和消费的枢纽，是经济发展和社会进步的重要保障。改革开放 40 多年来，我国电网建设取得了显著成就。在电网规模、资源配置能力、供电安全、技术创新等方面不断刷新纪录，有效支撑了人民对美好生活向往的追求。为适应绿色低碳转型经济的发展趋势和满足能源互联网发展的需要，我国在电网建设层面已经开启建设更加清洁、智能的电力系统的新征程，为推进能源生产和消费革命，构建起低碳、清洁、安全、高效的能源体系进行规划和作出贡献。

6.1 新发展理念与电力产业的创新发展

党的二十大报告指出，以新发展理念推动中国式现代化。新时代在实现中华民族伟大复兴新征程中，坚决贯彻新发展理念、推进高质量发展和构建新发展格局。高质量发展是全面建设社会主义现代化国家的首要任务。发展是党执政兴国的第一要务。没有坚实的物质技术基础，就不可能全面建成社会主义现代化强国。党的十八大以来，深入推进全面贯彻创新、协调、绿色、开放、共享的新发展理念，取得了马克思主义中国化的新的理论成果，实现了马克思主义中国化的新的历史性飞跃。实践没有止境，理论创新也没有止境。不断谱写马克思主义中国化时代化新篇章，是当代中国共产党人的庄严历史责任。继续推进实践基础上的理论创新，首先要把握好习近平新时代中国特色社会主义思想的世界观和方法论，坚持好、运用好贯穿其中的立场观点方法。人民的创造性实践是理论创新的不竭源泉。一切脱离人民的理论都是苍白无力的，一切不为人民造福的理论都是没有生命力的。我们要站稳人民立场、把握人民愿望、尊重人民创造、集中人民智慧，形成为人民所喜爱、所认同、所拥有的理论，使之成为指导人民认识世界和改造世界的强大思想武器。马克思主义哲学是党的看家本事，贯彻新发展理念、构建新发展格局、推动高质量发展，要善于通过历史看现实、透过现象看本质，要不断提高战略思维、历史思维、辩证思维、创新思维。只有通过创新才能实现人无我有、人有我优，解决在关键技术领域的"卡脖子"问题。新发展理念需要通过创造性实践，将思想的力量转化为实践的力量。

电力产业的发展必须贯彻新发展理念，推进电力系统的现代化建设和构建电力事业的新发展格局。电力产业从此前的独立电源供电到联网电源供电，从小规模电网供电到区域电网供电，再到大区联网供电，电力供应的稳定性越来越强。通过削峰填谷和错峰消费的方式实现电力设备的资源高效配置。智能电网成为解决电力的生产与消费关系方面诸多矛盾的重要举措。智能电网也被称为电网2.0，这是建立在集成的、高速双向通信网络基础上的，通过先进的传感技术和测量技术及先进控制方法，实现电网的可靠性、安全性、经济性和高效性目标的智能电力网络系统。智能电网能够满足用户的用电需求和保障电能质量，并容许各种不同发电形式的介入，从而提升电力资产的高效运行。智能电网技术主要集中表现在四个方面，即高级量测体系、高级配电运行、高级输电运行、高级资产管理。高级量测体系的作用是在电力系统和电力负荷之间建立起联系；高级配电运行的作用是在线实施决策指挥从而能够避免大面积连锁故障的发生；高级输电运行的作用是降低大规模停运的风险；高级资产管理的作用是通过在电力系统运行中安装大量保障设备健康运行的高级传感器来实现电网智能化的目标，并通过仿真集成改进电网的运行和效率。即发即用仍然是电能的显著特征，在电能的生产与消费之间实现平衡，保证不浪费资源，实现电力设备高效运转。

智能电网是电网技术发展的必然趋势，随着通信技术和自动化技术在电网中得到广泛应用，电网的智能化水平得到提升。传感器技术以及信息技术在电网中的应用，为电力系统分析和决策提供了技术支持，使电网进行自我调整成为可能，也为可再生能源和分布式电源的开发利用提供了坚实的技术保障。各种技术广泛应用以及各种创新产品与物理电网高度集成，使得建设智能电网的前进速度进一步得到提升。随着清洁电能广泛开发，发电端与负荷端在空间布局上的不对称问题，以及电能生产与消费在时间上的异步问题的解决，都要求电网必须提升灵活性和兼容性。另外，面对自然灾害和各种干扰因素，电网也必须通过丰富其智能化手段，提高电力系统的安全防御能力和自愈能力，这样的发展要求必然使得电力流、信息流不断走向融合。为了满足人民日益增长的美好生活需要，电网智能化成为电力系统的发展方向。

创新是一个民族不断发展的重要前提。电力事业发展突飞猛进，才能让电能产品的消费者具有更多的选择。电力事业的发展历程就是电力在发展中不断产生矛盾从而否定自身并通过解决矛盾不断确证自身的过程。在这个发展过程中，电力人对电力产业的认识不断深入并不断修正自身的传统认知。人们日常生活中会面临很多不方便，克服这些不方便就需要通过创新性的思维方式创造出创新性的产品。自从熊彼特提出创新理论以来，创新理论、创新实践、创新成果不断涌现。智能电网是在创新理论指引下取得创新实践突破的典型范例。在用智慧创造智慧的循环逻辑中，不断实现创新理论与创新实践的扩大再生产，使智能电网的实践成果转变成为人们生活中的实惠。

6.2　电网建设发展历程

从改革开放近 50 年的电网发展历程看，我国的电网建设经历了从建成全国六大区域电网到实现全国联网再到户户通电和建设智能电网等阶段。改革开放之初，我国电力发展规模远远低于世界平均水平。从 20 世纪 90 年代初到 21 世纪初，我国的电力事业开始快速发展，电网建设也不断完善。改革开放后通过开启电力投资体制改革极大激发了电力建设的活力，银行贷款、集资办电、引进外资等多种投资渠道在夯实办电的资金基础的同时极大地推进了电力工程建设的进度，与此同时在电力空间布局方面也推出了重大举措，"西电东送"提到议事日程。这时期全国开始形成六大区域电网，电网规模开始不断扩大。在国家不断推出支持电力事业发展的重大举措前提下，电网密度不断提高，电网不断完善，局域电网连成大区电网，省域电网实现互联、大区电网联网为全国电网，西北和西南地区也先后加入国家电网，电网从平原地区扩展到雪域高原，同时新能源的电能产出也不断加入国家电网，电能产出规模不断扩大。电网正在电能的国际贸易中展现中国力量。

在积极推进"水电与火电并举"的方针指导下，大型水电站如葛洲坝电站和一批大型坑口电站陆续兴建。国家的电能产出能力不断提升。为了保证大型电厂的电力输出，迫切需要采用高等级的电压进行电力联网。早在 20 世纪 80 年代初，我国第一条超高压输电线路即"河南平顶山—湖北武昌"变电工程（以下简称平武线）投产并启用，提升了豫鄂两省的联网水平，增强了华中电网的输电能力，实现了豫鄂两省间电能与距离跨空间调剂余缺从单纯理论论证到实际应用的转变，我国的电网输电开启了高压电网时代，为平衡不同地域的电力资源奠定了技术基础和实践基础。跨区域的电力消费从理想变为现实。随后又建成了"葛洲坝—武昌"和"葛洲坝—双河"两回线路。跨区域远程输电网络实现了从"单回"向"两回"的跨越，电能的跨区域传输能力得到提高，电网密度逐渐提高，电能传输距离不断延长。20 世纪 80 年代末，我国已经形成了六个跨省电网，即东北、华北、华东、华中、陕甘青宁、华南电网，与此同时形成了山东、福建、贵州、云南、四川等五个独立省网和乌鲁木齐、拉萨两个规模较小的电网。为了进一步提升电网建设水平，迫切任务就是将局域电网联通为大区电网。因为这些电网只有联通，才能进一步提升电能利用水平，在优化电力空间布局的基础上，超越省域而在大区范围内乃至全国范围内抽盈补欠、调剂余缺。早在 21 世纪初，我国电网已经形成东北、华北、华中、华东、西北和南方六大区域电网。在各大区电网逐渐成熟的基础上，跨区联网和输电线路的建设被提上议事日程。

在实施"西电东送"发展战略过程中，电能输送的三大通道逐渐完善。"西电东送"是国家为实施西部大开发战略而作出的重大决策。"西电东送"的三大通道是南通道、中通道和北通道。每个通道都有其专属职能，主要任务是将西部地区的电能输往华北、华东、华南等用电负荷集中分布区域。"南通道"是指开发西南地区的水电和云南、贵州的火电，向广东送电，满足广东地区电能需求；"中通道"是指将输电网络从三峡电力向西延伸到长江上游地区，实现川渝和华中地区共同向华东、广东送电，满足华东和华南地区对电能的需求；"北通道"是指在山西北部、内蒙古西部向京津唐地区送电的基础上，逐步实现黄河上游水电和"三西"地区①的火电向华北、山东送电，满足华北等地区对电能的需要。早在 21 世纪初的两年内，以"上网分开、竞价上网、打破垄断、引入竞争"为主要内容的电力体制改革，让电网建设步入了以建立竞争机制为主导思路的发展快车道。在如上电网不断完善的基础上，电网涵盖的区域不断拓展。随后以青藏直流联网工程投入运行为标志，实现了全国除台湾地区以外的全国联网，全国电网的建成，进一步提升了电力的远距离传输能力，传统能源和新能源得以优势互补，电能结构呈现新格局，形成了"西电东送"和"北电南供"的电力配置格局，电能生产与电能消费在空间上实现平衡，电能在全国范围内"抽丰补欠"的能力大幅提升，尤其为电能结构优化创造了条件，也为将更多的孤立电源接入电网创造了条件。电网结构得到了完善，电网资源配置能力不足和"卡脖子"问题得到缓解，电网的安全性、可靠性不断提升。

与此同时，特高压工程建设全面启动，这是降低输电线损和提升电能使用效率的重大举措，特高压输电技术虽然不能创造能源，但电力传输效率提升本身就具有"创造能源"的意义，特高压输电技术将我国电网的交直流电压等级分别提高到了 1000 千伏和 ±800 千伏，使中国成为拥有全球最高输电电压等级的国家，资源配置能力大幅提升，远距离跨大区域优化电能的空间配置成为可能。在电网建设日渐完善的同时，配电网受到重视，智能电网开始兴起，电网 2.0 进一步提升了电能配置效率。配电网是国民经济和社会发展的重要公共基础设施，其发展水平直接关系到电能传输质量。单纯提升发电端和输电端的质量并且在售电端引入竞争机制，而配电端在质量不能得到相应提升的情况下，再多的电能也不能安全、稳定地送到用户的"开关"处，电能的实际供给能力不能转化为用电负荷的实际消费能力。配电网质量的提升，使得城乡电力系统一体化程度也会得到完善。但是长时期内城乡配

---

① 西部地区煤电同步建设中的"三西"是山西、陕西、内蒙古西部。

电网没有得到足够重视，致使配电网基础薄弱、线路老化、供电能力差，"卡脖子、超负荷、烧设备"等问题普遍存在，无法正常满足人民日常用电需求。诸多问题需要在建设智能电网和提升智能电网的发展水平中得到解决。

6.3　智能电网快速铺开

在电力产业快速发展和人民对电业提出更高要求的前提下，智能电网[①]开始起步并快速发展。智能电网具有高度信息化、自动化、高效化、互动化特征，可基于智能化的电力管理系统使得电网能够更好地实现安全、可靠、经济、高效运行目标，解决因人工调配电力资源而存在的智力瓶颈和体力限制问题，在调峰调荷方面具有显著优势。智能电网适应各类集中式、分布式清洁能源大规模接入和大范围配置要求，满足各类用户多样化、智能化的用电需求，因而能在供电端和用电端基于实时交互而实现电能高效配置。智能电网进一步提升了电力传输的安全性，并大幅提升了电能使用效率。智能电网由于智能化配置电力资源，在一定程度上解决了因"即发即用"而造成的电能供需不对称情况下出现的电能浪费，从而能够更好地实现高效利用电能、充分利用电能和有效节约电能的目标。党的十八大以来，在"四革命 + 一合作"的重要战略思想指导下，我国在能源结构转型和电网完善方面进入了发展快车道。电网密度不断提高，线路回路长度快速增长，电能损耗率不断下降，电力输送和配置能力明显提升，电网建设快速向智能化方向发展。电力生产和电力消费在空间布局上进一步平衡。为适应大规模跨区输电和新能源发电并网的要求，我国进一步加快现代电网体系建设，进一步扩大"西电东送"的规模，继续发展区域性主干电网，使国家电网更加完善和高效，发展

---

　　① 智能电网是在传统电力系统基础上，通过集成新能源、新材料、新设备和先进传感技术、信息技术、控制技术、储能技术等形成的新一代电力系统。

特高压等大容量、高效率、远距离先进输送技术，使电力资源的空间布局更加合理，跨时空调配电力资源的力量更强，依托信息、控制和储能等先进技术，不断更新智能电网建设版本，使电网传输能力达到新水平。

在这种发展背景下，远距离大容量特高压输电得到大规模发展。党的十九大以来，创新、协调、绿色、开放、共享的新发展理念提出，生态文明建设摆在突出位置，为进一步实现"西电东送""水火共济""北电南送"创造了更大的发展空间，电力发展与环境保护之间的友好对话质量提高，电力企业与用电消费主体之间的对话质量提高。随着一系列清洁能源发展政策出台，大容量远距离特高压输电也进入了发展的快车道，为解决区域性的生态环境问题提供了技术前提。这段时间内，中东部地区雾霾频发暴露出环境容量已经达到极限，优化电能产出结构的战略地位进一步提升，特高压输电通道成为解决中东部雾霾问题的重要途径。早在 2017 年底全国已经开始投运"八交十三直"特高压工程①，进一步提高了电网跨区能源资源优化配置能力。党的十八大以后，电力结构得到持续优化，我国新能源获得迅猛发展，水电、风电、太阳能发电装机容量稳居世界第一位，地热能、潮汐能等其他替代能源也在快速推进。新能源迅速发展，能源总量在一定程度上的供大于求也带来了能源消纳难题，接踵而来的是"三弃"问题②也变得非常严重。"三弃"问题说到底是比较收益问题和机会成本问题，需要通过进一步理顺电力管理体制解决，"三弃"是不能"弃"的电能。缓解"三弃"矛盾就成为加强电

---

① "八交十三直"特高压工程是指八条交流特高压输电线路和十三条直流特高压输电线路。这种电网发展格局进一步提升了我国的电网密度，提升了我国电网的覆盖范围和电力传输能力。其中特高压交流输电工程即"八交"主要包括：皖电东送淮南至上海特高压交流输电示范工程；山西长治—河南南阳—湖北荆门特高压交流试验示范工程；"南阳开关站—荆门特高压开关站"特高压交流试验示范工程扩建工程；东北华北联网高岭背靠背换流站；西北 750 千伏电网完善工程；川渝断面加强工程；华中电网 500 千伏加强工程；山东电网 500 千伏联络线工程。"十三直"中已经建成的项目包括：向家坝至上海 ±800 千伏特高压直流输电示范工程；锦屏至苏南 ±800 千伏特高压直流输电工程；楚雄至广州 ±800 千伏特高压直流输电工程；普洱至广东 ±800 千伏特高压直流输电工程；海南联网工程。

② "三弃"问题即弃光、弃风、弃水。

网建设的重要任务。与此同时，我国进一步加快了新能源并网工程建设和跨区跨省输电通道建设的进程。南方电网清洁能源的送电比例明显提升，极大地提高了清洁能源的消纳能力。

针对新能源出力不稳的特性，发展电能智能传输也在很大程度上提升了电力系统在调峰、调荷等方面的平衡协调能力，同时国家也在采取多种措施降低电力消费波谷造成的电能浪费，采取的主要措施为：其一是加快抽水蓄能电站的建设步伐，抽水蓄能电站能将用电低谷时段富余的电能以水的势能的形式储存下来，需要时再将水的势能转化为电能，这是保存电能的技术创新，也是权宜之计；其二是大力发展微电网充分利用可开发资源，微电网既可接入配电网运行，也可以作为独立电网运行，有助于可再生能源就地消纳，成为联网电力的有益补充；其三是通过技术创新提升电力系统的接纳能力，多措并举最大限度地提升了电能的使用效率。除了以上论及的诸方面外，配电网和农网也加快了向智能电网前进的步伐，电力用户在电力科技发展中体会到更加充分的获得感。党的十八大以后，电网投资已逐步转向配电网建设，城市配电网、农村电网、智能电网建设突飞猛进，电能传输能力和效率都有大幅提升，城乡一体化的电网建设水平提升到了新的高度。这时期国家电网公司和南方电网公司在共同致力打造"世界一流配电网"目标的努力下，我国电力事业上升到新的发展平台，进一步推进了配电网的现代化进程。在农村电网建设方面，我国早在2016年就开启了第三轮农网改造升级工程，确保"井井通电"①、中心村电网改造升级、村村通工程顺利完成，为提升农业生产力水平提供前提，也为农业尽早进入电气化时代铺平了道路。乡村智能电网建成是我国电力发展水平的直接体现，让广大乡村地区共享电力发展的普惠之光。智能电网建设迈出了新步伐，并向"安全可靠、开放兼容、双向互动、高效经济、清洁环保、联通万家、持续发展"的发展目标进发。随着电网事业不断进步，以

---

① "井井通电"是指通过新建和改造农村配电网设施为农田里每一个灌溉机井都通上380V的电源。

线损率低、供电可靠性高为主要特征的电网安全经济技术指标逐渐完善，电网的智能化水平也同步得到提升，智能电网的覆盖面不断扩大，我国电网的安全性、可靠性和经济性会进一步得到大幅提升，电网实现跨越式发展。

6.4 电网建设发展展望

进入 21 世纪，全球性的生态环境问题摆在人们面前，以传统能源为主的能源结构向以新能源为主的能源结构转型，成为人类思考的战略性问题。能源消费规模在不断扩大，能源消费结构在发生变化，能源越来越变为缺乏需求弹性的商品。电动汽车和电动自行车的充分发展开启了能源消费终端以电能替代燃油的现代化进程。在未来的能源消费结构中，以新能源为主的能源消费方式和以用电为主的能源消费方式，将成为推动电力消费结构变化的重要动力。各种情况表明，"电"必须能保证供应，"电力"必须足够强大，"电力人"必须足够智慧和努力。"电力科研"要帮助人类看见远方，前瞻性地预见电力发展瓶颈并具有突破该瓶颈的能力。但是在能源的大家族中，新能源中的风能、太阳能等具有间歇性和波动性的弱点，这些弱点也成为其不能与传统能源匹敌的瓶颈。电力的消费需要以稳定性和持续性为前提，这些新能源的分布式电源、微电网电源以及独立电源的存在成为建设一体化电网的重大挑战。前文论及，我国的能源资源的空间布局与电力终端需求的空间布局存在不对称，绝大部分水电、风电、太阳能发电资源集中在西部和北部地区，西部和北部地区的可再生能源的巨大电能需要通过现代化技术手段进行大规模开发，"西电东送""北电南送"超高压输电线路的规模就需要持续扩大，否则输配电能力就成为电力发展的重大瓶颈，这对在短时间内扩展电网大规模配置资源的能力提出了严峻挑战。

智能电网在一定程度上能够解决上述问题。智能电网使电力系统实现发电、供电和用电的平衡是通过常规电源的负荷得以动态变化而进行的，这是基于大数据技术实时收集信息和实时调配电能从而使电能在供需双方实现平衡的智能系统，智能电网扮演着"高智商的电能搬运工"的角色，力争使电力系统中的所有电都有人用，所有有用电需求的人都有电可用，在电力系统内不存在电能供给缺口，也不存在电能的需求缺口，但这是一种最理想的状态。智能电网只能在一定程度上解决问题，不能解决全部问题。因风电、太阳能发电具有间歇性、波动性和随机性的弱点，与电力负荷需要稳定电源的需求相左，这不但削弱了电源侧的动态调节能力，也加重了常规电源的调节负担。前文论及，我国的电源结构中以煤电为主，煤电的调节能力和调节速度不能满足新能源大规模并网的要求。智能电网调节能力的提升需要借助电力系统中的电子元件完成，但智能电网下的电力系统因复杂程度提升而对电网的灵活控制能力提出挑战。电子元器件的坚强程度以及电网的完善程度决定了智能电网的智能化水平。智能电网是电力事业前进的方向，但是能源转型对电网的功能作用以及运行方式等都具有挑战性，这种挑战也将进一步助力电网技术的进步和升级换代。从经济学意义上讲，没有任何一种动力比"需求"来得更加强大，"需求"为电力发展规定了方向，也为电力发展水平的提升规定了标准。未来的电网在功能上会向能源互联网方向演进，具有广泛互联、智能互动、安全可靠、灵活柔性和开放共享等方面的特征。人们通过智能电网会享受更高水平和更加优惠的电力供应，在电力工业充分发展背景下，在解决电能供应瓶颈以后，人们用电的电价实行的将会是"梯级累退制"而非目前的"梯级累进制"，这也成为人们实现美好生活向往的重要参数。

构建面向未来的智能电网，技术创新是关键，实现创新性发展和创造性改变，需要从诸多方面实现重点突破，但其中最重要的是要有坚强的网络结构做支撑，这就需要在电力系统中连接电网系统的各个配件进行技术创新。因此，建设坚强智能电网与电力研发水平的提升密切关联。坚强的网络结构是电网进一步发展的基础，这不仅能够进一步平衡电力资源的空间布局，也在很大程度上提升了电能传输效率和电网的安全性。从世界范围看，加强电网互联互通从而扩大电力交易规模以降低系统的边际成本，是电力工业的发展趋势，也是推动能源结构向以清洁型能源为主导的能源结构转型的战略举措，国际社会都在向这个目标前进。坚强智能电网就意味着"节约"和"创造"。在这方面，具有完善的电网结构的欧洲电网为我国电网的发展未来提供了丰富经验，我国在进一步优化电网结构过程中要进行技术创新和管理创新，更要向国际同行学习，充分借鉴国际同行的高水平成果提升发展平台，只有站在高处谋发展才能看得更远，并且能够站在可以看见的未来定位现在。目前，全欧已经建成统一的同步电网，新能源可以在欧洲各国之间实现消纳，稀缺的电能资源在最大限度上做到了不被浪费。为了适应风电和太阳能大规模发展的需要，欧洲已经规划在现有基础上再扩容一倍的发展目标，这也使我国看到了大力发展风电和发展太阳能发电的潜力。我国在电能结构调整过程中也需要进一步加强电网互联，尽快提升电网的智能化发展水平，其间要尽快解决大直流带来的潮流①汇集与疏散安全等问题。

电的故事与案例

故事与案例 6.1：库仑定律——电荷间的作用力与其间距离的平方成反比

库仑是法国科学家，在电和磁方面的成果非常丰富。库仑在一篇题目为

---

① 电力系统在电源电势激励下，电流从电源通过电力系统各元件流入负荷，分布于电力网各处，称为电网潮流。电从产生到被负荷消耗过程中产生的线损、流过输配电线以及各节点的电压等都需要基于计算提高电力系统运行效率，这种计算就叫潮流计算。

《论电和磁》的论文中介绍了测量电荷之间相互作用关系的实验装置，库仑将这种装置叫作扭秤，并在这个实验装置下得出了重要的研究结论，即两个同号电荷之间的排斥力与它们之间距离的平方成反比。在随后的实验中进一步得出结论：两个异号电荷之间的吸引力与它们之间距离的平方成反比。在有关电荷分布问题的研究中指出，导体上的电荷只分布在导体的表面，而不分布于导体的内部。库仑在有关磁的研究方面取得了重要成果：电能传导而磁不能传导；磁流体和电流体是两个完全不同的实体。库仑根据磁体分成的每个小块含有 N 和 S 两极的现象提出磁分子假说，并指出每个分子具有 N、S两极。库仑发表论文认为，磁极之间的作用力也是与距离的平方成反比的。库仑指出，两个带电球，以及两个电分子之间的电的作用，不论是斥力还是引力，均与带电分子的密度之积成正比，与距离的平方成反比[①]，用现在的公式表示就是 $F_{Q1Q2} = K \cdot Q_1 Q_2 / R^2$。

故事与案例 6.2："西电东送"三大通道——北通道、中通道和南通道

我国的煤炭资源和水能资源的空间布局与能源消费地的空间布局存在不对称问题。煤炭资源主要集中分布在西部和北部地区，水能资源主要集中分布在西南地区。东部地区的一次能源相对匮乏，但电荷却相对集中。能源资源与电力负荷不对称的格局决定了西电东送的必要性。"西电东送"，简单来说就是把西部地区的煤炭资源和水能资源转化成为电力资源，并将电能输送到电力紧缺的东部地区。根据"西电东送"的要求，国家建设了一大批水电工程，这包括贵州洪家渡水电站、引子渡水电站、乌江渡水电站、纳雍火电站、黔北火电站、安顺二期火电站、广西龙滩水电站、云南小湾水电站、开

---

① 王悦兴. 库仑定律和高斯定律 [J]. 黑龙江大学自然科学学报，1985（3）：59－64.

远发电站、曲靖火电站和滇东火电站等。"西电东送"成为西部大开发过程中的标志性工程，在建设过程中形成了北、中、南三大通道：北部通道是由内蒙古和陕西向湖北电网输电，具体而言就是将黄河上游的水电和晋蒙地区的坑口电厂的电能输送到京津唐地区；中部通道是由川渝向华中和华东地区输电，具体而言就是将三峡和金沙江干支流的水电送往华中和华东地区；南部通道就是由云贵桂等地区向华南输电，具体而言就是将贵州乌江、云南澜沧江的水电，以及桂云黔交界处的南盘江、北盘江、红水河的水电和云贵等地的坑口火电厂的电能输送到广东省。

"三大通道"分别在"西北地区—湖北地区""西南地区—华东地区""西南地区—华南地区"间建立起了通道，将富能地区与欠能地区连接在一起，通过远距离输电网实现了从西向东的能源大转移，使得西部地区的能源得到充分利用，也在很大程度上保障了东部地区的用电需要，这是国家在能源布局方面的重要战略举措，在推进区域经济协调发展方面迈出了一大步。"西电东送"工程已经显示出了巨大的经济效益，但是其间也存在一些需要进一步完善的地方，这包括利益分配问题、交易机制问题和市场监管问题。在利益分配方面，由于处于自然垄断地位的电网企业垄断电能上网权、下网权、调度权以及发电处罚权等，再加上新能源不具价格优势等问题，资源地的能源贡献与能源收益存在不对等问题。只有科学平衡能源输出地与能源输入地之间的利益分配关系，才能加大电能上网积极性，也才能使电能输入地具有更好的电能节约意识。在电能交易机制方面，电网企业垄断了电力统购权、配售权和结算权，这在一定程度上导致电力市场的两端即发电端和消费端的收益受到限制，电能交易机制科学化需要以完善电网管理制度为前提。在电力监管方面，电网也仍然具有对电力市场的排他性的控制力，政府的电力监管职能仍然不够完善，电力规模扩大与电力消费端受益之间存在偏差，资源地从输出资源的实际获益与预期获益之间存在偏差。加强电力监管的制度刚性和在监管客体方面不留白就很关键。

故事与案例6.3：葛洲坝水电站——长江上第一座大型水电站

葛洲坝水电站位于长江三峡的西陵峡的出口，葛洲坝坝址因横穿江心小岛葛洲而得名，是长江上第一座大型水电站，总装机容量为271.5万千瓦[①]。水电站从1970年开工建设到1988年竣工历时18年，其间经历了1972～1974年两年时间的停工。关于葛洲坝工程的研究始于20世纪50年代，工程在推进过程中为了加快建设进度和排除各种因素的干扰而采取了"边勘测、边设计、边施工"的方式。葛洲坝水利枢纽工程是我国水电建设发展历史上的里程碑，具有发电和改善峡江航道质量的双重功能。为我国水电建设积累了丰富的经验，同时也培养和锻炼了一支高素质的水电建设队伍。葛洲坝水电站的建设与20世纪60年代提出的"三线建设"存在联系。根据"三线建设"的"一线二线国防工业、战备工程"优先发展的战略要求，宜昌及鄂西地区、十堰及湖北地区成为三线建设地区，10多家大型企业在宜昌兴建后，湖北全省及邻近省份都陷入了电力严重短缺境地。为了缓解华中地区用电紧张，中央建议修建葛洲坝工程，并于1970年批准了建设葛洲坝工程。大坝建成后，长江水位抬高，长江三峡航道得到改善。葛洲坝水利枢纽建成后，在发电、航运、泄洪和灌溉等方面产生了综合收益。葛洲坝上游的水位抬高了20米，向上游回水100多千米。为了保障大坝建成后顺利通航，葛洲坝水利枢纽建有三座大型船闸。为了不影响库容的使用寿命，必须很好地解决泥沙淤积问题。为此大坝在建设过程中采用防淤堤把引航道与主流分开，形成有利于束水冲沙的人工航道，达到"静水过船、动水冲沙"的技术目标，从而有效解决了泥沙淤积的问题。

---

① 新中国峥嵘岁月、万里长江第一坝 [EB/OL]. (2019－10－03) [2025－02－12]. http://www.xinhuanet.com/politics/2019－10/03/c_1125069841.htm？baike.

故事与案例 6.4：电网 2.0——智能电网是电力发展的必然选择

智能电网也被称为"电网 2.0"，基于集成的高速双向通信网络建立起来，目标在于建设更加可靠、安全、高效、经济和环境友好的电网。智能电网的建设离不开四个支撑，即先进的传感和测量技术的支撑、先进的设备技术的支撑、先进的测量方法的支撑、先进的决策系统的支撑。一般认为，智能电网由很多部分组成：智能变电站、智能配电网、智能电能表、智能交互终端、智能用电楼宇、智能城市用电网、智能发电系统、智能储能系统。智能电网可以使得发电、供电、配电、售电各个环节的调控智能化，保证电能利用效率最大化。因此，智能电网的目标，就是要建立起从电源企业到电力负荷之间的、所有节点间的、实时信息交互的、促进电能高效利用的、信息和电能的双向流动的系统。目前智能电网仍然处于起步发展阶段，智能电网的技术可以划分为四个领域：高级测量系统、高级配电运行、高级输电运行、高级资产管理。智能电网不但要以电网为核心考虑电能的智能发供配售，处理好电源企业间的关系、电源企业与负荷企业之间的关系以及负荷企业之间的关系，而且要使电力资产得到高效利用，使得电网两端与电网之间协同配合，推进电力产业的智能化发展。

与传统电网相比，智能电网在电力流、信息流和业务流等各方面实现高度融合，表现出更大的发展优势：电网更加坚强；基于电网全景信息提升电网及时发现和预见故障的能力；提升电力设备使用效率和降低电能损耗；推动大量分布式电源的灵活运用；基于双向交互模式提升用户的用电质量。为了提升电能使用效率和推动电力事业的持续发展，发展智能电网是必然趋势。发达国家均在智能电网方面加大投入力度。日本计划在 2030 年前使得智能电网普及全国。我国在建设智能电网方面也加快了速度，正在形成以华北、华东、华中特高压同步电网为中心的"五纵六横"[1] 的智能电网主架构。智能电网的建成，可以实现水电、煤电、核电以及可再生能源的跨区域、远距离、大容量、低损耗的高效传输，区域间的电力交换能力将得到大幅提升，电网的安全性得到进一步改善，电力用户与电网间的关系更加协调。提升既有电能的使用效率和提升既有电力资产的运营效率，就相当于提升了电力产能，可以在最大限度上避免因不合理竞争以及电力产能不合理利用造成的"挤出效应"。

---

① "五纵六横"中的"五纵"是指从北向南的五条主要输电通道；"六横"是指从西向东的六条主要输电通道。其中"五纵"即"内蒙古锡林郭勒盟与江苏南京""河北张家口北部与江西南昌""陕西北部与湖南株洲""四川雅安与内蒙古上海庙""云南黄梨与广东湛江"；"六横"即"内蒙古西部与山东潍坊""陕西靖边与江苏连云港""山西中部与江苏徐州""山西长治与河南南阳""湖北荆门与山东临沂""内蒙古呼伦贝尔—辽宁与山东"。

第 7 章

从单一电价到多种形式电价
与电力的法治建设

7.1　全面推进依法治国与《电力法》

　　新时代为中国特色社会主义的发展指明了新
航向、规定了新起点、确定了新目标。法治是治
国理政的基本方式。全面依法治国是中国特色社
会主义的本质要求和重要保障。党的十八大以来，
以习近平同志为核心的党中央创造性地提出了全
面依法治国的一系列新理念、新思想、新战略，
形成了习近平法治思想。"奉法者强则国强，奉
法者弱则国弱"，法治是党矢志不渝的追求。全
面依法治国是国家治理的一场深刻革命，关系党

执政兴国，关系人民幸福安康，关系党和国家长治久安。新中国成立以来，从"五四宪法"到2018年新修订的宪法，从"社会主义法制"到"社会主义法治"，从"有法可依、有法必依、执法必严、违法必究"到"科学立法、严格执法、公正司法、全民守法"，党越来越深刻认识到，法治是治国理政不可或缺的重要手段。法律是治国理政最大最重要的规矩，治理一个国家、一个社会，关键是要立规矩、讲规矩、守规矩。全面依法治国为制度之治提供了最基本最稳定最可靠的保障。

电力法规的完善能够不断推进依法治电、依法建电、依法强电。在"放开两端"的基础上，逐步削弱"中间环节"的垄断程度。这需要科学规范电力行业发展的现在和长远规划电力行业发展的未来。在电力体制改革之前，电价均为国家定价。在电力体制改革后，形成"市场定价＋政府定价"的双轨定价模式，"两头"因较容易引入竞争机制而通过市场形成价格，"中间"因具自然垄断性而由政府监管。但电力定价需要遵循"依规定价"和"依法定价"，在制定电价过程中要充分听取各利益相关部门的意见和建议。

电价是规范电力市场和调动供电主体积极性以及保障电力系统中诸要素有序展开的核心环节。政府在进一步完善电力市场过程中做到有法律依据。电价包括发电企业的上网电价、电网间的互供电价以及电网销售电价等。不同形式电价的制定均需要有科学合理的法律依托。《中华人民共和国电力法》（以下简称《电力法》）就是规范电力系统中诸要素运行方式的依据，电力建设、生产管理、电网管理、电力供应、电价制定、设施维护等方面均在《电力法》中作出了明确规定，其中尤其对电价的形成进行了制度设计，电价是将发电商与消费者连接在一起的纽带，合理的电价既能够调动电力生产的积极性，也能充分维护消费者的利益。《电力法》规定，电价需要按照统一政策、统一定价原则产生，根据《电力法》产生的电价需要基于合理补偿成本原则合理确定收益，激发供电主体的电能产出积极性，实现电力资源配置最优化。

7.2 从单一电价转向多种形式的电价

7.2.1 多种电价形式

电价的经济学意义在于供电主体补偿成本和公平收益，在坚持受益与付费对等原则的基础上尽量克服行业垄断，平衡供电主体与用电主体间的关系。电价改革是建立电力市场的重要一步，我国的电价改革大体经历了三个阶段：其一是由单一电价过渡到多种电价；其二是完善电价形成机制；其三是电价改革深入发展。这期间也是我国市场经济体制逐步完善阶段，冲破了既有的关于计划与市场关系的思维禁锢，开始着手建立有计划的商品经济，并且在20世纪90年代初提出"市场在资源配置过程中起基础性作用"。电价改革的目标是还富于民和吸引社会投资，保障用电需求，从而促进电力事业发展。改革开放初期，由于电力事业发展较慢，电力短缺成为制约国民经济发展的瓶颈。有限的电能在保证工业用电的同时紧缩了居民生活用电。20世纪80年代中期以后在电价的设计上实行指令性电价和指导性电价两种电价形式。指令性电价基于行政命令形成，指导性电价则基于市场机制形成。对集资兴建的电厂实行还本付息电价，这是一种突破传统电力定价的新型电力定价方式，在操作层面区分为还贷前定价和还贷后定价，两种定价原则存在差别，即利用贷款建设的集资电厂或机组在还本付息期间，按照成本、税金和具有还本付息能力的合理利润原则，核定上网电价和销售电价，还贷期后随着成本降低而相应降低电价。电价因此也从"固定不变"变为"动态变化"。这种动态调节电价的方式在保障供电主体获益的同时，充分照顾到了电力消费主体的利益。"还本付息电价"是多种电价政策中的最重要的电价形式，在保证用户电价合理的同时也保障了发电经济主体的合理收益，稳定了电力经济主体的收益预期，从而在很大程度上激发了办电投资的积极性，这种电价对于吸引多方投资进而促进电力发展和缓解电力供求矛盾具有很好的支撑作用。除了前面论及的电价政策外还实行了燃运加价政策。这种定价方式是为了通过加价来对冲因燃煤运输而造成的发电成本增加。除了以上两个方面外就是前文论及的"两分钱"电力建设基金政策。20 世纪末到 21 世纪初的大概十年间国家开始对电价形成机制进行改革，进一步完善电价形成的制度设计。随后出台《电力法》，标志着电价管理被纳入法治化轨道，《电力法》第一次为电价管理提供了法律依据。制度化的电价定价方式使电价更加标准和规范。

7.2.2　电价动态调整

电价的制定依据并非固定不变。20 世纪 90 年代后期，我国的电力供需矛盾开始得到有效缓解，部分地区的装机容量出现富余，于是此前确定的还本付息电价对电力经济主体产生的投资积极性的作用就会弱化。为了鼓励电企降低成本进而进一步扩大电价下行的空间，国家开始将还本付息电价政策调整为经营期电价政策，即按照项目的经济寿命周期定价，将项目的个别成本定价改为按社会平均成本定价[①]。这种电价政策有利于充分激发发电企业降低成本的积极性，也在一定程度上在发电企业之间建立起了竞争机制。电价政策进行调整后，电力经济主体间的竞争程度增强，发电主体的供电积极性也得到激发。降低成本由政府倾斜性政策支持下的经济行为变为电力经济

---

①　商品定价的方式有多种形式，包括边际成本定价、平均成本定价（区分为个别平均成本定价和社会平均成本定价）、成本加成定价。由于计算成本过程中不仅涉及流动资本造成的成本，也包括固定资本造成的成本，而固定资本的成本按照直线折旧法、加速折旧法、双倍余额递减折旧法和年数总和折旧法等计算的折旧进而摊入商品中的成本随年限而存在差别。因此商品定价就成为比较复杂的问题。

主体的自主行为，上网电价平均每千瓦时降低了 5 分钱，呈现对电力事业的长远发展利好发展局面。居民在新的电价制定政策中得到了实惠。国家为了进一步规范电价，在电价形成机制方面出台了多项电价改革措施，这些措施主要包括：清理整顿各级政府在电价外加收的基金和收费，这项政策有利于电价继续调低；推行统一销售电价，这项政策有利于进一步规范电价；推进城乡用电同网同价，切实减轻农民负担，将电力发展的红利释放到乡村。通过给电价"消肿"和"减肥"，使发电企业变得更加"健壮有力"，从根本上讲是节省了社会资源。电价调整不仅激发了发电企业的活力，而且基于价格杠杆调节了电力需求。在电力供应相对富余的情况下，国家出台了促进电力消费的政策，主要是对高耗电企业实行电价优惠政策，这被认为是在电力充裕前提下实行电价累退定价的制度准备。对工业企业新增用电实行电价优惠政策，对"一户一表、抄表到户"的城镇居民生活电价实行超基数优惠政策。居民用电实现了从此前的"拉闸限电"到"鼓励用电"的根本性转变，这也表现了我国电力事业实现了质的飞跃。各种鼓励用电的政策激发了消费者在生活中进行电力消费替代的积极性。国家在下发的《上网电价管理暂行办法》《输配电价管理暂行办法》中，将电价划分为上网电价、输电价格、配电价格和终端销售价格，同时建立起了规范和透明的电价管理制度，发电经济主体的收益得到保障，用电终端的电价也趋于合理，形成了发电企业适度竞争的上网电价机制和有利于促进电网健康发展的输配电价格机制，销售电价与上网电价通过联动进一步激发了竞争性更强的电力市场的建设。

7.2.3 电价精细管理

基于实现"合理电价"目标的电力体制改革的思路是"管住中间、放开两头"。"管住中间"即对具有自然垄断属性的输配电网环节，基于弱化"中间环节"垄断程度目标，加强政府监管、实行政府定价，在保证发电企业合理盈利从而激发发电主体积极性的同时，确保居民用户的用电收益，电力是缺乏弹性的生活必需品，只有通过行政力量进行监管才能在最大限度上保证居民利益；"放开两头"是指在发电侧和售电侧实行市场开放准入，通过引入竞争机制实现"两头"的完全竞争发展态势，使电力消费用户具有了更多的选择权，形成多买多卖的市场格局，"买"和"卖"之间都会形成有效竞争，使市场在资源配置中发挥决定性作用。电价改革实施后取得了显著成效，不但电价改革的顶层设计逐步完善，而且理顺了电价形成机制，从而增强了电力事业的发展活力。在这种局面下，煤电价格联动机制得以形成，同时跨省跨区电力交易价格机制也得以完善，合理的输配电价格产生机制逐步确立。按照"补偿成本＋合理收益"原则，在区分电压等级的基础上核定输配电价，电价的定价原则更加精准化、精细化、科学化。输配电价体系的初步确立，为电力市场建设和扩大电力交易品种与扩大电力市场电量交易规模奠定了基础。同时发电侧和售电侧的基于竞争性市场的电价形成机制也逐渐得到完善，国家出台了需求侧的电价管理政策。这包括：其一是分时电价，大力推行销售侧的峰谷分时电价，鼓励用户在低谷时多消费；其二是尖峰电价，稳步推行尖峰电价，较高的尖峰电价对电力的非刚性需求达到了有效抑制的目标；其三是峰谷电价，在上网侧引入峰谷分时电价，有效推进了调峰和调荷目标；其四是丰枯电价，实行丰枯电价，有效平衡电力丰枯期间的电力负荷；其五是季节电价，推行季节性电价，有效平衡不同季节的用电需求；其六是中断电价，试行可中断电价。多种形式的电价，将电力商品进行分类、分等、切片管理，电力需求侧在峰谷各段具有了更多的选择权，价格机制将不同消费能力和消费愿望的电力用户进行了分化，电力服务更能精准对接目标消费群体，提升了电力资源的利用效率。不同形式的电价政策不仅丰富了电价制度，而且回归了电力本应具备的商品特性，通过竞争机制调控电能生产和供给，使得电力市场不断得到完善。

7.3 基于法治建设规范电力产业发展

7.3.1 电力法制不断完善

我国的电力法治建设大体分为四个阶段：以集资办电和节约用电为目标推进电力法制建设的阶段；《电力法》颁布与以《电力法》的实施为核心进行法制建设的阶段；在推进电力市场建设后围绕电力市场建设和电力监管进行法制建设的阶段；全面推进依法治国背景下的法治建设的阶段。电力法制体系逐步完善过程中电力法制建设的目标也在变化。改革开放初期，电力法制建设的目标是缓解长期以来存在的电力供应不足问题。这时期的电力法制建设主要围绕"集资办电"和"节约用电"进行。国家在 20 世纪 80 年代先后出台了很多管理办法，通过多种举措缓解用电供需矛盾。为了筹集电力建设资金，国家进一步出台了相关法律法规，这包括国务院颁布的《国家能源交通重点建设基金征集办法》，财政部和国家发展改革委以及能源局联合发布的《可再生能源发展基金征收使用管理暂行办法》。为了鼓励办电，国家还出台了发展小水电和小火电的办电政策。电能产出规模迅速扩大。20 世纪80 年代中期国家颁布了《关于发展小火电的暂行规定》。各项法规相继出台，为电力走上制度化、规范化、法治化轨道奠定了基础。

在电源建设方面，1983 年以后出台了诸多相关规定，包括《大中型水利水电工程建设征地补偿和移民安置条例》《关于在基本建设中严格控制用地的通知》等，在电站建设、用地限制、征地补偿、工程监理等方面均有了制度依据。电网建设从而也走上了法治化轨道。在电力设施保护方面，国家先后出台了《电力设施保护条例》《电力设施保护条例实施细则》等法律文件，这些规定不但使得电力保护具有了制度依据，而且对处罚破坏电力设施的行为也具有了制度依据。如上这些方面的规定、办法、条例、细则等都不同程度地在鼓励集资办电、增强电力实施保护以及激发办电积极性等方面产生了作用，为电力法治建设奠定了基础，为电力产业发展解决了资金瓶颈问题，为国家电力事业的持续发展创造了良好开端。第八届全国人大常委会第十七次会议通过了《电力法》，电力发展从而具有了更加规范的法律依据，揭开了电力立法史的新篇章。《电力法》规定了电力事业的基本法律制度，确立了各个法律主体的基本权利和义务，为电力事业持续发展奠定了法律基础。《电力法》以法律形式为解决我国长期缺电问题提供了法律保障，促进了电力产出水平，也为政企分开和深化电力体制改革提供了法律依据。在电力开发、建设、生产、输电、供电、电力调度等各个环节规范了运行秩序，对盗窃电力、破坏电力设施、欠缴电费和触电伤亡等各种问题规定了相关处理处罚制度，同时也对同网同价问题进行了制度设计。

7.3.2 部门规章相继出台

为了实施《电力法》，国家相关部门出台了相关的行政法规和部门规章，使《电力法》更加具有可操作性。这方面的规章主要包括《电力供应与使用条例》《电力设施保护条例》等。随着电力事业快速发展，20 世纪 90 年代初期的缺电问题开始缓解，电力工业的发展目标开始由高速度发展转向高质量发展，注重经济效率和环境保护及关注民生问题，电力工业需要由高速发展转向高质量发展，从注重量的扩张转向注重质的提高。电力法制建设也需要作出相应调整，于是通过法律法规在实施环境保护、新能源发展及在农村实现电气化等方面都作出了新的规定，更多地体现人与自然和谐共生以及电力可持续发展理念。这时期出台的相关法律法规主要集中在电力管理、电力节能、机组结构以及热电联产等方面，相关法律法规进一步对规范电力发展和提升电力发展水平起到了促进作用。除了以上论及的有关电力法律法规方面的建设外，国家还制定了与电力经济相关的规章制度。电力工业初步走上了"有法可依、有法必依、执法必严、违法必究"的法治化轨道。随后国务院在下发《电力体制改革方案》并开始实行"厂网分开、竞价上网、打破垄断、引入竞争"的电力体制改革后，国家开始加强电力市场建设和电力监管的电力法制建设。电力监管从此进入法治化轨道。

随后为了对电力系统全行业进一步规范，成立国家电力监管委员会，支撑规范力的文件包括《供电服务监管办法（试行）》《电力可靠性监督管理办法》等，初步形成了以《电力监管条例》为核心的电力监管法规体系，电力监管制度更加细致和严密。而后又相继出台《可再生能源法》《能源法》等，在新能源发展、权责边界、事故处理措施以及调查程序等方面均作出详细规定，使电力市场主体的经济活动有章可循。这时期除了加强《电力法》的建设，国家也加强了地方电力立法工作。党的十八大提出，法治是治国理政的基本方式，要加快建设社会主义法治国家，全面推进依法治国。建设法治中国，必须坚持依法治国、依法执政和依法行政共同推进。在全面推进依法治国的时代背景下，为了更好地推进电力事业发展，有关电力法律法规在诸多方面需要进一步完善。国家能源局印发了《能源立法规划（2016～2020年）》，确定"五法"即《能源法》《电力法（修订）》《煤炭法（修订）》《石油天然气管道保护法（修订）》《石油天然气法》，以及"四条例"即《核管理条例》《海洋石油天然气管道保护条例》《国家石油储备管理条例》《能源监管条例》等①，在煤炭、石油、天然气的资源利用以及核电开发、海洋资源开发等方面均作出具体规定，如上"五法""四条例"成为电力稳步推进的基本纲领，为电力持续进步提供了法律依据。

---

① 能源局发布 2016 年度法治政府建设工作情况报告 [EB/OL].（2017－05－28）[2025－02－12]. https：//www.gov.cn/xinwen/2017－05/28/content_5197769.htm.

电的故事与案例

故事与案例 7.1：伽伐尼确证生物电——青蛙抽搐与动物电的发现

谁也不会想到，电池的发现与青蛙实验之间存在联系。但"电池的出现来自青蛙实验"的事实是不容否定的。善于进行细心观察的伽伐尼在一次做青蛙的解剖实验时发现了一些新现象①。1780 年的一天，伽伐尼在厨房里将青蛙处理干净后准备做菜。他的妻子津津有味地在一旁怀着欣赏的心情看着，不自觉地拿起一把小刀去拨弄一条已经被杀准备做菜的蛙腿，在刀尖触及青蛙腿外露的神经时，死蛙突然颤抖了两下。妻子惊讶地叫道"青蛙又活了！"伽伐尼赶紧走过来观看，伽伐尼过来观察时注意到其助手正在调试一架起电机，于是怀疑是起电机的电火花使死蛙产生了感应，进而使青蛙出现了颤动现象。于是他吩咐助手继续打火，看看是不是会发生类似现象。但助手在继续打火时，死蛙没有任何反应。伽伐尼受到富兰克林的启示：大气中的电和莱顿瓶中的电相同。于是在雷雨天时用铜钩将蛙腿挂在花园里的铁栅栏上，发现青蛙腿会颤动。但是这种奇怪的现象不仅在雷雨天出现，即使在大晴天时也会出现，伽伐尼对这种现象感到不解。六年后的一天，一艘英国船从南美洲把几条电鳗带到伦敦，电鳗能够放电并由此而攻击人类。有人去触摸电鳗时遭到了电鳗的攻击，大家普遍认为电鳗对人的攻击是一种放电现象。伽伐尼由此联想到青蛙颤动现象的原因在于青蛙体内就储藏着电，电鳗的放电现象给伽伐尼带来了启示。为了证明自己

---

① 单媛媛，郑长龙."蛙腿论战"化学史及其教学价值的探析［J］.化学教育（中英文），2021，42（7）：108－112.

的判断，伽伐尼在一个密闭的房间里做了这样的实验：用铜钩钩住蛙腿放在玻璃板上，再用一根细长的弯铁杆的一端接触铜钩，另一端触碰蛙腿，蛙腿果然颤动了。但是换一根玻璃弯杆再做同样的实验时，青蛙腿则一点也没有动。经过这次实验，伽伐尼进一步确证了关于青蛙体内存在"生物电"的推断。伽伐尼认为，青蛙体内具有生物电，实验中的金属弯杆在起着传导作用。

故事与案例 7.2：伏打电池的出现——伏打重复伽伐尼实验并进行电解水实验

伏打一直对电学感兴趣，为此展开了不懈的电学研究。伏打在研究中发现，用手摩擦丝绸后，丝绸带正电，而用丝绸摩擦玻璃棒后，丝绸带负电。伏打在此研究的基础上发明了"起电盘"。起电盘的结构是这样的：在金属圆盘上装一个由硬橡胶做成的圆板。取一个轻木质圆盘，包上锡箔，并装上一个绝缘手柄。在使用这个装置的时候，通过摩擦橡胶圆板使其带电，而后将包有锡箔纸的木圆盘放在带电的橡胶板上，锡箔短暂接地后，用手握住绝缘手柄拿起木圆盘，这时锡箔纸上就带了电。然后将锡箔纸接触莱顿瓶上的钩子，就能把电储存到莱顿瓶中。不断重复如上步骤就能够给莱顿瓶充满电。伏打通过研究得出结论认为：导体的电荷量为 Q 时，其张力为 T；导体的电容和张力 T 与其到其他导体的距离有关。用公式表示就是 $Q = CT$，伏打这里论及的 T 就是目前的电压 U。正当伏打进行深入研究的时候，伽伐尼发表了其有关青蛙实验的论文，于是伏打开始不断地重复做伽伐尼的实验。研究中发现，用两段不同的金属接起来做成弓形，一端接触活的青蛙的腿，另一端接触青蛙的背部，青蛙就会产生痉挛。

伏打认为，在青蛙实验中，由于金属弓的接触作用所产生的电流刺激了青蛙的神经，才会使青蛙的肌肉产生收缩。伏打研究发现，两种不同的金属接触时会产生电动势，并在反复实验的基础上将金属排成一个序列：铝、锌、锡、镉、铅、锑、汞、铁、铜、银、金、铂、钯等，这就是著名的伏打序列①。当任何两种金属接触时，这个序列中排在前面的金属带正电，排在后面的金属带负电。这个序列就是目前电学理论中的"伏打序"或者叫作"电动势序"。伏打在多年潜心研究的基础上终于发明了伏打电堆或者伏打电池。伏打电堆的出现是电学史上的一次革命，因为电堆能提供持续的电流。该研究成果为人们进而展开一系列的深入研究并产出新的科研成果提供了前提，使得科学研究进入了一个新的时代。根据伏打的研究原理，尼科尔森和卡尔莱于 1800 年 4 月 30 日制造出了第一台伏打电池，他们在重复伏打的实验时，将由电堆接出来的两根导线插入盛水的试管中，结果发现一根导线放出了易燃的气体，另一根则被氧化。经过分析后发现两根导线上析出的分别是氢气和氧气，这就是最早的电解水实验。

故事与案例 7.3：中国最大的煤矸石电厂——内蒙古神华亿利能源有限责任公司

煤矸石电厂的主要燃料是煤矸石，煤矸石是煤炭在开采过程中产生的固体废弃物，因具有一定比例的可燃物质而能够释放出热量，从而具有利用价值。煤矸石的主要成分是煤炭以及岩巷掘进时产生的岩石，相对于优质煤炭而言，煤矸石的灰分较多，从而发热值较低，直接利用的难度较大。煤矸石对于火力发电厂而言具有利用价值，电厂通过洗选和脱硫等技术手段在一定程度上可以提升煤矸石的燃烧效率。我国是以煤电为主要电能来源的国家，在燃煤发电过程中会产生大量煤矸石，建设煤矸石电厂不仅能够充分利用固体废弃物，而且对于减少环境污染也具有重要意义。煤矸石发电的燃料成本

---

① 刘坤. 揭开电学帷幕之人——伏打 [J]. 青苹果，2008（2）：48 – 49.

低，但是在发电过程中会产生较多的污染物，从而对环境影响较大。因此，煤矸石发电一方面因充分利用了固体废弃物而有利于保护环境，但另一方面因排放较多的污染物而造成了更大的环境污染，两方面存在矛盾，解决矛盾的方法就是提升技术水平以便更加充分地利用煤矸石。据研究，我国的煤矸石储量约有 11 亿吨，可以为 60 万千瓦发电机组供给燃料，可以连续发电 30 年以上。[①]

在燃煤发电一直居高不下的情况下，已经积累和继续产生的煤矸石的数量会相当可观。建设煤矸石电厂消化这些煤矸石，不仅是完善电能结构的补充方式，也是建设"绿水青山"美丽家园和践行"双碳"目标的重要举措。煤矸石电厂一般都建在洗煤厂或者矿井坑口附近，目的在于方便燃料运输，但只能发展小型发电机组。20 世纪 60 年代已经比较成熟的沸腾炉技术，为燃烧煤矸石提供了技术支持。沸腾炉既可以燃烧热值不高的多个煤种，也可以在炉内实现脱硫目标，从而达到环保要求。煤矸石电厂由于机组容量小，因而建设周期短，成为一种在短期内就能获益的项目。神华亿利电厂是我国目前装机容量最大的煤矸石发电厂。该电厂位于内蒙古达拉特旗树林召镇亿利化工园区，在 2004 年由国家发展改革委委托内蒙古自治区发展改革委正式核准后于 2006 年 5 月开工建设的。神华亿利煤矸石电厂采用我国自主研发的首台 200 兆瓦等级的无外置床的循环流化床锅炉以及国内首台 200 兆瓦等级的两缸双排汽纯凝汽式直接空冷汽轮机，每年可以消化 360 万吨煤矸石[②]。神华亿利煤矸石电厂能够将煤矸石、发电、化工、煤粉尘综合利用等紧密整合在一起，依托高水平的技术构建起完整的产业链，在发展循环经济中将创造出显著效益。

---

① 段万明. 煤矸石电厂大有可为 [J]. 中国能源，1990 (2)：21 – 23.
② 神华国内最大煤矸石电厂实现废矸石 100 再循环利用 [EB/OL]. (2008 – 10 – 07) [2025 – 02 – 13]. https://news. bjx. com. cn/html/20081007/150242. shtml.

故事与案例 7.4：电动机和发电机的发明——法拉第发明电动机和发电机装置

1821 年 4 月，渥拉斯顿试着将磁极靠近载流导线并想使导线绕轴转动，该实验虽然没有获得成功，但引起了法拉第的兴趣。法拉第将磁棒放在玻璃管内，玻璃管的上面放一杯水银，水银表面漂浮一软木塞，然后将导线的上端通过软木塞插到水银中，导线的下端插入环绕磁极的水银槽中。当这根导线通电时，导线就环绕磁极不停地转动了起来，而后法拉第又对这个装置进行了完善。导线能够环绕磁棒不停地转动，这就是电动机的雏形了。法拉第的实验成果发表后，各国科学家纷纷重复这个实验验证法拉第实验的科学性。经后人不断改进后，终于制成了各种应用于生产生活的实用的电动机。

大概在发明电动机 10 年以后，法拉第发明了发电机。法拉第将两块磁铁绑在大磁极上，磁铁的两端靠得很近，然后将一个铜圆盘装在水平的轴上，圆盘的上端正好处于两块磁铁的中间。同时在导线的两端分别安装上两个铜片，当铜盘转动时，能够与这两个铜片滑动接触。连接两个铜片的导线接到电流计上，电流计显示有电流通过。后来，法拉第经过反复试验，测试如上谈及的两个铜片的位置放置在何处为最好。结果是：一块铜片接触圆盘在两磁铁之间的边缘和另一块铜片接触黄铜轴时能够产生最好的效果。法拉第的这个圆盘发电机在结构上很简单，但这是人类历史上第一台发电机。人们根据这个发电机的原理，对发电机不断改进，制造出了各种各样的发电机。

第 8 章

电力企业发展进步中需要承担的社会责任

8.1　共同体成员守望相助

　　电力企业的主要职责是发电，并将电力作为消费端进一步生产产品的中间产品，或者成为消费端的最终产品。电力企业得以生存发展的基础是盈利，但是在盈利之余需要肩负起相应的社会责任，例如，供给消费者高质量的电能；在经济增长与环境保护之间谋求平衡；让祖国的每一寸土地都普照电力之光；通过技术创新推动电力事业发展；不断创造能够替代传统能源的新能源。在电力市场改革过程中，首先在发电企业之间建立起了竞争机制，发电主体为了在竞争中有更多优势而进行技术创新，电价在下调过程中让利于民，让老百姓得到了更多的实惠。在电力产业的发展进程中，每个发电主体都成为其他发电主体的监督员和守护者，发电主体在这个电力事业的共同体中基于竞争而取得进步。在这样的竞争性发展氛围中，每个发电主体都成为其他主体的存在条件和发展结果。自从祖国大地亮起第一盏灯，电力人就一直不断地将让灯光覆盖更大的范围作为奋斗目标。

电力不仅与光明联系在一起，而且电力实际上带来的是一种生活方式。在电力到来之前，昏暗的油灯是人们的主要照明工具，电力到来之后，人们告别了油灯和蜡烛，房间变亮的同时，街道也变亮了。利益驱动并非电力事业发展的唯一动因，经济学意义上的电力商品是准公共物品。电力到达的地方，传统的畜力、人力被取代，人们的工作效率开始得到提升，与电力相关的其他产业也逐渐发展了起来，电力成为变革生活方式和生产方式的驱动力。电力产业延伸到的地方，沉睡的资源被唤醒，人们的创造活力得以激发，电力为人们向前奔跑注入了强心剂。在电能供不应求的年代，国家通过集资等多种方式发展电力事业，促进发电量增长，尽最大可能满足人们对电能的需求，使电力事业保持强劲的发展态势。随后电力事业面临从单电源供电到联网供电的转变问题，各方面对电能需求量的增长助推着电力事业蓬勃发展，与此同时电力事业的蓬勃发展也成为助推其发展的力量进一步增强的原因。

电力产业在发展过程中，不但产业内部的各个市场主体间存在着相互竞争，而且电力产业与社会发展中的其他产业之间也存在相互制约。自然资源的存量、交通运输条件等均与电力事业发展水平相关。亚当·斯密在1776年出版的《国富论》中明确提出，没有任何一种力量比"需要"产生的动力来得更加强大。社会对电能的需求是推进电力事业发展的终极动力，也是电力事业发展的制约条件。社会经济高速发展，社会对电能的需求就会增加，在供不应求的情况下，电价就会上升，但作为生产和生活中需求缺乏弹性的产品，电价只有保持在合理水平才能满足人民对美好生活的追求。为了保持电价相对稳定，电能的供给水平就需要相应提升。社会经济发展低迷，社会对电能的需求就会降低，电能的供给就需要作相应调整，电价才会维持在均衡状态，但电能供给收缩后，发电容量并不会减少，这样就会造成大量的发电产能浪费。

因此，发电端需要在扩展发电容量与维持既有发电容量之间进行权衡。电力产业与社会环境之间的制衡关系决定着电力事业的发展状态。为此，电力事业在发展进程中不但要关注自身，而且要关注社会，一方面在为社会提供服务的过程中获取收益，另一方面要以社会发展为约束决定自身的发展。电力事业与社会经济之间并非"你决定我或者我决定你"的关系，而是"你就是我或者我就是你"的关系。只有在守望相助而又相互制约的关系中理解电力事业发展，电力事业的发展才能保持持续、健康、稳定、高效。

8.2　安全可靠的电力供应

8.2.1　安全管理发展历程

"安全"是电力得以持续发展的基础。电力事业的安全生产和可靠性管理经历了治理整顿、系统化管理和管理水平提升等发展阶段。在管理制度稳步推进和精细化设计过程中不断提升电力管理水平。第一阶段是整顿时期。该时期属于经验管理阶段，安全工作主要依赖于工作经验积累。在总结此前电力产业发展经验的基础上，为确定未来发展方向奠定了基础。这时期确定和加强了"安全第一"的方针，并出台了包括《电力系统安全稳定导则》在内的规章制度。随着电力安全管理职能部门日益健全，电力安全管理制度建设逐渐走上正轨。于是进入电力安全管理的第二阶段即制度管理阶段。这时期国家发布了一些"安全管理规程"。能源部在这时期颁布实施了《电业安全工作规程》，并结合电力生产实际制定了补充规定和实施细则，为电力安全管理的逐步规范打下了良好的基础。"安全管理"的目的在于防患于未然，通过提升预判能力，将安全隐患消灭在出现之前。电力安全管理的第三阶段是管理水平提升阶段。基于安全管理制度出台了详细的安全管理措施、办法，安全管理制度的生产力更高，这时期电力企业广泛开展"安全月"活动，以"安全"为主题有力开展各项工作和有效落实各种事故预防措施，这些措施包括：其一是检查，即认真开展安全生产大检查，不放过每一个细节，将问题处理在没发生之前；其二是培训，即大规模实施安全操作培训、安全技术培训及安全规则考试，让安全知识内化于心、外化于行；其三是比武，即安全操作比武，目的在于学习安全知识，遵守安全规则，培养安全习惯。安全活动开始有序展开，电力安全生产管理工作取得了显著成绩。

8.2.2 安全管理深入人心

"安全管理"就是生产力。"电力安全"在任何时候都是一项基础性工作。随着电力事业不断发展，高参数和大容量机组不断涌现，高电压和大电网不断发展，只有进一步树立安全意识才能为电力发展营造更好的持续发展环境，这对于发展安全可靠的供电和高水平的电力安全管理提出了新的挑战。安全管理只有进行版本升级才能进一步落实电力安全管理的各项措施。安全管理不能只停留在文字上、制度上、话语上和决心上，只有将安全管理的理念落实在日常工作中，并成为一生的工作习惯，才能让好制度转化为生产力，实现安全管理的"知"和"行"的统一。自1985年开始，电力安全保证体系和安全监察体系就开始逐步健全，安全技术组织措施和反事故措施等就已经稳步推行，在实际工作中进一步落实了"安全第一、预防为主"的方针，"预防为主"的安全意识已经深入人心，这种"前馈控制"的安全管理制度更能体现电力人的规则意识和从"无"中看到"有"的能力，以及将"可能发生的有"永远成为"不能发生的无"的政治觉悟。电力企业在发展过程中严格执行设计、基建、检修质量责任，强化安全监察，建立健全安全生产奖惩制度。将安全措施的号召力转化为安全生产的实践力。通过多方面的指标对电力设施的可靠性、发电设备可靠性、电力系统可靠性、输变电设施的可靠性等制定了全方位评价标准，推进了我国电力可靠性管理工作的标准化进程。在电力安全管理文化不断丰富的进程中，国家进一步强调安全生产规章制度的建设，对电力安全问题规定得更加具体，措施更加具有可操作性。

8.2.3 安全管理再度细化

中国电力企业联合会于 2003 年颁布了《〈电力可靠性管理暂行办法〉实施细则》，该细则为开展可靠性管理工作提供了法规依据。前文论及，"厂网分开"是电力体制改革的重大举措，在发电企业与电网企业实施"厂网分开"改革后，国家电监会组建安全监管局，从组织上保证了安全监管职能的落实。"安全管理"因而具有了专门的管理机构，随着各方面条件日渐成熟，2004 年 6 月 21 日全国电力安全生产委员会成立。紧接着在 2005 年《电力监管条例》颁布施行。如上措施的颁布，为营造电力企业的安全运营环境以及培养电力文化氛围拓展了空间。电力生产的安全制度建设不仅成为电力人需要严格遵守和遵照执行的行为规范，而且成为电力工业发展进程中融入每一个电力人心中的灵魂，"安全"从一种外在约束成为一种不需要他人提醒的自觉。为探索安全管理的长效机制，电力企业开始重视企业的安全文化建设与教育。每个人都是这种安全文化的创造者和受益者。文化是最终决定企业命运的基础因素，决定了电力企业职工的精神面貌和企业的运行效率，也决定着电力工业的持续发展，进而成为塑造电力工业社会形象的基础。在加强电力企业文化建设的过程中，企业管理主体开始在安全生产管理工作中提倡"没有不可避免的安全事故"的安全理念，"防患于未然"和"将问题消灭在萌芽状态中"，营造"关注安全、关爱生命"的安全文化，把保护员工安全和健康作为安全生产工作的出发点和落脚点，变被动安全管理为主动安全管理。安全文化在电力企业发展中发挥着重要作用。

8.3　电力发展与环境保护

我国的环境保护事业起步于 20 世纪 70 年代，中共中央在《环境保护工作汇报要点》中指出，消除各种造成的环境污染因素从而实现保护环境的目标，这是为"进行社会主义建设、实现四个现代化"保驾护航的重要制度措施，对电力发展与环境保护之间关系的协调提出了要求。《环境保护法（试行）》是我国在生态保护方面的第一部法律。国家已经认识到电力工业对环境污染造成的潜在危害，只有前瞻性地认识此问题，才不至于造成大问题。电力工业首先从两方面着手关注环境保护问题：其一是排气问题，即控制污染物的烟尘排放；其二是排灰问题，即解决向江河排灰问题。说到底就是解决"排"的问题：其一是向"天空"排废气问题；其二是向"江河"排废水问题；其三是向"陆地"排废渣问题。协调电力发展与环境保护之间的关系，就必须协调电力工业与天空、水体、陆地的关系。改革开放之初电厂的除尘效率并不高，烟囱的高度也相对较低，烟气扩散范围小，烟尘在低空久聚不散影响空气质量也影响能见度，烟尘的落地浓度高，对环境造成了严重污染。这一时期仍不具备排气、排水、排渣的统一技术标准，治理"三废"的技术水平有待提升。全国火电厂灰渣排放量因数额巨大，导致江河污染事故频发，环境正在向人们发出怒吼。只有严格自律才能继续在发展生产和环境保护之间回归平衡状态。环境污染对生产和生活造成的负面影响不可小视，因此环境保护的任务非常艰巨。只有在思想上重视才能在行动上重视，解决电厂的污染问题迫在眉睫。在这样的紧急关头中，1983 年召开的第二次全国环保会议上，将环境保护确定为基本国策，需要对"三废"进行行政强制。这次会议成为我国环境保护事业进步的里程碑，由此使得环境保护方面的法律制度越来越详细和完善。

单纯提升环境保护意识还不够，必须将这种意识转变为能力才能见实效，这就需要尽快提升环境保护的技术水平。"七五"期间国家开始加大环保方面的科研投入，在环境保护方面积累了大量科研成果，并贡献了一大批创新性的技术成果，这时期的很多科研成果都得到了广泛应用。其中主要的科研成果主要集中在除尘、除渣、除气方面，除尘方面主要是提高除尘效率的研究，除渣方面主要是开发粉煤灰综合利用技术的研究，除气方面主要是开展脱硫技术的研究。这些技术的应用很大程度上改善了脱硫、脱硝、除尘质量。在一定程度上改善和保护了天空、水体和土壤。"七五"期间，治废技术水平大幅提升，大量采用了静电除尘技术和湿排灰技术，电厂从此结束了向江河排灰的历史，电厂也摘掉了污染大户的"帽子"。电厂的环境保护随后进入了运用更加先进的技术进行污染治理的阶段，在电力发展与人居环境的和谐程度的提升方面永不止步。基于可持续发展理念指引，电厂继续加大对老电厂烟尘、废水、灰渣的治理力度，清洁电力的技术水平达到了新的高度。20 世纪 90 年代以后经济发展进入新的提速阶段，电能消费迅速增长也导致煤的燃烧量增加，导致这一阶段的烟尘、煤粉灰、废水、硫氧化物、氮氧化物等的排放量迅速增加，电力环保面临着新的挑战，只有进一步解决电力大发展与高环境污染之间的新矛盾才能推动电力的持续发展。电力环保的总量进步中必须体现增量进步，才能达到全域管理、全程管理、全时管理的要求。这要求电力部门继续推进烟尘、灰渣、二氧化硫、废水等的治理，电力环保不能时紧时松、时好时坏、时强时弱，必须常态化。随后电力环保规范化的管理体系逐步形成，污染物的控制水平得到新的提高。烟尘、二氧化硫、氮氧化物等污染控制技术广泛应用使得天更蓝、山更绿、水更清。

进入 21 世纪，国家对环境保护的要求进一步提高，人们的环保意识也普遍提升，环境质量与实现人民美好生活向往的目标紧密联系在一起。环境保护的思路开始由末端治理转向源头治理，只有清洁生产才是最根本的治理。环保治理手段也由强制性要求转向"强制性要求＋市场化引导"相结合，通过实施"利益驱动＋制度限制＋技术推进"的多元化方法，在电力发展与环境保护之间实现双赢。这时期的工作重点主要为：二氧化硫的治理、废水回收利用、氮氧化物的控制、输变电工程的磁场影响、水电站的生态保护。环境治理意识从看得见的实体环境拓展到了看不见的无形环境。这些治理方法既有源头治理也有末端治理，更有过程治理。这时期人们意识到基于硫氧化物、氮氧化物形成的酸雨对土壤、水体都会产生严重的负面影响，进而对粮食生产、森林生态、水生生物等造成破坏，控制和解决电力污染不是"选做题"而是"必做题"，"看不见的无形环境的治理"成为环境治理成效的"加分项"。这时期以烟气脱硫为主的二氧化硫排放控制取得了新进展，氮氧化物排放控制开始迈入烟气脱硝之路，环境保护的方法从单纯的物理控制转变为从改变排放物的化学性质方面做文章。堵住源头是最高抉择，中间控制是退而求其次的抉择，末端治理成为被动抉择。废水治理开始与处理后水的资源化紧密结合。污染治理水平取得了新突破。与此同时，电网环保工作逐步与国际接轨，电力人通过学习国际先进的环保经验不断增长环保智慧而提升环保水平，水电建设项目的生态保护及水土保持工作也得到了加强。环境保护与电力工业的发展进入了协调发展阶段。

出台专门法规和提升治理水平是电力环保的另一个侧面，与此同时还要严格控制和适当缩减低质量的增量扩张。因此，"十三五"期间继续淘汰落后火电产能，是提升电力环保水平的另外一个重要举措。火电发电机组的二氧化硫和氮氧化物排放量降低了 50%。与此同时，国家也在发电的燃料方面做文章，加大"源头治理"的力度，降低烟尘以及硫氧化物、氮氧化物的排放，推广使用优质煤，推进煤改气、煤改电，鼓励使用可再生能源、天然气等优质能源替代燃煤，持续发展太阳能、海上风能、潮汐能、波浪能、水能、地热能等可再生能源。从发电的源头考虑问题，创新了环保思维，也降低了末端治理的难度。清洁能源替代是一项需要持续推进的工作，国家在有条件的地方鼓励推广使用太阳能大规模开发及多元化利用，同时在居民日常生活中的采暖以及工业生产等领域加大推进天然气与电能的替代力度。通过实施电能替代优化能源消费结构，推进集中供热，逐步替代燃煤小锅炉。通过资源聚合整合效应达到节能减排的目的。在此过程中，国家也注意到孤立电源点的意义，在交通不便和不利于大规模集中开发电能但水力资源、风能、太阳能丰富的区域鼓励发展分布式发电，鼓励能源就近高效利用。放开用户侧分布式电源建设，推广"自发自用、余量上网、电网调节"的运营模式，在充分利用本地资源的同时也减轻了对电能并入电网的压力。这时期已经开始推进对传统能源的清洁能源替代，对推进环保工程起到了促进作用。企业、社区和机构根据自身条件和本着自愿原则，投资建设屋顶太阳能、风能等各类分布式电源。除此之外，国家也鼓励分布式低温地热发电、沼气发电和生物质气化发电。这些工作和措施都有力地推进了电力环保事业的发展。电力环保在加强源头治理、末端治理的同时，也鼓励开发多种形式的旨在充分利用自然馈赠的能源资源的分布式电源建设，在一定程度上也对电力环保起到了促进作用。

8.4 电网技术发展与创新

创新是提高国家综合国力和核心竞争力的关键支撑，基于创新、协调、绿色、开放、共享的新发展理念推动中国式现代化发展进程，将我国全面建成社会主义现代化强国是党的二十大报告提出的最新发展目标。我国电力事业在不断加强技术创新，这在很大程度上提升了电网的科技含量，使我国电网的总体装备和运营维护水平跻身世界前列。与发电事业的发展轨迹相类似，我国的电网技术走出了一条从引进、消化、吸收再到自主创新的跨越式发展道路，电网技术实现了从"跟着跑"到"并肩跑"再到"领着跑"的历史性跨越，我国的电力事业实现了从"做学生"到"当先生"的质的飞跃，形成了一批具有国际领先水平的自主知识产权成果。

我国电网技术的发展历程可以分为两个阶段：第一阶段以"三峡输变电工程"建设为标志，我国电网技术实现了从"引进跟跑"到与发达国家"并驾齐驱"的转变：第二阶段是以"特高压交直流工程"建设为标志，我国电网成为世界电网基础发展的引领者。电网发展不仅促进了我国电力事业发展，也对世界电力事业发展作出了贡献。电网建设实现了从低压电网到高压电网再到特高压电网的历史性跨越，实现了从区域网到省域网再到大区网进而到国家网的递进式发展。从电网技术的发展历史看，我国起步是比较晚的。早在 1978 年时我国输电线路普遍是低压输电线路，除了西北地区已经建成一条330 千伏的输电线路外，全国的电网都是 220 千伏和 110 千伏的高压输电线路。前文论及，只有高压和特高压电网输电技术才能在最大限度上降低电损，达到节能和提升电能效率的目标。而在大体同时间内，瑞典、苏联、美国、加拿大等都分别于1952 年、1956 年、1967 年、1965 年已经建成 380 千伏、900 千伏、500 千伏、735 千伏的输电线路。这就意味着，单就电网技术从低压到高压的提升过程看，我国与发达国家至少有 20 年的差距，而且当时已经形成的省级电网的电网结构也相对比较薄弱，电网建设水平迫切需要提升。改革开放后我国电力需求不断增大，只有完善的电网才能通过远距离跨区域输电解决电能存在的空间布局不平衡问题。而大规模电网的建设，对电网的稳定性要求也逐渐提高，在发展中出现的问题需要在进一步发展中得到解决，这就需要在对国外先进技术进行引进和消化的基础上不断提升自主创新能力。

改革开放后，我国在超高压输电技术方面突飞猛进。这一时期我国在电网建设方面取得了很多突破性的成果。1981 年建成 500 千伏的平武输变电工程，这条线从设备到技术全部依靠进口。虽然如此，我国却从这条输电线路的建设中学到了技术和积累了经验，为我国大力发展电网事业奠定了基础。随后我国的电网事业进入了突飞猛进的大发展阶段。紧接着我国第一条自行设计、施工和制造设备的 500 千伏"元宝山—晋州—辽阳—海城"输变电工程投产，而后我国第一条自主设计、自主设备制造和自主运行管理的"官亭—兰州"750 千伏输电工程投运。这时期我国的超高压输电技术也达到国际先进水平，我国已经跻身世界电力工业的一流梯队。以三峡输变电工程全面建成为标志，中国电网技术在与世界电网技术的关系上，实现了从跟跑到追赶再到并驾齐驱的跨越。21 世纪初，面对电网技术的新要求，国家启动了特高压工程建设，随着特高压技术的不断突破，实现了从"中国跟随世界"到"中国引领世界"的根本性转向，在技术装备、控制保护、标准体系和输送格局等方面，全面引领了世界电力技术的发展。我国特高压输电线路的标志性成果是我国建成投运的"晋东南—南阳—荆门"特高压交流示范工程，这是世界上第一个商业运行的特高压交流工程，在我国特高压技术领域具有里程碑意义。而后投运的"云南—广州"±800 千伏特高压直流输电工程是世界上第一个 ±800 千伏直流输电工程，自主化率超过 60%。我国的特高压输电技术进入了新的发展阶段。

我国在特高压技术引领世界先进水平的基础上，也不断加大智能电网的研发。我国自提出建设智能电网以来，通过坚持不懈的技术攻关和工程实践，目前发展水平已经领先世界，在电力工业发展中具有了更多的"贡献中国电力智慧"的能力。在多个技术领域已经代表了世界最高水平，这些技术领域包括柔性直流输电技术、"电源—电网—负荷—电储"互动技术、电动汽车智能充电技术、大电网建模与仿真分析技术、大电网控制技术等。在很多方面由我国专家作为首席专家展开国际合作、进行科研攻关，并取得重要学术成果。我国电学专家在国际相关领域内的学术影响力越来越大。电力调度系统是电力运行必不可少的技术和管理手段，关系到电网的安全稳定运行。我国在这方面的研发投入不断增加，涌现出了一批高质量的科研成果和高水平的科研团队。我国的电力调度已经从人工走向了自动化和数字化，并正在向智能化方向发展，实现了从"跟跑世界"到"领跑世界"的转变。20 世纪 80 年代开始，我国开始引进国外自动化技术，解决省级和区域电网调度问题，电网发展发生了质的飞跃。80 年代中期，国家为满足跨省区域电网调度问题，我国从美国西屋电气公司引进了电网调度自动化系统。电网技术通过实验研究推动实践发展，并逐渐解决实践中面临的现实问题。中国电力科学研究院和南京自动化研究所，首先以引进工程为依托、以引进技术为基础，而后对相关技术进行了全面消化吸收和技术再创新，为智能电网的深入发展起到了奠基作用。90 年代我国在消化吸收的基础上开始进行自主研发，这时期计算机技术的广泛发展，为我国发展电力系统自动化技术创造了技术条件、积累了经验和积蓄了人才。

经过不懈努力和探索，中国电力科学研究院和南京自动化研究所等学术研究阵地作为领军我国电力发展的尖端科研基地，均研发出了自动化调度系统。这些自动化调度系统普遍采用了基于大型关系数据库和先进的图形界面设计，在电力系统调度过程中更加直观和高效，我国自主开发出了高级应用软件，已经形成了完整的能量管理系统，覆盖了调度中心的各个层面。电网建设从实验室研究很快走向"协同作战"。在推进电网高质量发展过程中，继电保护专业设备取得了突破性进展，这是建设智能电网不可或缺的核心部件，该项科研成果是对世界电力领域的重要贡献。我国在继电保护研发方面走过了艰难跋涉历程，从电磁型继电器到晶体管型继电器再到集成电路型继电器进而微机型继电器，研发过程非常艰辛，但成果就是对电力人的最好回报，智能电网的发展水平更上一层楼。20 世纪 80 年代前，我国运行的保护装置主要为电磁型和晶体管型、集成电路型继电器，以及部分进口的保护装置，依赖国外技术成为我国电力工业深度发展的"卡脖子"问题，在长时期内我国无国产化微机保护装置。自我国第一套国产微机型保护装置研制成功以来，我国在电力系统建设方面具有了充分的主动权。国产保护技术性能全面超越进口保护，继电保护的微机化率和国产化率均达到90%以上，电力工业发展摆脱了对国外技术的严重依赖，特高压工程中全部应用国产保护装置。继电保护和安全自动装置正确操作率大幅度提升，而这项工作凭借人力无法高效完成，研究成果应用于电力系统将众多人力从单调重复的劳动中解放了出来。具有自主知识产权的继电保护设备的全面应用，在很大程度上降低了电网建设成本，解除了国际社会对我国发展电网事业的"卡脖子"问题。电网建设的关键技术大面积铺开改变了此前完全依靠进口的局面，进一步平添了电力人发展高水平电网的信心，为建设高水平的全国电网夯实了基础。

电的故事与案例

故事与案例8.1：蓄电池和干电池诞生——盖·吕萨克改进伏打电池

伏打电堆虽然能够解决用电问题，但仍然存在缺陷，伏打电堆如果堆得过高就会倒掉。于是盖·吕萨克着手对伏打电堆进行改进。盖·吕萨克做了一个大木槽，木槽内刻有沟，将铜片和锌片依次放入沟内，然后注入诸如稀硫酸之类的电解质，这样得到的伏打电堆不易倒塌。伏打电池在使用过程中，析出的气体附着在电极表面导致电流下降。于是科学家们想办法通过用隔膜将电极与液体隔开的办法解决了此问题。盖·吕萨克在研究中发现，两体积氢气和一体积氧气化合得到的是两体积水蒸气，而他认为原子整数比对应体积整数比[①]。后来普朗泰在 1859 年创造出了把铅板放在硫酸溶液中的蓄电池。这种电池的装置是这样的：将两块铅板平行地放入硫酸溶液中，作为电池的两个极。将其接入外电源充电，其中的一块铅板因被氧化而成为氧化铅，另一块则成为海绵状的铅。当断开外界电源后，两块铅板就成为能够持续向外供电的两极。这种电池在放电后可以继续充电，因此可以持续使用。勒克朗谢在前面研究成果的基础上于 1865 年发明了勒克朗谢电池。这种电池的结构是这样的：用多孔瓷杯装上氧化锰，插入铅棒，然后将二者一同放入氯化铵溶液中，而后在溶液中插入一根锌棒。这样就构成了以碳棒为正极和以锌棒为负极的电池。这种电池而后经过改进，将碳、二氧化锰和氯化铵等混在一起，一同放入锌桶中，再在锌桶的中间插入碳棒，这种构造的电池就是目前的干电池了。干电池结构简单，方便制造，也方便携带使用。人们可以方便地将电源携带到任何需要的地方，进一步方便了人们的生活和工作。

故事与案例 8.2：新疆伊宁温泉水电站——承担新疆电网和伊犁电网的调峰和调频作用

伊宁温泉水电站位于新疆伊宁县境内。总装机容量为 135 万千瓦，年均发电量为 7.6 亿千瓦时。该温泉水电站是喀什河流域"两库十五级"梯级开发中的第 14 级电站。喀什河是伊犁河的第二大支流，具有水量充沛、落差集中、泥沙含量小和便于水能开发的优点。伊宁地区具有丰富的温泉水资源，利用温泉水发电不仅可以充分利用大自然的馈赠，而且可以提升发电的效率。高温温泉水具有较高的热能，借助一定的设备使得水轮机在温泉水的驱动下

---

① 左玉，李鹏鸽，刘素素，等．运用化学史培养学生化学学科核心素养的研究 [J]．广州化工，2020，48（7）：178 – 181.

带动转子旋转，推动发电机产生电能。温度较高的温泉水可以直接用于发电，减少了能源在转换过程中造成的能量损失，从而提升了发电效率。伊宁温泉水电站承担新疆电网和伊犁电网的调峰和调频作用，在一定程度上能够缓解伊犁地区的用电紧张情况。伊犁地区具有建设温泉水电站的迫切需要。这里虽然水资源丰富，但长期以来基础设施建设缓慢，水资源开发程度较低，电力产业的发展不能满足社会经济发展需要。该地区的火电发电成本高且存在调峰困难问题，发展水电事业可以优化能源结构，在电网调频和调峰方面发挥重大作用。

故事与案例8.3：地热发电——以热水和蒸汽为动力源的发电技术

地热发电是利用地下热水和蒸汽为动力源的发电技术，在发电过程中实现了两次能量转换：其一是热能转换为机械能；其二是机械能转换为电能。世界各国利用地热能发电到目前只有大约120年的历史。1904年，意大利第一次使用地热发电，当时只是用地热驱动0.75马力的小发电机给5个100瓦的电灯泡提供照明，在成功发电的基础上，建造了世界上第一座500千瓦的小型热电站。地热能是来自地球深处的可再生热能。地热发电的基本原理是：利用液压或者爆破碎裂法将水注入岩层中产生高温蒸汽，用这个高温蒸汽推动涡轮转动。地热能的赋存形式可以区分为蒸汽型、热水型、干热岩型、地压型和岩浆型等五类，但开发利用较多的是蒸汽型和热水型。因此，利用地热资源发电可以区分为蒸汽型发电和热水型发电两种方式。其中，蒸汽型发电又区分为一次蒸汽法和二次蒸汽法。一次蒸汽法是直接利用地下的过热蒸汽或者汽水混合物中分离出来的蒸汽发电；二次蒸汽法是将比较脏的天然蒸汽通过热交换器汽化为洁净水，再利用洁净水蒸汽发电。热水型发电方式中，热水必须以蒸汽状态进入汽轮机做功。对温度低于100℃的非饱和状态的热水，需要通过"闪蒸系统"将汽和水分离，或者通过"双流系统",利用蒸汽驱动发电机做功。"闪蒸系统"相对于"双流系统"而言更加稳定和安全。地热发电具有无须燃料、投资较低和发电稳定等优点,因而开始受到各国关注。但是在新能源的大家族中,太阳能仿佛更易受到人们的青睐。人们的眼睛习惯关注天空而不习惯于关注脚下,地热能资源是蕴藏在地下的一个巨大宝藏,虽然全世界各国的地热资源蕴藏量并不均匀,但在传统化石能源面临发展瓶颈的前提下,地热资源会成为更多人的关注对象。

故事与案例8.4:西藏羊八井地热发电站——我国第一座热电站

羊八井虽然人烟稀少但名气很大。羊八井热电站位于西藏自治区当雄县。羊八井的地热资源储量在我国居首位,在国际地热田中也排名第14位。羊八井目前有30口地热井,在用的有8口井,有4台发电机组,装机总容量为1兆瓦。电力主要供应拉萨,占拉萨总电量的1/3。地热发电成本低,相对于水力发电更具低成本的优势。该电站于1975年9月23日发电成功,其前身是装机125马力的小电站。羊八井是非常适合开发地热的热田。羊八井地热资源丰富,这里有喷泉与间歇喷泉、温泉、热泉、沸泉、热水湖等。这里处于印度板块和欧亚板块的碰撞带上,地下热水沿着地壳的裂缝上升,从而形成了丰富的地热资源。地热资源以高温高压形式存在,具有极高的开发价值。早在1975年对羊八井进行地质勘察时,就探测到了这里拥有103℃的高温热水,水温最高可达172℃,这里的地热资源属于高温热水型热储。目前开发的地热资源主要是浅层热储,深度在20~250米。综合分析的结果表明,羊八井适合建设热电站。羊八井地热电站采用的是"闪蒸技术",通过"抽取地热→分离蒸汽→汽轮机带动发电机组发电→地热流体冷却后注入地下"的闭环系统,避免了资源浪费和造成环境污染。羊八井地热电站为当地提供了清洁能源,也标志着我国开发地热资源迈出了一大步。开发地热资源不产生温室气体排放，具有重要的环境保护意义。羊八井热电站属于实验性热电站，为进一步推进地热发电事业积累了很多经验。但也有很多方面需要深入研究，才能进一步推进地热电站的持续发展，这主要体现在寻找高温热源、完善除垢技术、废水的排放和回灌技术等多方面。羊八井热电站不仅为拉萨提供了电能，而且该地域依托丰富的地热资源已经成为闻名遐迩的旅游胜地。

第9章

电力产业从"跟着走"到"并肩走"再到"领着走"

9.1 电力事业发展需要以国际视野保持与世界同步

在推进电力事业发展进程中必须坚持国际视野，坚持以国内循环为主体推进国内国际双循环。世界经济发展日新月异，不发展是倒退，发展慢了仍然是倒退。我国电力事业的发展进程中与国际同行的关系经历了"跟着走"到"并肩走"再到"领先走"的发展历程。我们在向世界先进国家学习先进技术的基础上，完成了从引进设备、引进技术、引进人才到自主研发设备、自主创新技术和自主培养人才的过程。发展电力事业，必须做到六个坚持，即必须坚持人民至上、坚持自信自立、坚持守正创新、坚持问题导向、坚持系统观念、坚持胸怀天下。任何一个国家的经济系统都是开放的系统，经济系统只有与周边环境不断进行能量交换才能维持自身存在。人民电力为人民，电力事业一路走来，经历了从"当学生"到"当先生"的身份角色变化，我国的电力事业闯出了一条适合中国国情的发展道路。在发展过程中不断面对新问题并不断解决新问题，解决问题是实现电力事业快速发展的突破口。在电力事业发展过程中我们意识到，电力事业本身是在与其他产业互动过程中不断发展着的，电力产业只有处理好与其他产业的关系，才能为自身发展创造更大的空间和更好的发展条件。问题是在发展中出现的，解决问题的办法也需要在发展中得到解决。有些问题也许在没有解决之前，由于出现了技术替代或者产品替代而得到了解决。只有以国内循环为主体积极参与国内国际双循环，才能在与国际同行交流互鉴中谋求发展。

电力产业只有充分参与国际交流与合作，才能开阔视野，才能在思想交流中激发创新。积极参与国际交流与合作不但能够在世界舞台上与同人共舞，而且能够发现发展机会和创造发展机会。在经济全球化进程中，我国要以内循环为主体，推动国内国际双循环。从系统论的角度看，国家经济体系是一个系统，但系统具有开放性、自组织性、复杂性、整体性、关联性、等级结构性、动态平衡性和时序性等基本特征。国家经济系统的开放性特征、关联性特征，要求其发展必须参与到国际循环当中去，国际循环中的任何一个子系统、任何一个发展机会都会成为其他子系统、其他发展机会的约束条件。积极参与国际交流，就能在国际交流中发现和创造发展机会，也能在与国际同人交往中提升自身影响力。国际交流与合作使得分隔发展的文明从"你就是你"和"我就是我"变为"我中有你"和"你中有我"，进而呈现为"你就是我"和"我就是你"的发展态势。电力事业的发展也需要在文明互鉴中推进人类文明进步。随着经济全球化深入推进，世界越来越紧密地联系在了一起，尤其是在世界性的大灾大难面前，任何一个国家都不能独善其身。电力事业的发展必须通过文明互鉴推进文明共进，世界电力同人需要共襄电力发展的未来，构建"持久和平、普遍安全、开放包容、共同繁荣、清洁美丽"的新世界。各国应该摒弃意识形态领域方面的分歧，在世界范围内求出最大公约数和画出最大同心圆。

9.2　通过"引进来"丰富知识经验和提升技术水平

改革开放后，在宽松的开放环境和优惠的吸引外资的政策背景下，我国电力行业发展的重要途径是"引进来"和"走出去"：其一是引进硬件，主要是关键设备引进；其二是引进软件，主要是智力与技术引进；其三是引进资金，主要是合理利用外资；其四是引进智慧，主要是考察学习和培训交流等。多措并举不断提升我国电力发展速度。"引进来"是当时电力行业进行国际合作的主要途径。关键技术设备引进是促进我国电力发展的第一步，能够使我国电力工业快速与世界接轨，看到世界电力前沿，迅速产生带动我国电力事业发展的引擎。改革开放以来，通过国际合作在电力系统的关键技术方面经历了引进、消化、吸收和再创新的发展历程，"引进来"是"走出去"的基础。这在很大程度上提高了我国电力工业的技术水平，积累了技术资料、培养了电力人才和积累了管理经验。20世纪80年代初，国家为了解决电力技术和电力装备制造能力不足问题，为了使电力系统在短时间内得到大幅提升，国家有计划地引进了国际先进电力生产和成套设备，这个时期处于向国外学习阶段。经过努力，上安、南通、大连、福州等电厂分别与美国GE、日本三菱签署设备供货合同，成为国内首批引进外资和进行成套设备建设的大型火力发电厂。这些火电厂的上马，不但迅速扩充了我国火电的规模和增加了发电量，而且为进一步发展火电事业积累了资金、技术、经验和人才。

　　除了火电以外，风电、水电、地热发电和太阳能发电等，也都通过引进关键技术发展了起来。20 世纪 80 年代初，我国第一个风电场即荣成风电场从丹麦引进发电机组并网投产。90 年代末又从加拿大引进水轮发电机组用于二滩水电站，1999 年、2000 年和 2002 年分别从俄罗斯、法国和美国引进发电机组用于三峡工程建设。引进关键技术使我国迅速与国外高水平电力同行对接，很快步上了发展快车道。这时期引进的电力设备在各种性能参数上都高于国内水平，使我国的电力工业快速赶上世界先进水平。通过技术引进和设备引进有效带动了中国电力设备制造水平和电力技术装备水平的提升。"向国外学习"是这个时期我国电力发展的重要途径。不但如此，我国在引进发电技术以及电力装备技术的同时，也注意引进环保和节能设备，前瞻性地将生态保护作为电力工业的社会责任，例如引进液态排渣锅炉和技术、引进电厂脱硫装置、引进燃气蒸汽联合循环发电机组、引进空冷设备和技术等。这种前瞻性的发展方式，使我国电力事业从快速发展伊始就拥有了节能和环保的意识，具有了与国际同行基于国际话语对话的可能。

　　智力引进是促进电力发展的另外一项重大举措，这是一项长远的战略决策。智力引进的形式包括：在进口设备的同时聘请国外的专家亲临指导设备安装、运行和管理；聘请外国专家进行电站项目的建设条件调查，并跟进施工、监理和设备后期维护；聘请国外专家担任电厂的运行管理，从而为电力事业进一步发展培养高端管理人才。智力引进带来了先进管理经验，使我国电力企业的管理水平迅速得到了提升。智力引进给我国电力工程建设创造了巨大的经济效益，三峡水利工程、鲁布革水电站、天生桥水电站等都是通过国际竞争招标进行建设，在电站建设过程中，国外很多资深的水电专家被邀请参与项目设计和建设咨询。经过精心论证和周密部署，很多可能发生的问题被提前意识到并得到了妥善处理。智力引进成为电力行业借鉴世界先进技术、生产方式和管理经验的有效途径，成为激发电力管理和电力技术创新的"起搏器"。这种方式具有投资少、见效快和成效高的特点。为我国电力事业的持续发展培养出了大批人才，他们成为我国发展电力事业的宝贵财富，在后来建设电站、管理电站和电站维护方面都成为中坚力量。

利用外资是电力工业对外开放的重要内容，通过利用外资可以在很大程度上解决电力工业的资金紧张问题，也在很大程度上提升了我国电力事业的推进速度。利用外资的方式主要是国外组织和政府的贷款、国外金融机构的贷款、商业信贷、补偿贸易、外商独资、中外合资等。利用外资，虽然需要给外资分享利润，但在此过程中可以前瞻性地把握住更多发展机会，及时与国外同行进行切磋和交流，准确把握国际电力前进的脉搏，瞄准电力发展的世界前沿，使我国电力事业发展在保持不落伍的前提下逐渐走到世界同行前面。与此同时，我国不断引进思想和经验，这方面主要是通过参与国际学习和交流、参加或者举办国际会议或展览等方式展开。周期性地举办国际学习和交流会，让国内专家到国外去，或者请国外专家到国内来，通过学术交流和技术研讨的方式加深了中外专家间的感情，使发展电力事业的氛围也更加浓厚。

9.3 通过"走出去"进行国际合作和创造发展机会

通过引进先进技术和设备，在消化和吸收的基础上，我国的电力技术、装备和管理水平在很大程度上得到了快速提升，大量关键技术与装备取得了阶段性成果。早在20世纪末，我国的电力发展装机容量和发电量就已经稳居世界第二位，我国电力工业起步晚但发展速度很快，"后来居上"的背后饱含着电力人的进取精神。这时候有实力的电力企业开始全方位融入全球市场，展示中国力量并进行出口创汇。我国的电力产业已经有能力在境外承揽电力项目建设并出口我国的电力设备，与国外开展劳务合作和开展对外投资，我国电力事业从此前的"引进来"开始转为"走出去"。承包国际工程和进行劳务合作是中国电力向海外发展的开拓性工作。从 20 世纪 80 年代初开始，以营利为目的的经营性国际工程承包和劳务合作就逐渐开展起来。我国开始步入了出口技术、出口管理和出口智慧的阶段。在国外承揽电力建设项目的同时，为我国的电力设备进行出口创汇创造了机会，而这又进一步增强了我国独立承揽国际电力工程的能力。中国华电集团在这方面走在了前面，该集团积极推进国际工程承包、国际贸易、技术服务等业务的协同发展。

与此同时，其他集团公司也不断拓展业务。中国华能集团主要以电站运行维护服务为主，在国际电力市场上打出了中国电力人的声威。这时期，中国国电集团成立了海外公司专门承揽电力工程项目建设的海外项目，为我国电力产业进军海外市场奠定了制度基础，海外公司启动了印尼东加里曼丹电厂工程，同时国电集团的等离子技术打入韩国市场，中国电力的高科技产品开始走出国门，我国实现了从"引进技术"到"出口技术"的根本性转变。这里需要论及的是，土耳其阿特拉斯超临界燃煤机组项目是国家电投承揽的第一个海外项目，项目成果得到了业主的高度认可。此外，三峡集团基于丰富办电经验的优势，先后承揽几内亚凯乐塔水电站、几内亚苏阿皮蒂水电站、乌干达伊辛巴水电站等项目。这些电站项目的圆满竣工进一步在国际上树立起了中国电力人的品牌。中国电力在世界舞台上的形象越来越高大。国际工程项目的推进在很大程度上拉动了国产机电设备、原材料和技术服务的出口，进而促进了国内制造等相关产业的发展，在"供给创造需求"与"需求创造供给"之间实现了良性互动。同时也通过获取大量自然资源和项目资源创造出了更多的国际发展机会，"中国电力"在用"发展"创造"发展"、用"机会"创造"机会"，有效带动了我国对外投资的发展。

各方面的发展都离不开电力，电力行业发展潜力巨大，巨大的投资规模也需要跟进，积极参与电力行业的国际资本运作有利于提升中国电力工业的整体形象，这是在电力的国际平台上展示中国力量和贡献中国智慧的途径，合作、投资、并购等多种方式的合作有条不紊地展开。中国电力企业在"走出去"的过程中，非常重视海外并购投资。并购作为一种重要的投资方式能够迅速实现资本集中的目标，在海外市场上可以逐渐提升中国电力的影响力，可以快速获得所需要的资产并通过优化资源配置实现规模经济的目标，这方面的事业正在拓展。例如，在 2012～2017 年，国家电网公司收购葡萄牙国家能源网公司 25% 的股权①，成为其第一大股东，中国电力在葡萄牙的影响力迅速提高；中广核收购了纳米比亚湖山铀矿②；中广核收购马来西亚爱德拉全球能源公司③；国家电网公司收购巴西最大配电和新能源企业 54.64% 的股权④。中国电力在海外市场以全资或者绝对控股的方式收购股权的资本运营方式是我国在国际市场上的大手笔操作，它使我国在国际电力市场上具有了很多话语权，同时也为我国电力在国际上进一步发展拓展了空间。据报道，2024 年，中广核在海外业务中，将中国新能源产业链带入马来西亚、老挝、南非、巴西等国家，累计带动近 1.6 吉瓦的光伏和风机设备"走出去"⑤。在建设投资方面，我国在新千年伊始就喜获丰收，在柬埔寨建设第一个建设—经营—转让（BOT）项目即基里隆水电站，而后南方电网公司在老挝以 BOT方式投资建设老挝南塔河水电站。紧接着中国电力建设集团以建设—拥有—经营（BOO）方式投资建设巴基斯坦卡西姆港燃煤应急电站。这些都为我国在国际资本运作方面积累了丰富经验。

海外资本运作随后进入了蓬勃发展时期。巴西美丽山 ±800 千伏特高压直流输电项目是我国投运的首个海外特高压直流输电项目。随后大唐集团在

---

① 国家电网收购葡萄牙电网 25% 股份 ［EB/OL］. (2012 - 02 - 7) ［2025 - 02 - 12］. http：//www. nea. gov. cn/2012 - 02/07/c_131395623. htm.

② 中国核电突围：在非洲，用 4000 吨大米换来两座铀矿 ［EB/OL］. (2023 - 01 - 03) ［2025 - 02 - 12］. https：//finance. ifeng. com/c/8MGsJPdE8VT.

③ 中广核收购"一带一路"沿线 13 个清洁能源项目 ［EB/OL］. (2015 - 11 - 24) ［2025 - 02 - 12］. https：//world. huanqiu. com/article/9CaKrnJRGY3.

④ 中国国家电网收购巴西 CPFL 公司 股权成功交割 ［EB/OL］. (2017 - 01 - 25) ［2025 - 02 - 12］. https：//world. huanqiu. com/article/9CaKrnK02zk.

⑤ 新能源抱团出海，中广核带动 1.6 吉瓦光伏与风机"走出去" ［EB/OL］. (2025 - 01 - 16) ［2025 - 02 - 16］. https：//baijiahao. baidu. com/s? id = 1821367311523491739&wfr = spider&for = pc.

缅甸以 BOT 方式建设了太平江水电站。除此以外，我国也在开发投资方面不断推进，华能在柬埔寨东北部上丁省西山区的桑河干流上投资建设了桑河水电站。华能巴基斯坦萨希瓦尔燃煤电站随后也开工修建，中国电力人在海外的声望迅速提升。海外投资与此前我国的国外引资道理相同，我国通过投资获取外汇，同时也为这些被投资国家送去了人才、资金、技术、管理经验，这些国家的电力事业永远打上了中国电力人的印记，中国电力在为国际电力发展作贡献。华能集团为了更好地推进海外发展，与具有雄厚科研基础的科研院所展开合作，进一步为拓展国际业务提供了有力的科研基础、技术保障和专家团队。除此之外，我国还通过多种方式进行国际合作，增加国际电力互联合作机会及拓展设备出口的空间，我国电力设备与技术基于自身的质量和成本优势，在国际市场上已经具有了较强的竞争能力和较广的市场空间。目前，包括硅片、电池片和组件在内的我国的光伏产品和风电产品已经出口到全球 200 多个国家和地区，我国与 90 多个国家（地区）和国际组织建立起了多双边合作机制①，中国的电力设备以其过硬的质量和口碑在国际市场上赢得了很高的声誉。

电的故事与案例

故事与案例 9.1：奥斯特发现电流的磁效应——为人类认识电与磁的关系打开了大门

电力事业是在不断累积中发展的。奥斯特的伟大贡献在于发现了电流

---

① 绿意更浓，风光无限［EB/OL］.（2024 - 09 - 30）［2025 - 02 - 16］. http://paper. people. com. cn/zgnyb/pad/content/202409/30/content_30027612. html.

的磁效应，从而在电和磁之间建立起了联系。人们很早就猜想在电和磁之间存在着某种联系。当时有文章记载了这样一件事：一次大雷雨中有间房子被击中了一处墙角，处于这个墙角的碗柜正好被击毁。在这次雷击中，吃饭用的刀叉也因电击而被熔化了，而后这家主人发现熔化了的刀叉能够吸引铁钉。这就意味着在这场雷击中，刀叉被磁化了。这种现象在富兰克林的莱顿瓶放电实验中也曾被观察到，即莱顿瓶放电时缝衣针被磁化，当时有人就猜想缝衣针的磁性可能来自电流。但在同一时期包括安培、库伦等都坚持认为电和磁之间不存在联系。正因如此，也很少有人去深入探索电和磁之间的联系。这时期只有康德坚持认为世界上只有引力和斥力这两种基本力，其他的力都是这两种基本力的变形，不同的力在一定条件下可以相互转化。

奥斯特受到康德的鼓舞而在电与磁的关系上进一步展开了深入细致的研究。奥斯特坚信电流的磁效应是存在的。奥斯特在坚持不懈的研究中终于又有了新的突破。奥斯特使电流通过一根很细的铂丝，这根铂丝跨过盖有玻璃的罗盘，发现罗盘受到了扰动但所受的扰动并不明显。奥斯特认为，电的导体对周围空间发生的效应叫作"电的冲击"，这就是现代电磁学中论及的磁效应[①]。电的冲击只能发生在磁性粒子上，电的冲击作用弥漫在导体存在的空间中，而且电的冲击作用是环绕导线按照圆形分布的。如果不是这样的话，就无法解释"电源导线放在磁极下面时会驱动磁极向东，而导线放在磁极上面时则会驱动磁极向西"这一现象。奥斯特的这一重大发现，为科学领域打开了一扇大门，使得科学领域充满了光明。这是人类在电与磁的关系方面认识的一大步，为人类进一步认识电和磁的关系打开了大门，而当时谁也不曾料到这项发现会深入改变人们的生活。

---

① 田川，梅家烨，王绍刚. 划时代的"转动"——纪念奥斯特发现"电流磁效应"200 周年 [J]. 物理教学，2021，43（3）：74-77.

故事与案例 9.2：电磁作用"基本力"的发现——右手安培定则及载流导线间的相互作用

现在我们都很熟悉的右手安培定则，应用起来非常简单和方便，但其发现过程并不是这么简单。奥斯特的电流磁效应的研究成果一经发表马上引起学界轰动，这是电学理论发展史上具有里程碑意义的大事。消息首先传到德国和瑞士。法国科学家阿喇果认为这是重大发现，并在法国科学院的会议上报告了这一发现。很多优秀的科学家随即展开实验研究并取得了很多重要学术成果。安培在奥斯特新发现的一周内就有了新的发现，指出磁针受到电流的作用时，转动方向是电流的右手螺旋方向。这个规律就是目前的"右手安培定则"①。同时指出，载流螺线管的磁性像磁棒那样也拥有磁性。安培在进一步做实验的过程中，发现两根平行的载流导线间存在相互作用：同向电流的两根载流导线间相互吸引；反向电流的两根载流导线间相互排斥。安培认为，磁来源于电流，一切磁的作用在本质上都是电流与电流之间的作用。并且认为，电流与电流之间的作用力是电磁作用的基本力，并将这种力叫作"电动力"。

故事与案例 9.3：柬埔寨基里隆 I 级水电站——中国电力走向世界的 BOT 项目

柬埔寨基里隆 I 级水电站是 20 世纪 60 年代由南斯拉夫修建的。但电站建成后一年多，就因为战乱而导致电站遭到严重破坏。2000 年中国电力技术进出口公司与柬埔寨国家电力公司在金边签订了基里隆 I 级水电站修复项目 BOT 合同。该项目由中方修复并运行 30 年后移交柬埔寨，该项目的工程范围包

---

① 朱培豫，张积之. 电磁感应发现简史［J］. 物理教学，1980（1）：45–49.

括：清理引水管道系统、修建蓄水大坝、修建电站到大坝的公路、新建电站厂房、新建发电设施和升压站、扩建柬埔寨第一变电站、新建电站到金边的输电线路等。该工程从 2001 年 4 月 2 日正式开工，2002 年 5 月 18 日正式发电投运，2002 年 5 月 29 日举行竣工仪式。在工程项目进行过程中，线路建设、变电站建设及工程技术水平都得到了柬方高度评价。把好工程质量关是完成该项目的关键，中方选派富有经验的工程监理负责质量监控，组织国内富有经验的技术工人赶赴柬埔寨开展工作，从工程一开始就保障了工程质量。在推进项目过程中，负责基里隆 I 级水电站项目的各承包商发挥了良好的合作精神。

根据柬方的要求增加塔基的数量和改变塔型，适时地增减线路长度，各施工方紧密配合，保障了整个线路工程顺利推进。项目推进过程中，对 6 千米长的引水管道进行除锈防腐和刷漆工程具有很大难度，但是中方在恶劣的工作条件下发扬艰苦奋斗精神，确保了工程质量并提前竣工。在立铁塔和架线过程中，中方夜以继日开展工作，战胜了各种困难，确保工程顺利推进。除了以上各方面外，加强管理也是确保工程顺利推进的重要环节。该工程的管理主要分为两个部分，即施工中的质量监控和国内设备制造。在施工过程中，中方选择了专业的监理工程师对工程进行严格把控；在国内设备制造方面，中方选派专家驻厂监造，在产品出厂前由业主代表、设计方代表和监造人员组成的验收组进行严格验收，确保了所有设备的质量。柬埔寨 I 级水电站修复工程提前一年多高质量完工，柬埔寨总理在竣工典礼上对项目给予了高度肯定和赞扬①。

故事与案例9.4："长治—荆门"输电线路——我国第一条远距离特高压输电线路

我国第一条特高压输电线路全长 654 千米，起点是山西省长治变电站，终点是湖北省荆门变电站，电压等级为 1000 千伏。这条输电线建设的初衷是

---

① 康跃华. 柬埔寨基里隆 I 级水电站投产发电［N］. 中国电力报. 2002 – 06 – 09（1）.

实现华北电网和华中电网的水火调剂：华北的火电可以送往华中，华中的水电也可以送往华北。在华北电网和华中电网之间调剂电力余缺。这条输电线满负荷运营后，可以为华中电网增加华北电网的火电供应，同时可以节约华中地区的燃煤发电。据研究，一条 1150 千伏输电线路的输电能力相当于 5 条 500 千伏的输电线路的输电能力，据此可以减少铁塔用材 1/3 和节约导线 1/2，节约电网造价 10% ~ 15%。特高压输电具有容量大、距离长、线损低和占地少的优点，1000 千伏交流特高压的输电能力是 500 千伏输电线输电能力的 5 倍[①]。因此，超高压输电线被誉为"省级公路"，特高压输电线路被誉为"高速公路"。我国的能源资源的空间分布地与电力消费地存在严重的不对称问题。煤炭主要分布在晋陕蒙宁新等地区，水力资源主要分布在长江中上游、黄河上游以及西南地区的雅砻江、金沙江、澜沧江和雅鲁藏布江等地区。

解决问题的办法就是输煤和输电。两者相较，输电更加经济划算，但输电就必须要架设输电线。建设特高压输电线在所有的输电线中最为经济。特高压输电线路可以最大限度降低电力传输过程中的电能损耗以及各种干扰带来的不良影响。我国因电力资源和电力负荷的空间分布不对等问题非常突出，研发特高压输电技术就成为重要而紧迫的议题。世界各国都在推进特高压技术的研发以及实践化进程。我国特高压输电线路的建设速度不断提升，国家电网公司和南方电网公司都在快速推进。国家电网公司的特高压输电线路除了论及的"长治—荆门"线以外还包括"向家坝—上海直流线路""锦屏—苏南特高压直流输电工程""淮南—上海特高压交流输电工程""哈密南—郑州 ±800 千伏特高压直流输电工程"；南方电网公司的特高压输电线路包括"楚穗直流"即"云南—广东 ±800 千伏特高压直流输电工程"、"复奉直流"即"向家坝（四川、云南交界）—上海 ±800 千伏特高压直流输电示范工程"、"锦苏直流"即"锦屏（贵州）—苏南 ±800 千伏特高压直流输电工程"。

---

① 特高压输电 ［EB/OL］. (2021 – 12 – 31) ［2025 – 02 – 12］. https：//www. kepuchina. cn/article/articleinfo？ business_type = 100&ar_id = 308356.

第 10 章

全国统一体系建设目标下电力市场的形成与发展

10.1　建立全国统一的电力市场

习近平总书记在中央全面深化改革委员会第二十二次会议上强调："建设全国统一电力市场体系"①。会议审议通过了《关于加快建设全国统一电力市场体系的指导意见》。建立全国统一电力市场体系的总体目标是：到 2025 年，全国统一电力市场体系初步建成，国家市场与省（区、

---

① 习近平主持召开中央全面深化改革委员会第二十二次会议［EB/OL］. (2021 - 11 - 24)［2025 - 02 - 12］. http：//jhsjk. people. cn/article/32291115.

市)/区域市场协同运行，电力中长期、现货、辅助服务市场一体化设计、联合运营，跨省跨区资源市场化配置和绿色电力交易规模显著提高，有利于新能源、储能等发展的市场交易和价格机制初步形成。到2030年，全国统一电力市场体系基本建成，适应新型电力系统要求，国家市场与省（区、市）/区域市场联合运行，新能源全面参与市场交易，市场主体平等竞争、自主选择，电力资源在全国范围内得到进一步优化配置[①]。建立全国统一电力市场体系是电力商品基于市场规则和按照市场经济规律进行优化配置的需要，也是在2030年实现碳达峰和2060年实现碳中和的需要。建立全国统一的电力市场，需要基于更加完善的电网设施建立起来，智能电网的进一步发展成为大势所趋，这也是实现优化电力市场总体设计和统筹电网发展与安全的要求。全国统一的电力市场可以进一步统一电力交易规则和电力生产的技术标准，打破电力市场壁垒，通过远距离输电调剂电力余缺，进而更好地实现电力资源优化配置，电力市场内的经济主体的竞争更加有序，并进一步促进国家市场、大区市场、省级市场等的融合发展，电力经济主体间基于标准的话语方式可以降低交易费用和提高交易效率，形成多元竞争的电力市场新格局。同时也有利于形成更加完善的电力价格传导机制，在全国范围内形成统一的市场交易规则和行业技术标准，有效平衡电力供需间的关系，电力工业作为关系国计民生的兜底工程的发展基础更加坚实，进一步保障各行业的用电价格保持相对稳定，助力电力结构优化转型，通过市场信号有效引导电力发展规划和进行有效投资，推进电力工业向清洁低碳方向转型。

电网在独立电源基础上建立起来，从小区域电网到大区电网，从大区电网到国家电网，电网逐渐实现了全覆盖，可以更加有效地实现能源布局在空间和时间上的均衡。相对完善的电网为健全电力市场提供了基础条件。电力市场的目标是通过市场机制规范电力市场，并能够更好地实现全心全意为人

---

① 我国将加快建设全国统一电力市场体系 ［EB/OL］.（2022 – 02 – 03）［2025 – 02 – 16］. https：//www.gov.cn/xinwen/2022 – 02/03/content_5671824.htm.

民服务的目标。我国社会主义市场经济改革的目标是建立起统一、竞争、开放、有序的市场体系。社会主义市场经济是在国家宏观间接调控下进行的市场经济。江泽民同志指出："我们搞的是社会主义市场经济，'社会主义'这几个字是不能没有的，这并非多余，并非画蛇添足，而恰恰相反，这是画龙点睛。所谓'点睛'，就是点明我们的市场经济的性质。"① 建立全国统一的电力市场体系，就可以将全国的电力资源纳入统一的市场，通过公平竞争激发市场效率，依托市场机制形成电价决定的自觉。当然在电力市场逐步形成过程中，也要充分考虑到发电企业与电网企业的差别，以及不同发电企业、不同发电方式间发电成本的差别。调查研究表明，国际通行的做法是"差价合约"。由于新能源的发电成本高于传统能源，政府在进行市场监管的过程中，就需要不同电企在补偿各自发电成本的基础上获取适当利润，其间存在两种情况：在电企的成本加上合理收益超过"差价合约"时，按照差价合约执行电价，此时的合约电价低于电企的成本加收益总额，合约电价低出的差额由政府进行补贴；在电企的成本加上合理收益低于"差价合约"时，按照电企的成本加收益决定电价，"差价合约"高出电力市场价格的部分作为政府监管部门的收益储存起来。"差价合约"的定价机制既是对电力定价的市场约束，也成为对电企的保护措施。

建立全国统一的电力市场，有利于激发资源配置效率，但也使得新能源开发的积极性受到一定影响。因为不同开发方式的新能源由于发电机组规模以及前期投入成本存在较大差异，因此在竞价上网后在同一平台上定价就不占优势，同时不同区域的电力资源开发条件存在较大差别，不易并入电网的电源企业生产的电能可以通过就近消纳的方式满足本地用电，这样不但能够减轻电网压力，而且可以充分利用本地的电力资源。按照这样的分析逻辑，建立全国统一电力市场是就全国而言，并不排除局部地区因特殊情况而产生

---

① 毛泽东邓小平江泽民论科学发展［M］. 北京：中央文献出版社，党建读物出版社，2008：72.

的因地制宜的独立运行的非并入电网的电力设施和电能消费。建立统一的电力市场的目标在于建设高效的电力系统和更好地服务社会。局地电源也能达到这样的目标，与全国统一的电力市场并不相悖。但是局地电源在供电过程中需要遵守全国统一的电力市场的电价制定标准。电能在人们的生活中已经不可或缺，新时代在不断满足人民日益增长的美好生活需要的过程中，电力扮演着越来越重要的角色。全国统一的电力市场更加能够体现电力消费的公平和正义。通过实施错峰电价和削峰填谷的方式，可以平衡电力负荷和提高电能的利用率。电力市场在进一步完善过程中会不断发现新问题，这需要通过创新思路得到解决，基于电力市场调控电力资源余缺，平衡电力资源的空间布局和时间布局。

10.2 电力市场中的主体与客体

10.2.1 电力市场分类

电力市场是基于竞争的市场机制对电力系统中处于发电、输电、供电、售电各环节及各要素进行协调运行，使其得以高效运行的组织机制和管理体制，这是一个基于法律手段和经济手段着眼于公平竞争和自愿互利发展目标的执行系统和管理机制的总和。电力市场的实质在于基于公平透明的制度规则，通过建立充满竞争创造具有更多选择机会的电力系统运营环境，在使得电力经济主体受到约束的同时，激发其进行电力生产的积极性，在保证电力经济主体获得合理收益的基础上提高整个电力工业的经济效益。在这种环境中实现约束有度和激励有效的目标。对于供电商而言，电力市场在本质上是通过引入竞争机制以促进电力产品的商业化运营，在激发自身创造动力的同时成为"他者"激发自身创造动力的约束。同时要基于市场竞争机制挖掘供电企业的潜力，激发其产出更多电力，以降低电力运营成本的积极性，以便为降低电价创造更多的空间；对于用户而言，电力市场的本质在于提供用户在用电方面的更多选择机会，通过用户选择提升电力供给主体的竞争程度，以便能够得到物美价廉的电力商品，通过消费终端定价机制促进电力供给方优化服务。电力市场可以按照不同的标准进行细分，但无论按照何种标准划分，其目标都是要建立统一、竞争、开放、有序的市场，电力供应主体基于公平竞争创造和维护市场秩序，电力消费主体在公平竞争的市场秩序中得到价格公道的电力服务。电力市场可以按照电力服务的空间范围、时间跨度、生产环节等划分。如果依据电力服务的涵盖区域划分，电力市场可以划分为国家市场、大区市场、省级市场、市级市场、县级市场等。各种类型的市场相互影响和相互依托构建起相对完善的电力系统。国家电网属于国家市场，这是电力市场的最高级别，其职责是服务全国的用电负荷；大区市场包括东北电力市场、华北电力市场、西北电力市场等，其职责是服务大区内的用电负荷；省级市场包括河北电力市场、河南电力市场、湖北电力市场、湖南电力市场、浙江电力市场、江苏电力市场等，其职责是服务省域范围内的电力负荷。如果依据电力服务的时间跨度划分，电力市场可以划分为期权交易市场、合约交易市场等，通过跨越时间的交易可以对冲交易标的的经济风险，从而保障电力商品不受或者少受损失。如果依据电力服务的生产环节划分，电力市场可以划分为发电市场、输配电市场、供电市场、用电市场等，电力从生产到销售的各个环节均在建构统一的电力市场过程中扮演着重要角色，其中发电市场是将电能向电网销售的市场，这主要是对发电厂而言，保障充足的电力供应，各发电主体间近乎完全竞争；输电市场是将电能通过电力网输送到负荷中心并实现资源优化配置的市场，基于相对完善的输配电网络建立起来，这主要是对输电商和配电商而言，保障高效电力传输和电能高效利用，输配电主体之间存在垄断竞争；销售市场是将电力销售给终端用户的市场，这主要是对电力销售商而言，保障低压电力设备安全稳定，确保电力正常使用，售电商之间存在近乎完全竞争的经济关系。

10.2.2 主客体的关系

电力市场是由主体和客体共同构成的。主体之间、客体之间、主客体之间均依据市场规则在规范着自身的同时也规范着对方。主体是参与市场交易的制造商、销售商和消费者，既包括电力商品的买方也包括电力商品的卖方，双方在电力市场中通过交割电力商品完成电力商品的销售与消费；客体是电力市场中买和卖的交易对象即电力商品。客体是将主体连接在一起的桥梁，供电主体基于电力商品进行报价，并通过电力商品在消费主体那里得到回应，双方在议价基础上形成电力商品的市场均衡价格。客体也是电力供应主体在电力消费主体面前树立形象的依据。作为中间组织的羿售企业既是电力商品的购买者又是电力商品的销售者，将发电商与电力消费者紧密连接在一起。电力市场的主体构成中包括发电公司、电网公司和销售终端等三个环节：其一是发电公司即发电厂，这是电源企业，是最容易引入竞争机制的环节，但过度竞争会弱化电能产出力；其二是电网公司包括输电部门和配电部门，这是电网企业，该环节不宜引入竞争机制，必须加大政府监管力度才能弱化垄断，该环节放松监管就会损害用电户的利益；其三是销售终端即最终的电力消费主体，这是电能的消费终端，该环节也容易引入竞争机制，该环节的竞争主要体现在售电商间的竞争。因此，在电力的整个链条上包括"发电公司→电网公司→配电公司→售电公司→电力用户"等环节，每个环节都要履行其职能，并通过建立密切的联系构建起电力系统。第一是发电公司。目前有三类发电公司：其一是具有深厚历史的发电集团公司，主要包括国电、华电、华能、大唐和中电投等；其二是新兴的发电集团公司，主要包括国家开发投资总公司、长江三峡开发总公司等；其三是区域性的电力能源集团，主要包括鲁能、浙能、皖能等。这些发电公司通过"竞价上网"将电出售给输配电公司，彼此间存在激烈竞争，尤其新能源在竞争中不占优势。第二是电网公司。电网公司作为输电网的拥有者将电输送到配电公司而后配给用电负荷。电网公司作为单一购买者购买发电公司的电能，保障电力系统的安全运行，将电力输送到电力消费终端。输电网具有自然垄断性，输电价格或者净利润收入必须受到监管机构的直接监管才能保证电价的公正合理，该环节构建起完全竞争机制的难度较大。世界范围内的通行做法是在充分参考民众意见的基础上加强政府监管。第三是配电公司①。配电公司通过配电网向用户配送电能。配电公司由于对配电区域具有垄断性，从而电价也具有垄断性，仍然需要接受监管以保证电价公平合理。在输电网开放的电力市场中，配电公司作为参与购电的竞争主体，通过向垄断的供电区域售电而获取利润，同时通过配电服务收取费用，该环节是竞争性的经济主体与垄断性的经济主体打交道，在多大程度上降低经济主体的垄断性，取决于二者间的关系。第四是售电公司。售电公司直接面对终端用户，经营电力的购买与销售。售电公司之间虽然具有竞争性，但由于其电价是在输电公司和配电公司基础上形成，必须保证其正常收益，才能向用电户售电，否则电力服务的"最后一公里"将无法实现。第五是电力用户。电力用户是最终消费电力的个人、机关或者企业单位，也是电力价格的最终承担者，只有在发电环节、输配电环节和售电环节进行价格管制，电力用户才能享受到优惠的电价。

10.2.3　市场规则运行

在完善电力市场过程中，政府扮演着规则制定者和电力市场监管者的角

---

① 配电公司与输电公司不同，前者属于轻资产公司，负责将变电站传来的高压电能降压后分配给最终用户，通过收取配电费盈利；后者属于重资产企业，主要负责电能的远距离传输，将发电厂产生的高压电能输送到变电站，通过资本运营获取利润。

色，需要履行制定科学公正的市场进入规则、市场交易规则和市场竞争规则的职责，规范电力市场的运行秩序，从而保证电力市场高效运行。作为规则制定者，在保证规则科学和合理的同时，必须保证规则执行的严肃性，不允许存在"以非制度因素干扰制度执行"的情形。只有坚持"公正司法和严格执法"，才能将公正的思想变为公正的行动。电力市场的交易主体发展状况的不同，决定了市场的开放程度，也在一定程度上干扰着市场规则的执行力。这包括以下多种情形：在发电侧开放的市场中，发电公司有多家卖方而电网公司仅有一家买方，这是有利于买方的一种市场状态，于是存在买方垄断问题，不利于竞争性市场的建构，只有形成限制买方的制度设计才有利于竞争性市场形成；在输电网开放的交易市场中，发电方存在多家卖家，为了形成利于自身的市场环境而有竞价的愿望，输电网因为扩展为配电公司和大用户共存局面，在一定程度上提升了输电网侧的竞争程度，在输电网方面有利于竞争性市场的建构，但输电网具有天然的自然垄断性，竞争程度只能在有限程度上提高，这种情况下发电方仍然处于不利局面；在输配电网都开放的市场中，发电侧存在多家发电公司的竞争，输电网侧由于形成配电公司、零售商和大用户共存局面而竞争程度进一步提升，该环节虽存在自然垄断的因素，但也存在形成竞争性输电网络的可能性，这种情形总体上有利于缓解垄断性而利于竞争性市场的建构，但电网公司的垄断性不能被消除。与电力市场主体相对应的是电力市场的客体，即电力商品。电力商品与其他日常生活用品不同，在具有商品的一般属性的同时，又具有无物质形态、不可储存、无质的差别等特殊属性。作为一般商品，电力按照等价交换原则进行买与卖。作为具有特殊属性的商品，电力产品具有无差别性，上网电力不再区分其品牌，但对消费的即时性以及电力传输的高效性提出了新要求。因为有了电网存在，电力商品在生产空间和消费空间上可以分离，但在生产时间和消费时间上不能异步，因而加快智能电网的建设，并平衡发电端与用电负荷端的关系就非常具有紧迫性和现实意义。

10.3　发电侧电力市场及其建构

我国从 20 世纪 80 年代实行集资办电和多元化形式办电以来，形成了办电主体多元化和办电资产产权多元化的发展格局。产权多元化的结果就是利益主体多元化，而利益主体多元化就会在很大程度上增加利益主体间的博弈，虽然提升了市场的竞争程度，但也有扰乱市场秩序的可能，处理多元利益主体间的利益关系就成为问题的重点。在电力市场不健全和市场主体有意绕过市场规则的情况下，不同产权性质的电厂会受到不同的待遇，不同利益主体并非实质性地站在同一平台上对话，这包括：对系统内的电厂实施保护政策，优先鼓励多发电从而排挤其他形式的电厂，进而能够获得更多资源和更多发展机会；对外资电厂给予优惠政策，使其在投运中不承担任何风险，从而实质性地挤占其他电厂的发展机会，这使得其他电力企业在竞争中失去优势。这种差别化地构建竞争机制的做法不利于建立完善的电力市场。对话平台不同产生的收益差别，会在一定程度上造成"努力发展而不具制度优势的经济主体"弱化其奋斗力。完善的电力市场需要为各类投资主体创造公平竞争的市场环境，投资主体在同一语境内基于一致性规则进行平等对话，让不同产权主体都要承担风险，并在公平竞争的环境中公平获取盈利机会。这就要求通过公平公正的制度设计，让不同性质的利益主体回到相同的竞争平台上。在发电侧建立公平的竞争性市场机制是缓解电力供需矛盾和在出现电力供大于求的情况下让投资主体具有公平收益权必须作出的理性选择，这时电力生产开始从"卖方市场"转向"买方市场"，即"买方"在电力市场建构中具有更加充分的话语权。电力企业的角色进而也发生变化，即由生产者和管理者转变为电力产品的经营者和服务者。电力企业的管理必须瞄准市场需求，消费者主导的市场模式逐渐形成。

电力市场发展比较成熟的国家的经验表明，从发电端到售电端的整个链条中，发电侧最容易引入竞争机制，而电网引入竞争机制不太容易。发电企业较多，其市场环境类似经济学意义上的完全竞争。因此，我国首先在发电侧建立起了竞争的市场机制，通过竞争机制提升了电力企业的服务质量，在发电市场上建构起发电主体自行提升运行效率和降低运行成本的内生机制，进一步淘汰落后产能，从而达到降低成本和提升服务质量的目的。为了改变电力工业的垄断局面，国家通过实行"厂网分开"将处于电力系统不同环节和完成不同职能的发电企业与电网企业分开运营。在发电环节引入竞争机制，在电网环节强化监管机制。在发电环节引入竞争机制过程中，将国家电力公司持有的电力资产，按照发电和电网两类企业进行分割。华能直接组建为独立的发电企业，其余固定资产重组成几个全国性的发电企业，每个发电企业在各电力市场中的份额需要保持在基于构建竞争性市场而规定的制度要求范围以内。其目的就在于创造一种相对完善的竞争机制，弱化直至消除发电企业因规模过大而造成的市场垄断局面。基于如上制度设计和发展预期，国家电网公司和南方电网公司旗下分别设立多家发电公司：国家电网公司设立华北、东北、西北、华东、华中电网公司，同时规定西藏电力企业由国家电网公司代管；在设立如上电网公司的基础上设立南方电网公司，经营范围为云南、贵州、广西、广东和海南。各发电公司之间基本形成竞争性的市场格局。其次，在发电端引入竞争机制的基础上，对电网企业也要实行严格监管，改变电网企业因自然垄断而造成的传统经济时期一直存在的垄断局面。

实行竞价上网后，发电企业基于市场机制经营，电价的机制也发生了根本性变化。上网电价的定价方法改变了此前一直实行的个别成本定价方法，一厂一价的定价格局发生改变，转而按照社会平均成本定价或者边际成本定价，这种定价方式的政治经济学意义就在于：电价不由生产电力商品的个别劳动时间决定，而是由生产电力商品的社会必要劳动时间决定。新的定价方式使得利益主体在同一平台上竞争，统一的电价形成机制更易激发竞争主体的经营积极性。通过电力市场的制约机制激励电厂投资者和经营者降低造价、降低成本、强化管理和提高收益，使得电厂经营从此前专注量的增加转为注重质的提升层面，电力系统的整体运营环境得到改变，为电力工业的持续、快速、健康发展创造了条件。发电企业的盈利空间变窄、利润变薄，但企业的积极性得到提升，发电主体需要同时考虑发电的质和量。按照现代企业制度的基本要求，进入竞争市场环境中的微观经济主体必须是自主经营、自负盈亏、自我约束和自我发展的微观经济主体。发电端竞争性的市场机制基本建立了起来，但由于不同投资主体的经营范围以及投资体量存在差别，导致其竞争力也会迥然不同。发电主体按照产权归属不同可以区分为国家投资的电厂、网（省）公司与其他投资者参股拥有的电厂、独立投资的电厂等。不同产权结构的发电主体的利益分配主体存在差别，因此引入竞争机制的方式也略微存在差别。实行厂网分开过程中，不同产权形态的发电厂必须是有区别的而不是整齐划一地实行厂网分开。不同电力经济主体的运营方式存在差别，运营中面对的具体问题也存在差别，这包括诸如国家投资的回收问题，参股投资的发电厂的处理方式问题等，都需要通过制定详细的政策逐步展开。在保证合理的投资回收期的基础上创造获得公平收益的机会。因此，消除垄断性和增强竞争性需要循序渐进地进行。

在竞争性的市场机制形成过程中，需要重点考虑的一个问题是市场主体的数目问题，市场主体必须达到一定的数量才能形成近似完全竞争的市场环境。如果竞争主体过少，就可能出现竞争主体通过共谋而控制市场的问题，市场环境就类似于寡头垄断或者垄断竞争，这样的问题必须事先考虑完善。同时还必须保证在市场中没有刻意左右市场价格的垄断力量存在，在此过程中必须同时利用好"无形的手"和"有形的手"。在发电侧形成公平竞争的竞价机制存在的问题，主要发生在传统电厂与新建电厂之间、集资电厂与统配电厂之间，不同发展情况的电厂在转型过程中需要处理的关系存在较大差别，竞争力也同样会存在差别。只有平衡这些关系，才能稳妥地过渡到完全竞争市场环境。新建厂具有较强的竞争力，而老厂竞争力较弱。这需要在组建发电公司过程中，通过以强带弱、以新带旧的方式，实现新厂与老厂组合搭配，重组新的发电公司，在新组建的发电公司内，通过资源优化组合和构建新的管理体制，提升自身的竞争力和培养融入市场的能力，从而在竞价市场上占据优势。通过"以强带弱"和"以新带老"的方式使老厂尽快走出发展困境，焕发出市场竞争力。虽然存在各种复杂情况，但仍然需要首先建立起所有经济主体需要共同遵守的制度规范，这是经济主体走向市场文明的制度规约和心灵规约。因此，为了保证电力市场正常运行和为电力市场提供一个开放、竞争和规范的市场环境，必须建立起符合社会主义市场经济要求的电力市场规约体系。在完善市场运行规则过程中应该考虑如下原则：其一是发电市场的准入原则，投资的电源必须符合国家技术标准的要求以及发电质量的要求；其二是有利于创造公平竞争的市场条件并保证各经济主体在这种条件中展开经营；其三是建立电力市场的交易规则，各市场主体须基于这种规则形成公平正义的交易秩序。

10.4 需求侧电力市场及其建构

电力市场中的用户可以按照不同的分类依据划分为不同的类型。按照产业类别进行划分可以区分为第一产业用户、第二产业用户和第三产业用户；按照用电的消费规模可以区分为工业用户、商业用户、住宅用户和农村居民用户；按照电压的等级差异可以划分为照明电用户、普通工业用户和大工业用户。不同类型用户的电力需求情况不同，包括对电量的需求、对电压的需求以及对变电设备的需求等都存在差异。既然如此，与不同需求相对应的电价也需要体现出差别，只有这样才能够体现出公平。电价需要进行差别化、精细化设计，据此才可以设置相对合理的电价政策。另外，影响电力需求的因素也是多方面的，这包括电力负荷的体量、电力消费端的需求偏好、经济发展水平、经济增长方式、产业结构特点、用电负荷所处区域等。因此，规范电力市场不能只考虑供给侧而不考虑需求侧，加强对电力需求侧的管理对于完善电力市场具有重要影响，加强对需求侧管理，也可以加强需求创造供给的力量，可以通过需求限制供给。"需求侧管理"在20世纪80年代初由美国学者提出，这是一种在电力用户有效参与的情况下，充分利用和挖掘能源资源的系统工程。在电力供给侧保持相对稳定的前提下，加强需求侧管理，可以最大限度提升电力资源的配置效率。电力需求侧管理是指通过统筹协调全社会电力资源的管理措施，提升有限电力资源的配置效率的综合管理方案，该方案包括多方面的内容：其一是加强源头管理，通过实施合理、可行的技术和管理措施提升资源配置效率；其二是加强中间管理，优化配置电力资源，在用电环节制止浪费、降低电耗、移峰填谷；其三是加强末端管理，促进可再生能源电力消费、减少污染物和温室气体排放；其四是加强节约意识，将"环保用电、绿色用电、智能用电、有序用电"体现到生活细节中。电力需求侧管理是一项动态的系统管理措施，其目标并不在于一时、一域、一企，而在于全域、全时、全业，因此，电力需求侧管理与简单地进行电力控制存在差别，电力需求侧管理强调制度管理和自我管理，将管理的重点放在调荷、节电方面，以便能够更好地挖掘电力事业的发展潜力，基于需求创造供给和基于需求引导供给，为用户提供更好的服务，以及调节用户的用电行为，达到电能资源优化配置的目标。电力需求侧管理既包括需求的存量管理，也包括需求的增量管理。

由此可见，电力需求侧改革的目标是减少不合理的电力消耗，从而提高用户终端的用电效率，在一定程度上减少用户在电网高峰段对电力的需求，从而提升电网的负荷率及其运行的经济性。根据需求侧管理的目标，需求侧管理的内容主要包括：锁定管理对象、区分用电需求、明确管理目标、出台政策法规、明确管理细则、选择管理手段、制订管理计划、落实管理主体、实施管理项目、进行效果评估、疏通反馈通道。我国的电力需求侧管理虽然涉及很多方面，但目前主要任务体现在移峰填谷和绿色照明两个方面。移峰填谷措施的推出是与发电特点相联系的。发电的特点是即发即用，电能不能大量储存，电能的发、供、用必须同时完成。电能在持续产生，但电能消费在一天中的不同时段则会存在较大差别。荷峰与荷谷的用电量差别会造成电能供给缺口和需求缺口的问题。用户在集中用电时就会出现荷峰过高，在集中不用电时则出现荷峰过低，荷峰与荷谷之间出现巨大差距，荷峰时电能供给不足，荷谷时则会出现电能需求不足，荷峰时用电紧张，荷谷时则存在电能浪费。"移峰填谷"是解决该问题的关键举措。移峰填谷就是通过拉大峰谷电价实行可中断负荷电价的措施①，引导用户调整电力消费的方式：荷峰时有条件地限制消费，荷谷时有条件地鼓励消费。通过有效的峰谷电价差，引导用户在用电高峰时少用电，在用电低谷时多用电，从而调整电力资源的流向和高效利用电力资源。这一点虽然在理论上能够讲通，但在实践上往往不具有可操作性。因为用电负荷的电能消费大体具有相同的消费倾向，这样会使荷峰继续升高，荷谷继续降低。由于中断部分负荷会对电力客户的生产造成一定影响，因此，电力公司对这部分中断负荷的用户给予一定补偿，体现这部分补偿的电价就是可中断负荷电价。"中断负荷"在本质上仍然是"移峰填谷"举措的展开方式。

从电力供给与电力需求的关系看，供电端具有选择供电的自由，而消费端则具有不消费电力的自由。电力消费端与电力供给端的"自由"实质上的不对等，导致电力供给是相对无弹性的，而电力消费则是相对有弹性的。由于电力需求存在多样性和不确定性，在发电能力和供电能力大发展的情况下，用电需求低谷时就会有大量电力资源闲置，这不仅增加了发电和供电成本，

---

① 可中断负荷电价是可中断负荷管理中供电公司给予用户的经济补偿。在电力系统用电高峰时段电力供应不足的情况下，可中断负荷电力用户事先与电力部门签订的协议，在用电高峰时暂时被减少或中断用电负荷，以便促成用电高峰时段的电力供求平衡。

也增加了用户的电费负担。推出有效的电力需求侧管理措施，就可以对电力需求侧"选择不用电的自由"加以限制，让电力消费者在需求侧管理中获益，从而提升电力资源的配置效率。通过基于经济激励的移峰填谷措施鼓励用电，在促成电能供需平衡方面可以取得一定的成效。绿色照明①是20世纪90年代国际上对采用节约电能、保护环境的照明系统的形象说法。这种创新型的照明设计一般从节能、环保、安全、舒适等四个指标进行刻画。1991年1月美国环保局（EPA）首先提出"绿色照明"（green lights）和推进"绿色照明计划"（green lights program）的概念②。美、英、法、日等国家先后采用了"绿色照明"计划并取得了较为显著的成效。绿色照明的广泛应用能够有效降低高峰负荷要求，提高能源的整体利用效率。我国传统的照明光源以低效的钨丝灯、白炽灯为主，用电效能较低，以节能灯替代传统灯具就成为大势所趋。在20世纪90年代我国开始实施"绿色照明工程"，逐渐以高效的照明灯具取代低效的照明灯具，用电效能大幅提升，对需求侧的用电平衡起到了巨大促进作用。研究表明，我国照明用电量约占全社会用电量的12%，超过4300亿千瓦时。若将白炽灯全部替换为节能灯，每年可节电480亿千瓦时，相当于减排二氧化碳4800万吨，节能减排潜力巨大③。

10.5　电价机制与电价核定方法

电力体制改革的核心是电价改革。国家在下发的《电价改革方案》中确

---

①　绿色照明是一种创新型的照明设计。该设计基于效率高、寿命长、安全和性能稳定的照明电器产品实现照明目标，以便改善人们的工作、学习、生活的条件，创造高效、舒适、安全、经济、有益的环境。绿色照明必须同时实现四个指标，即节能、环保、安全、舒适。

②　什么是绿色照明？［EB/OL］.（2009 - 03 - 09）［2025 - 02 - 17］. https：//csglw. beijing. gov. cn/csyxbz/szxcs/cszm/201912/t20191203_824681. html.

③　杜薇. 我国绿色照明节能潜力巨大［N］. 中华工商时报，2010 - 07 - 02（E19）.

定了电价改革的长期目标：在进一步改革电力体制的基础上，将电价划分为上网电价、输电电价、配电电价和终端电价；发、售电价格由市场竞争形成，输、配电价格由政府制定，目的在于削弱电力垄断经营，建立规范、透明的电价管理制度①。国家发展和改革委员会先后出台了《上网电价管理暂行办法》《输配电管理暂行办法》《销售电价管理暂行办法》等措施，明确了上网电价、输配电价、销售电价的定价方法，这实际上是对电力垄断价格的限制性规定，标志着我国电价将实行新的定价机制，核定电价进入了基于市场机制参考社会边际成本或社会平均成本进行定价的定量核算阶段。电价形成机制是指在电价形成过程中，具有直接定价权、间接定价权或者电价制定干预权等各方面相互关系并在集体一致意见基础上形成电价的方式，该机制的核心部分是电价由谁决定、怎样进行决定，也就是说，电价是由政府决定还是由生产经营者自主决定，或者是在两种力量相互制约的前提下决定。下面就来谈谈三种定价机制：其一是政府定价。这种定价机制下，政府在电力定价中具有绝对主导权，定价的前提是维护公平正义的市场秩序，促进形成竞争性的市场环境，保证市场主体的正常收益。该种定价方式即政府采用价格管制约束电力企业。政府定价可以分为成本加成定价和最高限价两种方式。成本加成方式是在实际发生的成本基础上，加上一定比率的回报制定价格，加成的部分就相当于发电企业的盈利；最高限价是指将电价限制在一定的价格水平，即电价不能超过该水平，从而在制度上保障了电力消费者的权益。就经济学意义而言，价格上限一定会低于市场均衡价格。当电价低于价格上限时由市场供求决定，当电价高于价格上限时由价格上限决定。这种定价一般是采用"基于上年度电量或收入决定下年度的电价"的方法。其二是协议电价。这种定价机制下，买卖双方在协商一致基础上签订电价协议，该电价在供需双方议价的基础上形成，电力

① 国务院办公厅关于印发电价改革方案的通知［EB/OL］.（2018 - 04 - 17）［2025 - 02 - 17］. https：//www. gov. cn/zhengce/content/2018 - 04/17/content_5281575. htm.

价格能够在很大程度上做到公正，但这种定价机制不能存在卖方垄断和买方垄断，否则协议定价就会完全流于形式。其三是市场定价。这是基于市场竞争规则，买卖双方在竞争机制基础上形成的价格。前文论及，该种电价机制对于不同种类的电源以及新旧企业、规模大小不同的企业产生的影响存在较大差异。市场定价会以公平竞争的市场机制的表象遮蔽实质上的不公平。

市场定价可以分为同价竞争和报价竞争。不同报价形式对买方和卖方的影响存在差异。同价竞争分为三种情况：其一是买方提出价格，即买方给出一个价格，多个卖方在这个价格基础上竞争，低价先得。这是有利于买方的定价机制，但买方的给价意愿对卖方形成强约束。其二是卖方提出价格，即卖方给出一个价格，多个买方在这个价格基础上竞争，高价先得，这是有利于卖方的定价机制，但卖方的高定价愿望不一定能够实现。其三是第三方价格，即由第三方给出价格，多家卖方和买方在这个价格基础上展开竞争，市场价在第三方统筹考虑的基础上决定，最后的市场价由买方和卖方在多轮讨价还价的基础上决定。不同竞争方式的共同目的在于形成公平合理的市场电价，使消费者充分受益，电力经济主体也能够获得合理收益。报价竞争适用于多个买方和多个卖方交易的情形。根据交易的复杂程度又可以分为两种情况：其一是多个卖方报出价格，买方根据价格的高低，实行低价先供，这仍然是有利于买方的定价机制，如果卖方恶意竞价，就会出现不利于卖方的市场局面；其二是多个买方报出价格，卖方根据报价的高低，实行高价先供，这仍然是有利于卖方的价格机制。但是买方在竞价之初就给出较低的价格，就会不利于卖方。因此，无论是同价竞争还是报价竞争都存在局限性，竞争主体不同于完全竞争市场条件下所要求的"竞争主体数量尽量多"的情形。公平合理的价格形成机制，进一步营造出了公开竞争的市场氛围。电价的制定需要遵循市场竞争原则，但更需要遵循一般的定价原则，在此过程中不能将"电价形成的理性"与"电价形成的现实性"混为一谈，否则基于公平原则而电价形成的预期就会被现实中的扰动因素所冲淡。在能够培养有序的竞争环境的同时，也有利于优化资源配置，既要保证发电企业有供电的积极性，也要保证用电终端有序消费电力产品，同时电网公司也要积极地担负起疏通输电通道的职责。从这一点上看，电力市场主体具有准公共性和营利性双重属性。电价定价需要坚持的基本原则包括：其一是获得合理收益原则。制定电价需要合理补偿成本，同时也要合理确定收益。竞争性的市场定价不能将竞争性价格定在平均可变成本以下。电力经济主体只有在获得合理收益的基础上才能具有持续供电的积极性。合理收益是指电力行业正常利润应与社会总资本的盈利水平相当。其二是兼顾公共政策目标原则。电价必须控制在合理范围内，这个合理范围就是：电价必须低于消费主体从用电中获得的回报，以保证电能消费主体从电能消费中能够获得的净收益为正值。消费主体基于此才能维持和发展生产，在激发用电积极性的同时促进电力事业的发展。

合理的电价需要基于电价的各个环节形成，各个环节的电价合理才能做到电价合理。根据前文，电价体系由电力生产、输送、分配和销售等各环节的电价组成。电价由此就可以分割为上网电价、输配电价。上网电价就是发电厂向电网公司的售电价格，即电网的购入电价。这是发电企业向购电方索取的上网结算价格。如果该阶段的电价较高就会导致最终电价较高。但控制上网电价只能从燃料成本、管理成本、技术成本以及电源企业的盈利预期等方面考虑。上网电价是电价的源头，在制定上网电价过程中需要坚持"一补偿＋两受益"的原则："一补偿"即补偿发电企业的社会平均成本；"两受益"即让办电投资者受益和让电力消费主体受益。只有各个阶段的电价合理，才能平衡各个层面的利益。竞价上网前独立发电的电力企业的上网电价，需要由政府部门按照"补偿成本＋核定收益＋依法纳税"的"三位一体"原则进行核定。竞价上网后参与竞争的发电机组实行两部制上网电价，"两部"即"电量电价"与"容量电价"。基于此市场电价就是电量电价与容量电价的和。"两部"中的各部分的电价形成方式不同。电量电价是基于市场竞争形成。容量电价则是在政府部门主导下制定。根据国际惯例，容量电价的具体计算方法是：容量电价 = 容量电费/机组的实际可用容量。这个公式中的容量电费的计算公式是：容量电费 = K（折旧费用 + 其他费用）。其中，K 为根据各市场供求关系确定的经验比例系数，基于大量统计数据形成，折旧按政府价格主管部门确定的折旧率确定，计算折旧的主要方法包括平均年限法、双倍余额递减法、年数总和法等，电力经济主体根据相关规定采用其中一种适当的方法折旧。两部制电价是国际上通行的计价方式。两部制电价的定价方式更加符合电企实际，也有利于用电户。这种电价制定方法中考虑到了多种复杂因素。发电公司所有需要支付的成本包括还本付息的成本、与发电量无关的固定成本、投资者的固定回报以及固定税收等，这些均与发电公司的发电量无关，只与发电公司提供的电容量有关，这些成本因素均属于电能产出的沉没成本。将容量电价包括在电价中符合发电企业的实际。

输配电是电力供应的重要环节，按照服务与收益对等的原则，也应该收取相应的服务费用，加到电价当中。输配电价是电网经营企业提供接入系统、联网、电能输送和销售服务的价格总称。这些设备都需要由电网公司支付设备费、维护费、升级改造费以及管理费等，按照成本补偿原则，所有费用以电价方式加入到总电价中属于正常核算。输配电分开后，需要单独制定输电价格和配电价格，基于不同机制形成的电价也会存在差别。输配电价格分为共用网络输配电服务价格、专业服务价格和辅助服务价格，不同输配电网络的成本存在差异，电价也会有差别。共用网络输配电服务价格是一种普通价格，这是电网经营企业为接入共用网络的用电主体提供输配电和销售服务的价格。专项服务价格是一种专属价格，这是电网企业利用专用设施为特定用户提供服务的价格。辅助服务价格是一种辅助价格，这是电网企业提供的有偿服务价格。电网公司需要基于电网使用的属性不同而制定合理的电价。输配电价格因电网具有自然垄断性，不能由电网企业自发形成，也不能基于市场机制形成，为了保证电价的公正性，由政府按照"成本＋收益"的原则制定，即在保证补偿成本的前提下能够获得正常收益。目前我国的电价形成制度中，只是明确了终端销售电价和上网电价，没有独立的输配电价，而电力的终端售价中是包含输配电价格的，电价结构仍然存在不合理的地方。输配电价格需要在总电价中进一步进行细分和切割，并形成在政府监管下的合理定价制度，通过降低管理成本和建设智能电网，输配电价降价的空间会得到扩展。我国目前在形成电价的各环节的占比上，上网电价占到 62.6% 左右，输配电价占到 30.9% 左右[①]。这方面与国际上的电价结构存在很大不同，发达国家的电价构成方面以欧盟主要成员国为例，欧盟成员国以电量电价形式收取的配电费占总配电费的平均比例为 69%[②]。我国的输配电价比重偏低，从而与电价形成的国际话语存在差别，进一步造成以下问题：吸引国际资金存在困难；电网建设存在阻力。电价形成方式需要与国际话语对接，并将电价保持在合理水平就显得非常重要。

基于以上分析，输配电价改革是电价改革的关键，输配电价是承上启下的中间环节，需要通过国家监管对其进行限制，但要保证电网公司的正常收益。合理的输配电价有利于促进电网与电源的协调发展，也有利于促进发电公司间进行合理竞争，其价格水平也直接影响着整体电价状态。销售电价是电网公司对终端用户销售电能的价格，销售电价主要由购电成本、输配电损耗及政府基金等三部分构成，因此销售电价就等于"购电成本＋输配电损耗＋政府基金"。购电成本是电价中的主要部分，这是电网企业从

---

① 上网电价与输配电价［EB/OL］.（2020 – 09 – 24）［2025 – 02 – 17］. https：//power. in - en. com/html/power – 2376429. shtml.

② 欧洲输配电价体系分析［EB/OL］.（2020 – 06 – 23）［2025 – 02 – 17］. https：//power. in - en. com/html/power – 2369681. shtml.

发电企业或其他电网购入电能所支付的全部费用；输配电损耗是指电网企业在输配电过程中发生的正常损耗，这部分损耗需要通过电价方式得到补偿；政府基金指按照国家有关法规，随电量征收的基金，缴纳基金数量的多寡与消费的电量呈正相关关系，其目的是解决办电资金需求。销售电价在竞价初期由政府管理，在配电与售电分开后，由市场竞争形成。电价会基本保持在稳定水平，电能对其产生影响的偶然因素也复杂多样。售电价格最终按照用电户的电能用途差别可以划分为农业用电电价、居民用电电价和工商业用电电价等不同类型，不同类型的用电因属性不同造成的电力成本存在差异，因而需要承受不同的电力价格。与国际上其他国家的电价相比，我国的电价相对较低。美、英等国家的电价总体上相对较高。前文论及，我国的电价已经形成比较完善的分时电价和峰谷电价，通过累进的电价机制鼓励节约用电，鼓励在波谷时用电。在高消费阶段施以高电价，可以对电力消费起到抑制作用，在一定程度上平衡了电力供给与电力消费的时间布局。

10.6　电力市场模式的理论与实践

电力工业从垂直一体化的垄断模式向竞争的市场模式转变是一项艰巨复杂的任务。电力市场化改革进程中，改变了此前一直存在的基于行政力量"由上向下看"的状态，转轨到了电力市场主体在竞争的市场环境中"彼此相互看"的状态。电力工业打破垄断的改革需要参考国际经验，但必须根据我国电力发展已经形成的特点选择适当的模式。电力工业改革的目标是最大限度地利用市场手段降低垄断程度和提高电能产出效率和供给效率，通过经济激励的方式激发电力经济主体降低生产成本和供应成本，实现资源优化配置。经济学理论认为，典型的市场模式分为完全竞争市场、完全垄断市场、垄断竞争市场和寡头垄断市场。四种不同的市场模式中,经济主体掌握的资源数量以及控制市场的程度不同,从而使市场竞争程度也存在着差别。完全竞争市场和完全垄断市场是两种极端的市场模式。完全竞争市场的特征是参与竞争的经济主体的数量多但规模小,任何一个经济主体都不能成为市场的决定者,而只能是既定市场的接受者,经济主体基于公平竞争的市场环境决定自身的表现方式。完全垄断市场模式下只有一个卖方企业,从而也就掌握了市场发展样态的话语权,该经济主体也是市场价格的决定者,消费者没有任何选择余地。该种市场模式下处于垄断地位的经济主体凭借垄断地位可以获得高额利润,但会严重损害消费者的利益。垄断竞争市场模式下的竞争企业数量较多但远远低于完全竞争市场模式下的企业数量,所以仍未达到完全竞争的程度,各个市场主体只能在一定程度上有话语权。寡头市场模式下的企业相对更少,寡头市场上的任何一个企业的决策都会影响其他企业的利益,寡头经济主体在博弈的基础上决定市场发展态势,在某些情况下寡头之间出于利益保护会通过共谋操纵市场价格,市场价格有利于寡头经济主体而不利于消费者。因此,任何一家企业的决策都会影响整个市场格局。我国的电力市场在改革进程中逐渐从垄断经营模式向市场开放模式发展,市场机制在电力价格中具有充分的话语权。

建立电力市场的目的在于,通过建立充满竞争和富有选择机会的电力系统运营环境,在提升经济主体间竞争程度的同时提高整个电力工业的经济效益。竞争和选择是市场机制相互依存的两个方面,我国的电力市场模式据此可以分为四种类型,即垂直一体化模式、单一买方模式、批发竞争模式和零售竞争模式。四种模式因运行机制存在差别,电力市场主体的运营状态也存在很大不同。第一,垂直一体化模式。这种模式实质上是行政命令主导的方式,经济主体根据行政命令配置资源和开展经济活动,不存在竞争性的发电商,电力工业的所有环节都捆绑在一起,发电、输电、配电和供电等四个领域都是垄断性质的。这是在电力市场出现前采用的模式。

电力价格也自然带有垄断性质，这种性质的价格既不反映发电成本，也不反映市场需求。但一般而言，电力服务的各个环节均能获得较高水平的利润，这种电力模式总体上有利于电力经济主体而不利于消费主体。第二，单一买方模式。单一买方模式下，任何地区只允许一体化的垄断者从竞争性的发电商处买电，这是"一家买方↔多家卖方"的情形，竞争只是对卖方的竞争，对于买方而言不具有实际意义。这种模式具有很大的垄断经营性质，发电商之间虽然存在激烈竞争，但购买方则仍然是垄断售电。电力市场"一头冷一头热"。该种市场模式下，独立的发电商只能将电卖给市政电力公司，而后市政电力公司将电卖给最终用户，市政电力公司对所有最终用户属于完全垄断性质。各发电公司不允许将电直接卖给终端用户。电价仍然具有垄断性质，虽然较垂直一体化模式出现了发电商与电力公司的职能分割，但没有发生实质性的改变。第三，批发竞争模式。这是"多家买方↔多家卖方"的情况。这种模式虽然在一定程度上会削弱购买者的垄断权，但垄断权仍然存在，这主要表现在配电公司的垄断经营方面。这种方式又称为多个购买者模式，目的在于形成竞争有序的电力市场。这种模式下的发电环节是完全竞争的，电能的买方包括配电公司和大用户，电能的买方虽然导入了形式上的竞争机制，但因电网公司服务区域具有自然垄断性，垄断经营仍然具有现实性。配电公司对所有较小的最终用户实行垄断经营，大用户直接向发电商购电，于是在配电公司与大用户之间形成议价竞争态势。但大用户与配电公司之间形成议价竞争的力量，在于大用户消耗的电力在电力消耗总量中的占比，这个比例越高越能够削弱配电公司的垄断程度。由于改变了单一买方模式下只存在电网公司一家买方的市场形态，因而能够降低电价。批发竞争模式是电力走向市场化的跳跃式进步，在很大程度上改变了此前的电力垄断发展格局。第四，零售竞争模式。该模式下允许所有用户选择供电商，电力市场的竞争化程度进一步提高，竞争的发电商可以把电卖给任何人，小用户可以通过总代理或零售商购电。因此，这种市场模式是实质意义上的"多家买方↔多家卖方"的情况。这种模式从根本上消除了垄断产生的制度基础，是建构竞争性的营商环境的发展方向。采用此模式的国家有英国、新西兰、澳大利亚、阿根廷、挪威、瑞典、西班牙以及美国部分地区。电力市场走向完全竞争是电力发展的理论追求，现实中仍然因电力产业的复杂性问题而存在很多障碍因素，但高水平的竞争发展格局必然是电力进步的方向。

综上所述，在如上四种市场模式中，单一买方模式的竞争程度不高，电力市场仅仅是有限开放，这种市场模式具有垄断性，属于不完全竞争，这种情况只是在引入竞争性市场模式的初期作为探索性实践而推进的模式。批发竞争模式将输电环节进行市场开放，但形式意义高于实质意义，因为具有议价能力的用电大户毕竟是少数。市场竞争程度有了一定的提升，但垄断性质仍然居于主导，距离预期中的高竞争性的市场发展态势仍然存在较大差距。批发竞争模式和零售竞争模式的电力市场模式，将发电、供电、售电各个环节全面进行开放，是电力市场向成熟发展的关键阶段，市场建构中具有了相当多的竞争因素。为了进一步增加电力市场中的竞争因素，需要进一步开放零售市场，从理论逻辑层面看，全面零售竞争是电力改革的发展方向，但从实践逻辑层面看，批发竞争模式应该是过渡到零售竞争的必要阶段。但是在此过程中，国家必须加大对处于自然垄断地位的电网的监管，将输配电环节的电力加价严格控制在合理范围内。

10.7 我国电力市场的层次结构

我国电力的市场化一直在稳步推进，随着五大发电集团、两大电网公司、四大辅业集团和国家电监会挂牌成立，我国开始了电力工业市场化改革进程。基于历史的逻辑，我国的电力市场总体结构分为三个层次，即国家电力市场、区域电力市场和省网电力市场。国家电力市场存在的基础是全国联网，只有电网布局得以完善才能构建起完善的国家电网，也才能在全国范围内具有更强的调峰调荷能力。电能的交易主体是区域电网公司、省电力公司以及特大型电厂。国家电力市场的联网收益体现在多个方面：其一是电力调度，即可以实现跨省域的电力空间调度，在大尺度空间内实现电能优化配置，充分发挥西部地区的水力和煤炭优势，从而获得发电的规模收益。其二是优势互补，即在国家电网背景下的各大区电网之间可以实现优势互补，对进一步优化电能结构发挥积极作用。其三是用电调峰，即可以充分利用大区域内的发电时差获得用电调峰收益，从而达到调剂余缺的目标。其四是平衡产销，即基于全国电网可以实现西电东输和北电南送，解决电力生产与电力负荷的空间布局不对称问题。区域电网的建立是建立区域电力市场的基础，区域电力市场的逐步完善可以打破省际存在的交易壁垒，在省网之间调剂电力余缺，高效利用电能，而且省电力公司的电能可以在区域电网内实现竞价上网，从而提升区域电力市场的完全竞争水平，优化竞争性的营商环境。省网电力市场的交易主体是省电力公司、独立发电公司、配电公司以及直供大用户，其发展质量直接影响区域电网和国家电网的质量。省级电力市场的完善程度对于区域电网和国家电网的电力市场竞争的充分程度具有重大影响。低层次的电力市场对高层次的电力市场建构和完善具有支撑作用，各个层次的电力市场不能分割，只有进行统筹考虑和协同发展，才能进一步提升电力市场的整体发展质量。

与我国的行政区划层次相对应，除了以上论及的全国电网、区域电网和省域电网等三级电力市场外，还有地区级电力市场和县级电力市场，这是电力市场的底层基础，其发展质量关系到电网整体的发展质量。地区级电力市场主要监督县级电力市场，进行县级电力市场间的交易与核算。县级电力市场的主要功能是从小水电及用户自备电厂购电，并且向用户售电，进行购电和售电交易与结算。如上五级电力市场，从国家电力市场到县级电力市场，将电力经济主体包括在其中，构建起我国的电力市场体系。在这个市场体系中存在三种运营模式，即双边交易模式、单一购买模式和电力经纪人模式。在双边交易模式中，电力供需双方直接参与交易，大区调度中心不参加双边交易，但必须保证交易过程中的系统安全性和可靠性，大调度区负有营造交易环境的责任，在遇到输电堵塞或者发电输电设备发生故障的情况下，大区调度中心具有保证电力安全稳定运行的职责，大区调度中心必须将各类交易进行排序并确定相对重要性，通知各市场参与者减少交易或者取消交易，保障电力交易的安全性和通畅性，为创造更加完善的高效率交易环境创造条件。在单一购买者模式中，各省分割出一部分负荷电量集中到大区电力交易中心形成大区供电厂竞价的电量。这种模式有利于"单一购买者"，但参与交易的电力只是"分割出的一部分负荷电量"，因此在有利于"单一购买者"的同时，也不至于出现垄断购买的问题。在电力经纪人模式中，各省的交易中心不仅是单一的购买者，还是本省发电商进行大区买电的代理商。大区交易中心作为经纪人，需要动态报出电价，实时通知各方潜在买家和卖家的价格，在动态推进中保证交易进行和保障交易的公平性，该模式主要用于实时电力市场。电力价格处于动态变化中，于是会出现"不同时刻虽然交割的电量相同但交割的价格不同"的情况。

10.8 电力市场发展的经济学分析

电力的发展状况与国民经济发展水平存在密切联系。电力的广泛发展促进了人类文明的进步，提升了人类认识自然和改造自然的能力。电的运用催生了很多与电联系在一起的产业。发电机的发明使人们能够得到稳定的电流，并且具有了将其他能源转化成为电能的能力。电力的广泛运用提升了劳动生产率，人类积累财富的速度开始增加，但同时对自然界的破坏速度也开始增加。电力发展遵循经济学规律，但需要以遵循自然规律为前提。

10.8.1 不同类型能源间的替代性选择

传统能源与核能、风能、潮汐能、地热能、水能、太阳能之间的发电成本存在较大差异，新能源的发电成本较高，在竞价上网将电能传输到电力负荷过程中并不占优势。电源企业在作出发电选择时会考虑机会成本。投资主体在投资电源企业时，会在产出的电力为企业创造的收益多寡方面进行权衡。为了方便说明问题，现在假定投资者（甲）在两种电能 X 和 Y 之间进行选择，在投资力量有限的前提下，多生产 X 就意味着少生产 Y，多生产 Y 就意味着少生产 X。如图 10 - 1 所示，图中 TT' 为最大生产可能性曲线，即在投资规模一定的情况下生产（X，Y）的不同组合的情况下能够达到的最高水平。图中的 U_c 和 U_t 线为甲的效用线，即甲在将既定资源投入 X 或 Y 之上所能得到的收益水平。根据经济学原理，效用线越靠近右上方，效用水平就会越高，但是同一效用线上不同点的效用水平相同。图 10 - 1 中的 p^t、$p^{t'}$、p^w、$p^{w'}$ 表示甲付出的发电成本。只有成本线与效用线相切的位置才表示既定成本下甲能够实现的最大效用，在这一点上，甲的投资全部用完，既定投资全部转化为了发电量。现在假定甲的发电产出线为 p^w 且与 TT' 曲线相切于 W 点，W 点则表示乙充分利用既有资源能够产出电能的最佳状态。但是从图 10 - 1 中可以看出，甲的电能的使用状态在 C 点，与 W 点并不一致，即 W 点对应的 X 值与 C 点对应的 X 值不相等。这里需要说明的是，如果 C 点与 W 点一致，则表示甲的电能产出正好能够满足电能消耗，不存在电能缺口问题。但在 C 点与 W 点不一致的情况下，意味着甲的电能产出与电能消费存在量的差别，这需要通过其他形式的电能输入来满足电力负荷对电能的需求。W 点和 C 点所对应的 X 和 Y 的量分别为 Q（Q_x^W，Q_y^W）和 C（Q_x^C，Q_y^C），二者之间的关系是：$Q_x^W > Q_x^C$ 和 $Q_y^C > Q_y^W$，这说明电力负荷在消费电能过程中，有减少 X 和增加 Y 的需要，即用 Y 替代 X。

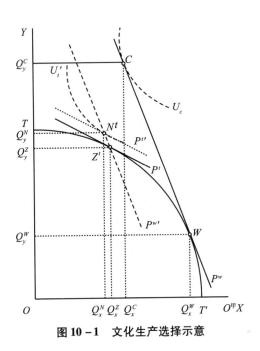

图 10－1 文化生产选择示意

但是并入电网的电能并不存在质的差别，只有电源企业能够感觉得到竞价上网的电能存在的劣势或者优势，优势就会产生电能生产的量的增加，劣势就会导致电能生产的量的降低，这种变化关系就体现为图 10－1 中 Y 对 X 的消费替代，这种替代的量在数值上表达为（$Q_x^W - Q_x^C$）和（$Q_y^C - Q_y^W$）。但是在 Y 替代 X 的过程中，X 并不具备抗拒 Y 的优势。在 X 增加抗拒对 Y 的阻力的过程中，成本线会由目前的 P^w 降为 P^t，p^t 较先前的 p^w 更加平坦[①]。在

---

① p^w 更加平坦的原因在于：假设甲全部用于获得 Q_x 和 Q_y 的全部个人资源为 M，且获取 X 和 Y 的价格分别为 P_x 和 P_y，则甲拥有的资源可以表达为：$M = Q_x \cdot P_x + Q_y \cdot P_y$，即 $Q_y = M/P_y - Q_x \cdot P_x/P_y$，因此，当 P_y 升高时，P_x/P_y 的值也相应减小，由其为斜率决定的直线的倾角也会相对较小，坐标平面内的直线也会相对更加平坦。

图 10 -1 中 P^w 线与 U_t 线相切，切点为 N_t。在成本线的斜率不变的情况下，与 p^w 平行的 $p^{w'}$ 与 P^t 相交同时与 TT' 相切于 Z^t。切点 Z^t 对应的 Q_X^Z 和 Q_Y^Z 是该状态下在 X 和 Y 的产出量。但由于 X 作出了对抗 Y 的选择，因此 Y 的成本会上升，新的成本线不一定与 TT' 相切，假设由 p^t 只能到达 p^t 的位置，p^t 与 p^w 的交点 N^t 就是乙获得最大效用的新的位置。从图 10 -1 中可以发现，与 N^t 对应的 N^t（Q_x^N，Q_y^N）相较 Z^t（Q_x^Z，Q_y^Z），$Q_x^Z < Q_x^N$，$Q_y^Z < Q_y^N$，虽然乙在 N^t 状态下增加了 $Q_y^N - Q_y^Z$ 的产出，但 X 也有了 $Q_x^N - Q_x^Z$ 的降低。N^t 和 Z^t 由于没有达到重合，因此，不同类型的电能组合的现实状态与预期的产出状态之间仍然会存在一定的差距。不同能源类型在电力产出方面的替代性选择，直接体现为投资者的选择。在电源企业作为自主经营和自负盈亏的经济实体的前提下，在投资过程中会更多考虑投入产出比，清洁能源、可再生能源虽然具有较传统发电模式产生更多更大的社会效益的可能，但作为营利组织更倾向于作出有利于自身的选择。

10.8.2 电源企业发展过程中的规模经济效应

经济学认为，当可变资源与不变资源组合在一起才能产生经济效果时，可变资源与不变资源的组合状态就决定了不变资源发挥作用的状态。第一种状态是，可变资源连续向不变资源投入并且不变资源的效用未全部发挥出来以前，单位可变资源的投入可以带来因投入带来的收益的增加，即可变资源的边际效益为正；第二种状态是，当可变资源的投入超过一定点时，再继续投入可变资源，单位可变资源的投入所造成的收益的增加不能抵补因可变资源投入造成的成本增加，即可变资源的边际收益为负。第一种状态为规模经济，第二种状态为规模不经济。电力企业在发展过程中，也会面临规模经济和规模不经济问题。这就需要电力企业在合理规模上运营。但是在投资基础有限的前提下，企业规模与规模经济发展预期下的企业规模之间存在差距，资源投入增加具有边际收益递增的可能性。这就要求归并中小企业，使电力企业运行在有效规模上。企业在合理规模基础上运行，由于能够共同利用基础设施而实现规模经济。规模经济可以区分为内部规模经济和外部规模经济，前者是指企业通过扩大自身规模来降低成本和提升效率，外部规模经济则是指多个企业之间产生协同效应，通过资源共享实现成本节省，尤其是企业在扩大生产规模时，通过资源共享可以有效控制成本。多方面的因素可以影响规模经济效应的发挥程度，这些因素包括技术水平、市场需求、原材料供应、劳动力素质以及不同企业之间的协同发展程度等。

需要注意的是，虽然规模经济能带来很多收益，但存在的潜在风险也需要前瞻性地顾及，因为只有企业间的联合程度以及关联企业之间达到一定规模才能产生规模经济效应。但是企业规模过度扩张会造成管理低效，也会导致企业的创新力下降。因此，企业发展在追求规模经济效应过程中也需要前瞻性地考虑规模与效率之间的关系。电力企业运行规模的确定，可以通过建立技术经济模型进行测算，最优规模的确定依据也存在差别，企业可以根据平均收益最大的点确定最佳规模（M_1），即图 10-2 中的 L^V 点；也可以根据边际收益最大的点确定最优规模（M_2），即图 10-2 中的 L^U 点；还可以根据企业的总收益最大的点（边际收益为零的点）确定最大规模（M_3），即图 10-2 中的 W 点。从图 10-2 中可以看出，MP 达到最大值时 AP 处于上升阶段，即 MP 的增加有助于 AP 增加，在 MP 达到顶点以后和在 AP 达到顶点以前，MP 即使处于下降阶段，AP 也处于上升状态。在 AP 达到最大值后，MP 处于下降状态，由于 $MP < AP$，随着 L（可变投入）增加，AP 处于下降状态，但直到 MP 达到零点（图 10-2 中的 W 点）之前，虽然 AP 处于下降状态，但对 AP 的贡献是正向的。理想的企业规模不应该选择在 W 点以后。在理论上，如上三个规模中，$M_2 < M_1 < M_3$。企业发展情况不同，选择最佳规模的依据也会存在差别。一般认为，边际收益为零的点是企业发展的最佳规

模。在这一点以内，由于单位可变要素在继续投入到不变要素之上时，边际收益大于边际成本，为了获得更多的收益，可变要素具有继续投入的愿望，于是企业的生产规模会进一步扩大；在这一点以外，可变要素投入到不变要素之上时，边际成本大于边际收益，由于要素投入得到的纯收益为负，就会有收缩投入的愿望，则企业的生产规模不会继续扩大。

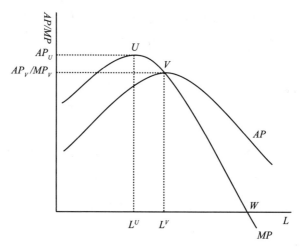

图 10 - 2　平均收益与边际收益

边际收益为零的点也是企业总收益的最大点，按照这一原则确定企业的最佳规模。但是在平均收益最大点（M_1）和边际收益最大点（M_2），企业的总收益均处于上升阶段，因此企业总收益均有继续增加的可能，投资者作为理性经济人会作出进一步增加投资的选择，于是企业的生产规模会进一步扩大。达到总收益最大点即边际收益为零的点时，企业可能会有进一步扩大规模的愿望，但在理论上已经出现规模不经济问题。当然，企业生产规模的选择并不像理论上论及的这样轻松，在投资能力既定的情况下，企业的生产规模实际上已经确定，而当企业规模确定后，后期要进一步扩大生产规模，就需要重新利用已经成为沉没成本的资产，这不仅会造成巨大的浪费，而且随着企业规模扩大，各种非付现成本也会随之增加，如果企业存在路径依赖，扩大发展规模的愿望就会遇到阻力。因此，企业的生产规模一旦确定下来就会保持相对稳定，至少在一个相对较长的时期内不会变化。从这个意义上讲，企业的生产规模在一个时期内不可选择，企业是在规模既定前提下进行生产和开展经营业务的。资产运营效率是在既定规模前提下展开讨论的。企业所关注的是在规模既定前提下实现资源配置最优化的方法，通过寻求有效的经营管理方法实现收益最大化。

10.8.3 完全竞争环境下的电力价格形成机制

完全竞争市场是众多势均力敌的同质经济主体基于竞争机制形成的市场，其中任何一个经济主体都不能成为市场价格的决定者，而只能是市场价格的接受者。每个竞争主体都致力于实现最大收益，并在该目标下取得规模经济收益。在完全竞争市场条件下市场出清①是一种最佳的经济状态。

10.8.3.1 供求平衡与电力价格

在完全竞争环境下，电价的形成完全按照市场规则进行，市场电价由电能供给与需求的平衡点决定（见图 10 - 3）。在图 10 - 3 中，S 为供给线，D 为需求线。S 是增函数，D 是减函数。价格完全在市场机制下形成。E 是 S 与 D 的平衡点。P_E 是均衡价格，Q_E 是均衡产量。这个均衡价格是在电力供应与电力需求相等时决定的市场价格，这时既不存在供给缺口也不存在需求缺口。从理论上讲，这种状态最为理想，即电源企业的发电量正好等于电力负荷对电能的需求，不存在电力浪费。由于电能具有即发即用的特点，如果存在电能需求小于电能供给问题，则有部分电能就因不能被消耗

---

① 简单来讲，就是买者都买到了心仪的产品，卖者的产品都卖出去了。

掉而造成浪费。图 10 - 3 中展示了电力市场的最理想状态，但是这种状态一般不会实现。因为存在很多影响因素使这种状态不能达到：其一是电网企业处于自然垄断状态，不能参与市场竞争，因此电价竞争只是在电源企业和售电企业之间实现，上网电价需要政府干预。其二是不同类型的发电企业的发电成本存在差异。传统煤电企业与新能源企业的单位电量的发电成本不同，在同一平台上竞争时，新能源企业不存在优势。其三是能源资源的空间分布不均衡导致开发成本存在差异。开发成本差异导致投资回收期存在差别，不同电源企业的获利能力存在差别，从而电力企业在竞价上网中获得的竞争力也存在差别。在不存在其他干扰因素的情况下，在完全竞争环境中，缺乏竞争力的电源企业倾向于退出电力市场，而具有竞争力的传统能源企业则倾向于扩大市场份额。因此，在完全竞争机制下，能源结构就无法得到优化。

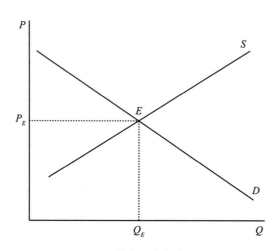

图 10 - 3　供求平衡与电力价格

10.8.3.2　发电成本与电力价格

如图 10 - 4 所示，AC_1 和 AC_2 是平均成本不同的两家电力企业，如果按照完全竞争的价值形成市场价格 P_E，在均衡价格点上，$AC_2 < P_E < AC_1$，即 $P_E^2 < P_E < P_E^1$。这就意味着具有 AC_2 水平的电源企业（以下简称企业^2）能够获利，而具有 AC_1 水平的电源企业（以下简称企业^1）则蒙受亏损。企业^1 作为理性经济人，就会从电力市场中退出。为了保障企业^1 也能够获利，需要改变市场规则，按照企业^1 的成本进行市场定价，在这种规则下，市场价就不在 P_E，而是在 P_E^1，这是保证企业^1 获利的最低价格，但企业^2 这时就能获得较企业^1 更高的利润即 $(P_E^1 - P_E^2) \cdot Q_E^2$。虽然企业^1 的竞争力仍然不及企业^2，但企业^1 在电力市场中具有了发展机会。这种电价政策下，像企业^2 这样具有成本优势的电源企业实际上仍然会形成对像企业^1 这样的电源企业的压力，在存在较大的利润差距的情况下，企业^1 的发展积极性仍然不够强。如果不采用这种方式，让市场电价仍然维持在 P_E，政府给予企业^1 电价补贴，补贴的数额相当于或者略高于 $(P_E^1 - P_E)$，这时企业^1 因为政府补贴而能够获得 $R_1 = (P_E^1 - P_E)$ 的利润，企业^2 获得 $R_2 = (P_E - P_E^2)$ 的利润。从图 10 - 4 中可以看出，R_1 与 R_2 的差距不大。在这种机制下，企业^1 得到的补贴来自财政而非市场。电力负荷不用承担更高的电费，这部分优惠在数量上相当于 R_1 的电费实际上由政府承担了。在这种情况下通过政府定价调节新能源与传统能源的收益水平，达到调节能源资源在不同能源形式之间的占比的目的，进而优化能源结构。在图 10 - 4 中，如果 P_E 向 P_E^2 靠近，则企业^2 的利润会进一步摊薄，同时由政府给予企业^1 的补贴就会进一步增加。反之，P_E 向 P_E^1 靠近，则企业^2 的利润就会变厚，但政府给予企业^1 的补贴就会摊薄，如果企业^1 因政府补贴而得到的利润与企业^2 在市场机制下得到的利润之间差别巨大，那么企业^1 仍然具有逃离目前所在行业的愿望。

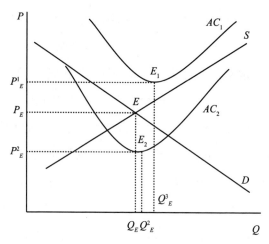

图 10 - 4   发电成本与电力价格

10.8.3.3   不同定价策略下的企业盈利状态

图 10 - 5 展示了 P^R、P^M、P^S、P^N、P^T 等几种不同的定价策略，图 10 - 5 中的 AC 和 AVC 分别代表了企业总平均成本和可变平均成本，MC 表示企业的边际成本。不同定价策略下企业的盈利状况存在较大差别，进而会影响企业的经营状态。(1) P^R 定价策略。在 P^R 定价策略下，由于 $MC > AC$，且 P^R 高于 AC，这就意味着继续增加投入有利于企业成本降低（在边际收益达到零点以前），这时企业的获利水平是 ($P^R - AC$)，由于企业能够获得正常利润，因而具有继续生产或者扩大再生产的愿望。(2) P^M 定价策略。P^M 正好位于企业的总成本线上，即电力定价正好抵补企业总成本，如果将企业的正常获利视为成本的一部分，这时企业能够获得正常利润，因此企业具有进行扩大再生产的愿望。(3) P^S 定价策略。从图 10 - 5 中可以看出，这时电力价格低于 AV 而高于 AVC，即电力定价已经低于企业总成本，但仍然高于企业的可变成本，这就意味着企业可以支付部分可变成本，但已经没有纯利润。企业因经营状况不佳，随后有从该产业撤出的可能。(4) P^N 定价策略。这种定价策略下，企业生产能够抵补产生的 AVC，但已经不能盈利。这时的企业行为对投

资者已经丧失吸引力。企业运营只是为了抵补成本。如果企业停产，就会因为不能抵补因正常开支而产生的成本，而使企业蒙受的损失增加。但因不具有纯利润，企业在很大程度上会寻找机会从该行业中撤出。（5）P^T 定价策略。这时的 P^T 已经低于 AVC，由于不能抵补企业正常运营中产生的可变成本而停业，投资主体只能向其他产业转移资产。

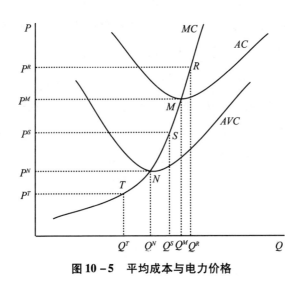

图 10-5　平均成本与电力价格

10.8.4　平均成本、边际成本与平均收益、边际收益对比

在一个企业中，如果固定成本为 FC，可变成本为 VC，则总成本可以表达为 $TC = TFC + TVC$。在这种情况下，总平均成本为 $ATC = TC/Q$，即 $ATC = TC/Q = TFC/Q + TVC/Q$，其中 FC/Q 即企业的平均固定成本，即 $AFC = TFC/Q$，由于在短期内企业的固定成本不随产量变化，因此 AFC 是 Q 的减函数；TVC/Q 为平均可变成本，即 $AVC = TVC/Q$，平均可变成本随产量变化而变化，并且呈现为一条 "U" 形线，即在一定产量以内，平均可变成本随产量增加而递减，但产量达到一定程度后，平均可变成本随产量增加而上升。如果将可变

成本简化为只考虑劳动力投入，劳动力的工资率为 W，则总可变成本就表现为 Q 的函数，即 $TVC(Q) = W \cdot L(Q)$。这时企业在一定规模情况下的边际成本可以表达为 $MC = dTC/dQ = dTFC/dq + dTVC/dQ = 0 + dTVC/dQ = dTVC/dQ = w \cdot dL(Q)/dQ = w \cdot 1/MP_L$。由此可以看出 $MC = w \cdot 1/MP_L$，即边际成本与边际收益呈反比关系。同理，平均可变成本可以表达为 $AVC = W \cdot L(Q)/Q = W/AP_L$。如图 10 – 6 所示，用图形可以形象地表达出 AP 与 AC、MP 与 MC 之间的关系：AP 与 AC 呈反比关系，MP 与 MC 呈反比关系；MP 的最高点对应 MC 的最低点，AP 的最高点对应 AC 的最低点；MP 的上升段对应 MC 的下降段，MP 的下降段对应 MC 的上升段；AP 的上升段对应 AC 的下降段，AP 的下降段对应 AC 的上升段；MP 的最高点早于 AP 的最高点到达；MC 的最低点早于 AC 的最低点到达。MP 与 AP、MC 与 AC 间的对比可以与企业的最佳生产规模联系在一起考察，为企业进行最优决策提供依据。

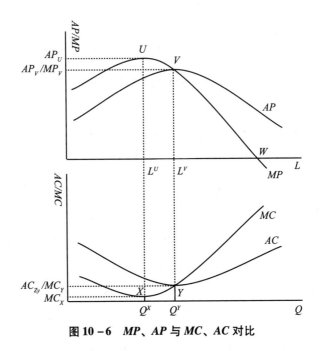

图 10 – 6 　MP、AP 与 MC、AC 对比

10.8.5 垄断竞争条件下电力价格上涨的刚性

经济学理论认为，在寡头垄断的市场环境中，竞争主体在价格博弈中存在如下情况：如果一个寡头厂商提高价格，但行业中的其他厂商不会跟着提高价格，以便保持自身的市场份额；如果一个寡头厂商降低价格，则行业中的其他寡头也会跟着降低到同样的价格，以免自身的市场份额降低。寡头厂商之间的这种博弈使得市场价格存在价格上涨的刚性。如图 10 - 7 所示，dd 和 DD 为厂商的两条需求线，dd 线表示厂商的价格变化时其他厂商的价格保持不变情况下的市场需求线，DD 线表示行业内所有厂商都以相同的方式改变价格的市场需求线。假定市场均衡价格由 dd 线与 DD 线的交点 J 决定。在图 10 - 7 中，P_J 是在 $MR_d = SMC_2$ 时决定的市场价格。从图 10 - 7 可以看出，$SMC_1 < SMC_2 < SMC_3$，但是在 KS 范围内，即 SMC_1 到 SMC_2 的范围内，市场价格就会一直保持在 P_J。只有在 SMC 超出了 KS 的变化范围，例如达到了 SMC_3 的位置，这时由 $MR_d = SMC_3$ 决定的市场价格为 U 点所对应的 P_U，这时的 $P_U > P_J$。因此，在寡头垄断市场中，当寡头厂商采取升价策略时，行业内的其他厂商保持价格不变，就像图 10 - 7 中的 P_J，只有在边际成本达到一定高度，使寡头厂商不得不调整价格时才对价格进行调整，就像图 10 - 7 中的 P_U。从这个层面看，寡头厂商更具有价格下降的弹性和价格上涨的刚性。电力企业包括电源企业和电网企业，电源企业间的竞争性电力市场已经建立起来，电网企业因具有自然垄断性质而不能像电源企业一样建立相同的竞争机制。同时新能源发电企业也存在着与煤电发电企业之间的在发电成本上的差别问题。电力价格虽然基于市场机制形成，但都需要在国家宏观调控的基础上形成。在这种前提下形成的电价也存在着价格上涨的刚性。电力在人们的生产生活中不具有消费替代性，属于缺乏弹性的商品，提升其市场价格虽然能够扩大厂商的利润，但不利于扩大或者维持居民的实际收入。新时代在满足人民日益增长的美好生活需要的过程中，人们在电力消费方面的要求有逐步增加的趋势，这就需要电力产业通过技术创新和提升电能效率增加电力供给，通过技术创新降低电力供应成本，使电价保持稳中有降。电价上涨的刚性使得探索更加合理的能源结构以及通过提升能源利用效率等创新性技术更具紧迫性。

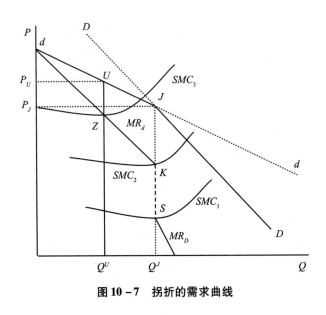

图 10 – 7 拐折的需求曲线

电的故事与案例

故事与案例 10.1：欧姆定律的发现——基尔霍夫电流定律和电压定律的基础

电学理论是在漫长的征途中缓步跋涉的。欧姆开始研究电路的时候，虽然库仑定律、伏打电池和电磁效应等问题已经研究多年，但电学理论中仍然没有欧姆和电势差等概念。欧姆经过大量实验找到了电磁力与导线长度间的关系[1]，并得出如下公式：$X = \kappa\omega\alpha/l$，在这个公式中，X、κ、ω、α、l 分别代表电流强度、电导能力、横截面积、电势差、导线长度。这个公式就是电路中一段导体的欧姆定律。目前的电学理论中，电阻 $R = \rho l/S$，$I = U/R$，由此可以得到：$I = US/\rho l$。将这个公式与前面的公式进行比较，I 即 X、$1/\rho$ 即 κ、S 即 ω、U 即 α，l 在两个公式中具有同等的含义。因此，欧姆当时提出的公式与目前电学理论中的公式已经没有差别。欧姆定律问世后，由于与当时人们的想法存在差异，马上遭到权威的责难，欧姆甚至连生活都面临困难，只有极少数人支持他。最先接受欧姆定律的是包括楞次、韦伯和高斯在内的一批年轻的物理学家。后来随着电学理论深入推进，人们才明白欧姆定律的深刻意义，欧姆的工作也才在制度上得到了确认。事实表明，欧姆定律是电力理论中的基本公式，对电学理论发展起到了重要的奠基作用。基尔霍夫在对欧姆定律进行深入研究的基础上，将欧姆定律推广到复杂的电路网络，并得出基尔霍夫定律。基尔霍夫定律包括基尔霍夫电流定律和基尔霍夫电压定律。基尔霍夫电流定律认为，流入电路中某节点的电流之和等于流出电流之和，即 $\Sigma I = 0$；基尔霍夫电压定律认为，闭合回路中电压升之和等于电压降之和，即 $\Sigma V = 0$。

故事与案例 10.2："京畿重地"崛起的"中国电谷"——保定市国家高新技术产业开发区

河北省保定市国家高新技术产业开发区即中国电谷，是国家级开发区之一。中国电谷的发展目标是建立起以风电和光伏发电为重点、以输变电及电力自动化设备为基础的新能源设备企业群和产业群，并逐渐发展成为世界级

---

① 肖德武. 创立欧姆定律［J］. 科学与文化，2007（10）：55.

的新能源与电力技术创新基地。中国电谷包括四大功能分区：产业功能分区、市场功能分区、技术研发与人才教培功能分区、现代服务业功能分区。在电力自动化与电力软件园区里包括七个产业园区：光伏产业园区、风电产业园区、输变电设备产业园区、新型储能产业园区、高效节能产业园区、电力电子器件产业园区、电力自动化与电力软件园区。中国电谷目前已经形成光伏发电、风力发电、新型储能、高效节能、输变电、电力自动化等六大产业。

保定处于京津冀地区的中心地带，交通便利，地理位置非常重要，在京津冀城市群中是首都的重要卫星城之一，素有"冀北干城、都南屏翰"的美誉。保定与上海成为我国第一批低碳试点城市，也是我国的首批新能源城市，在新能源发展方面走在了前列。中国电谷目前拥有太阳能、风能及输变电、蓄能设备制造骨干企业 6000 余家。美国柯达、日本三菱、法国欧麦、新加坡胜柏等均在此落户。中国电谷在新能源和装备制造业方面发展非常迅猛，部分领域处于世界先进水平。中国电谷"风""光"这边独好。中国电谷已经成为我国新能源发展的一张名片，也成为古城保定的文化地标。走在保定的大街小巷，太阳能照明已成为保定的亮丽风景。保定目前已经成为国际一流的风电设备制造基地。作为承接西气东送的重要一环，保定在智能电网控制保护技术的研发方面取得了丰硕成果，已经建设成为国家光伏发电应用集中示范区，在电力产业的快速推进过程中已经充分显示出规模化和集中发展的优势。

故事与案例 10.3：石龙坝水电站——中国第一座水电站

石龙坝水电站位于昆明市西山区海口街道螳螂川上游。回顾石龙坝水电站的发展历史需要追溯到 1895 年。这一年法国擅自对螳螂川进行地形考察并选定石龙坝作为建设电厂地址。这件事激起国人强烈反抗，并要求电厂由国人自办。1909 年成立商办耀龙电灯股份公司，并于次年 8 月开工修建石龙坝水电站。1912 年石龙坝水电站开始发电，发电站起名为"耀龙电灯公司石龙坝发电厂"，当时发电站只安装有 2 台 240 千瓦的水轮发电机组。当时石龙坝发电厂产出的电能有限，不能满足社会发展需要。随后经历了 1923 年、1930 年、1933 年、1936 年、1939 年、1948 年、1957 年多次扩建。每次扩建都使发电规模有所扩展，电力设备等方面均有不同程度的改善。2021 年石龙坝水电站进行改造后呈现出新的发展姿态，这次改造安装了 320 千瓦立式水轮发电机组，总装机容量达到了 7360 千瓦。石龙坝水电站已经度过了 112 岁生日，但依然健康地为祖国电力事业服役。石龙坝水电站是中国第一座水电站，也是中国第一个抽水蓄能电站，在这里建设了中国第一条高压输电线路。在我国的水电事业发展史上培育出了最早的电力事业人才。抗日战争期间，石龙坝水电站是云南省唯一的电力供应点。石龙坝水电站曾遭受侵略者飞机的轰炸，但在面临设备受损和人员受伤的情况下，电站仍然出色地完成了抗战的供电任务。石龙坝水电站经历了战争的风雨，也充分彰显了中华民族精神。石龙坝水电站的建设和运营带来了巨大的社会效益，不仅为农业发展和居民用电提供了电力保障，也在调节滇池水位和防洪抗旱方面发挥了重大的生态效应。

故事与案例 10.4：山东菏泽单县生物发电厂——我国第一座生物质发电厂

山东菏泽单县生物发电厂是我国的第一座生物质发电厂，该电厂以棉花秸秆为主要燃料，同时也可燃烧树枝、桑条、果枝等林业废弃物。电厂于 2005 年 10 月 20 日开工建设，于 2006 年 12 月 1 日并网发电。单县生物发电厂每年可消耗大量农林废弃物。山东是农业大省，具有面积广大的农作物耕作面积和良好的林果业发展基础，为生物质发电提供了丰富的秸秆资源。在发电厂建立之前，巨量的秸秆被村民当作废弃物烧掉。电厂建成后，村民可以将秸秆出售给电厂，为农民带来了可观的经济收入。目前电厂每天都能收购大概 600 吨的秸秆。电厂需要大量的秸秆作为燃料，燃料的收购、粉碎、存储和运输等环节形成了联系紧密的链条，吸纳大量农村劳动力就业。如今村民都有将秸秆变废为宝的意识，用秸秆换钱成为村民的共识。单县生物发电厂每年能给村民创造 20 万个就业机会并带来百亿元收入。研究表明，运营一台 2.5 万千瓦的生物质发电机组，相比同类型的火电机组，每年可以减少二氧化碳排放 10 万吨[①]，同时能够产生大概 8000 吨灰粉，这些灰粉可以作为高质量的钾肥还田，较化肥更有利于改善土壤品质和增加地力。生物质发电正在显现出其巨大的社会效应。到目前为止，我国生物质能发电的总装机容量已经达到 4132 万千瓦[②]，主要分布在山东、广东、江苏等经济发达和农业资源丰富的地区，其中山东在生物质能发电方面处于领先地位，在山东省拥有多家大型生物质发电厂，包括济南玮泉项目、大城项目、郓城项目、莱西项目以及商河项目等，山东省的生物质发电厂分布广泛，在推动清洁能源发展和改善大气环境等方面发挥着重要作用。

---

① 生物质颗粒机能源发电行业究竟划算与否 [EB/OL]. (2016 - 07 - 16) [2025 - 02 - 12]. http：//www. zgjgxh. com/news/show. php？itemid＝803.

② 黄文玉. 2024 生物质能发电行业发展现状及市场装机容量分析 [EB/OL]. (2024 - 04 - 26) [2025 - 02 - 12]. https：//www. chinairn. com/hyzx/20240426/173213917. shtml.

第 11 章

电力市场发展过程中英美俄日澳的
建设经验

世界各国的电力企业长期以来一直采用垂直一体化的经营与管理模式。通过政府制定统一的电力价格，保证了电力系统运转的安全与稳定，同时也能够保证发电企业获得稳定的利润。但这种管理模式的弊端在于，因为缺乏竞争和没有投资风险，发电商因而失去改进工艺和降低成本的动力，从而阻碍了技术进步，相应地也增加了用户的负担。在政府对电价进行严格管制的情况下，电价更多地反映了政策倾向而非市场需求。同时由于行业进入门槛过高，想进入电力行业的投资者也被拒之门外，相应的问题是电力建设资金缺乏。为了解决这些问题，从20世纪80年代起，以西方国家为主的世界各国开始探索打破电力行业垄断经营进而引入竞争机制的方法，推行电力市场化改革，各国都在不断探索适合本国国情的电力发展道路。前文论及，电力系统的发电、输电、配电和售电等各环节中，"两端"易于引入竞争机制，而"中间"不易引入竞争机制。发达国家在探索降低电网企业的垄断性程度的过程中仍然面临难题。

11.1 英国电力体制通过"四步走"建立起"容量市场"机制*

英国于20世纪80年代末尝试开启了建立电力市场的相关改革历程，电力行业的所有权从国家向民众释放，行业逐渐引入市场竞争机制。英国电力工业改革的出发点就是产生一个竞争性的电力市场，通过引入竞争机制进一步提高服务质量和服务水平，在让公众受益的同时，提高英国工业的国际竞争力和国家整体经济效益，也使电力经济主体在电力工业发展中受益，激励电企员工积极融入电力工业的发展过程中，英国在电力企业改革过程中，通过恰当的制度设计让雇员更多地参与到企业管理当中来，并分享企业未来的成功，通过制度规划激发员工创造的积极性。英国早在20世纪80年代末，就开启了非核心类电力资产的拆分和合并，在电力系统的多个环节上进行了一系列的市场化尝试，这为电力市场全面展开积累了经验。

英国在电力体制改革过程中首先创新性地建构了"电力库"模式①，这就是"电力库"模式下的电力市场化改革。英国第一轮电力市场化改革的核心是推出一种全新的电力库，这是国家对电力全部买断的制度设计，因此，

---

* 李基贤，许思扬. 英国电力市场化改革对中国电力市场发展的启示 [J]. 电工电气，2021 (7)：1 - 4，11.

① 陈忠厚. 从电力库 (Pool) 到尼塔 (Neta)——英国电力市场模式演变简介 [J]. 湖北水力发电，2004 (3)：75 - 78.

这个电力库实际上就是基于国家力量对全部电力进行买断的"库存"。该电力库由英国国家电网负责具体经营，并且所有的供电能力均直接由其进行收购，再由其向用户出售电力，这是在国家职能基础上建立起来的一种电力经营方式，能够很好地打破地域界限，构建起接入各地所有电厂的全国性一体化电力交易场所。"电力库"模式容易引起价格垄断是非常明显的。电价的制定无须经过市场论证，但运行起来相对便于操作。电力库市场模式存在的问题主要表现在：其一是电力价格存在高度垄断问题。由于电价取决于发电企业的电量报价，需求侧的价格需求弹性被边缘化，电力需求主体的诉求在"电力库"模式中无法得到体现，导致市场运行中出现价格垄断。形式上的电力市场化的结果是电力的垄断性进一步提高。其二是天然气机组无法与传统煤电机组竞争。由于天然气市场和电力市场存在不协调问题，传统煤电机组在电力市场中占有绝对优势，导致大量燃气机组报零价现象，电力库模式会严重削弱天然气发电机组的发电积极性。电力价格不能全面地反映发电成本以及容易造成垄断价格的问题，迫使英国继续探索新的电力体制。

"NETA 系统"模式的电力市场化改革。第二轮电力市场化改革中建立 NETA 系统（New Electricity Trading Arrangements），这是一种全新的电力交割协议模式。NETA 模式中买卖双方通过合同形式确定电价，在合同确定过程中需要充分参考发电商、输电商、售电商等各市场主体的意见，形成了较好的社会效应，主要表现在：在市场力的约束下市场电价明显下降；创建了全国统一的平衡和结算系统，将电网维护成本控制在较低水平，为形成较低的电价进一步奠定了基础；还富于民的电价产生机制受到社会信赖，用户的意见可以在电价中体现出来，用户因而也成为低电价的获益者，电企的经营积极性也在很大程度上受到了激励。NETA 模式为市场主体带来了更加自由的交易环境，电企间的竞争更加充分，电力资源的配置效率得到提升。英国第二轮电力市场化改革期间创新的各种制度措施为促进新能源发展奠定了制度基础，规定供电商作为相关政策的监管对象，供电中必须有一定比例的可再生能源电力，并通过绿色证书进行计量，这为进一步优化电能结构夯实了制度基础。为了促进小规模可再生能源技术发展，英国还特别引入了上网电价补贴机制。

经历了前两个阶段的电力市场建设后，英国的电力市场发展速度进一步加快，为了新形势的需要开始推行"差价合约"制度的电力市场化改革，前文论及，差价合约制度实质上是一种鼓励电力发展的保护性制度。"差价合约"中的"差价"是对发电商的限制性保护，保证其盈利处于一个相对合理的水平，但这需要政府给予坚实的政策保障。英国议会于是通过了新的《能源法》，对电力行业"脱碳"路径作了详细要求，这为降低碳排放前瞻性地进行了制度设计。《能源法》逐步推进差价合约代替可再生能源义务证书制度。通过设置这种鼓励性的制度设计推进优化能源结构的速度。差价合约是一种长期合同制度，其核心在于利用市场参考电价对电量合约之外的部分进行支付。该制度的推出给相关投资者设计出了更加透明、风险可控的盈利模式，使投资者的风险降到了最低，低碳发电企业从而能够具有比较稳定的上网电价，为投资者带来了一定回报的同时，也避免了较大的风险，使得电企受到保护性支持，在一定程度上平衡了电力供给主体与需求主体之间的关系。按照差价合约的制度设计，批发市场参考电力价格达不到合同中约定条件时，政府就按照承诺给予差价补贴；当批发市场参考价高于约定电价时，供电商就要退回相应的部分资金。供电商的电价以及基于电价的盈利水平保持相对稳定。"差价合约"实质上是将所有可能发生的风险均由政府承担了下来。

英国的电力市场改革是从建立"容量市场"起步的。英国电力改革的各项举措促进了电力结构的优化，新能源在电力结构中的占比逐渐提升。随着英国煤电机组的逐步退役以及新能源发电的快速增长，电能结构正在发生根本性变化，新能源具有更加强劲的竞争力导致电力市场日趋多元化，这种情况下的电力需求更加难以预测，于是英国政府提出建立容量市场机制①，这种机

---

① "容量市场"旨在通过市场化手段为电力系统的容量定价，通过市场的手段确定电力市场所需要的发电容量，并通过经济激励确保有足够的发电资源满足未来的电力需求。

制下的电力市场能够激发发电侧与需求侧做大市场的意愿。英国在开放电力市场后，发电商、输电商、配电商和售电商均可以自由接入电网，在发电商之间、售电商之间均形成了充分竞争的局面。同时电力用户在选择发电商、售电商方面具有了更大的选择权。在用户获得供电商、售电商的自由选择权后，对配电商形成很大的压力，迫使配电商改进技术水平，从而能够降低电力损耗，提升运行效益。这种以用户端的市场化改革倒逼电商改进供电服务的方式是一种创新性的电力市场建设举措。基于电力链条的"两端"推进"中间"进行市场化改革的方式，为其他国家电力市场改革提供了宝贵经验。但这项措施需要具备的前提条件是："两端"的数量要尽量多，多到能够建构起近乎完全竞争的市场氛围。在建立起来的新的市场机制下，英国电网在电力市场中发挥传输电力商品的作用，并按照电力市场的规则收取电力传输费。在发电、输电、配电等分开经营后，系统各环节经营者均增强了市场规则意识，依照相关法规、行业标准和合同条件，明确各自的责任和应该承担的义务。电力系统的各环节守望相助而又相互制约，电力市场更加规范，居民能够享受到更加优质的电力服务。

11.2 美国出台多项法案推进电力体制改革但在不同程度上受阻 *

早在 1978 年美国出台了一部电力法案即《公共事业管制政策法》（PUR-PA）①，其目的在于减少对外国石油的依赖、提高环境质量、鼓励基于非化石燃料发电。这部法案有利于优化美国的电力结构、鼓励电力经济主体间展开

---

　* 尹海涛. 美国电力市场改革的启示 [J]. 南风窗，2013（23）：42 – 44.

　① 美国电力市场改革简析 [EB/OL].（2013 – 12 – 27）[2025 – 02 – 17]. https：//www. cspplaza. com/article – 2775 – 1. html.

竞争，以及从长远角度考虑保护美国的生态环境。该法案最关键的一点是提高了电力市场发电侧的竞争性，前文论及，这是电力市场化最易操作的一步，标志着美国电力体制改革的开始。随后美国又出台了《能源政策法案》①，这部法案规定了垂直管理的电力公司具有的权力，规定允许非公用电力公司进入其电网和在公开市场销售电力。这一举措促使美国独立发电商的电力产出规模迅速扩大。独立发电商的迅速发展对美国电力体制改革提出了新的要求，多种有利于较为完善的电力市场得以构建的因素，要求美国建立竞争更加充分的电力市场，进而消除电力工业因垂直一体化管理模式造成的垄断，这一度成为美国电力市场改革的头号呼声。在社会力量的强烈要求下，美国电力由垄断走向市场竞争成为大势所趋。

与我国电力市场化的思路相似，美国电力系统改革的核心内容是把传统的"发—输—配—用"统一管理的生产过程分开，在电力市场的两端即发电和零售环节放松管制，创造电力市场主体间展开竞争运行的市场环境。前文论及，"两端"也是最易按照市场规则展开的环节，而在输配电垄断环节加强监管，美国政府在这方面加大了监管力度。最终目标是带来社会公益的增加和促进技术进步。从这一点上看，美国电力市场改革的轨迹与我国相似，"放开两端、关注中间"是美国电力市场化改革的中心思想。"两端"即发电端和售电端，"中间"即包括输电主体和配电主体在内的电网。早在1996年，美国联邦能源管制委员会（FERC）就出台法令，要求开放电力批发市场，明确要求发电厂与电网必须分离，从而在电力经济主体之间建立更加完善的竞争机制具有了制度保障。输配电网要允许发电商和用户公平进入，引入竞争机制。通过发电端和消费端对电网环节施加基于市场力量的约束，弱化输配电环节的垄断性。在销售端，电力改革的重点是允许竞争性的企业参与电力供给，同时赋予电力用户在不同的供电企业之间具有自由选择的权利。

---

① 美国新的能源政策法及特点［EB/OL］.（2005 - 09 - 05）［2025 - 02 - 17］. https：//www. nea. gov. cn/2005 - 09/05/c_131056037. htm.

因此，电力供给与电力消费均引入了竞争机制，尤其是通过扩大电力消费的自主选择权，激发了电企供电服务质量的提升，这项改革旨在消除传统电力公司在销售端的垄断。这项改革推出后，普通居民选择从竞争性供电企业购买电力的比例虽然并未出现大幅变化，但是商业和工业用户纷纷从先前垄断性的电力企业转向竞争性的供电企业。这就意味着电企在被动局面中赢得主动才能在同行博弈中有较多胜算。

电力市场化进程中，美国各州的进展存在差异。根据美国能源信息署提供的数据，在康涅狄格州，有七成以上的商业和工业用户，选择从竞争性供电企业购买电力，这在一定程度上通过市场的力量推动和完善了市场竞争机制形成。总体说来，美国电力市场改革的策略是：将输电领域作为自然垄断环节独立出来，加大政府对这一环节的监管程度，通过行政力量的强制作用使该环节的电价水平合理化；同时放开发电领域和配供电零售领域，让购售双方享受平等的输电服务，并建立起电力批发市场，实现发电侧和销售侧的竞争。在鼓励竞争的同时，加强对处于自然垄断阶段的电网企业的监管。在电力市场化进程中，美国加利福尼亚州（以下简称加州）旧金山湾区于 2000 年 6 月 14 日有近 10 万民众遭遇到了大规模停电，这是加州太平洋燃气和电力公司有史以来第一次大规模的电力供应中断。经过深入调查发现，大规模停电的原因是，电网企业在新的管制政策下，利润空间变小从而失去了持续提高效率的动力。利润摊薄影响了电企的收益，从而影响了电力经济主体从事电力生产和经营的积极性。政府对于电力公司的严格监管使得电力企业利润有限，新政未能充分释放对电网投资的激励效应，导致输电能力不足。电企的投资积极性不高导致输电设备系统老化，进而带来相应的安全问题。"冰冻三尺非一日之寒"，大规模中断电力说明美国的电力系统"病入膏肓"，需要通过理顺电力市场化的体制慢慢"疗伤"。电力改革后，那些曾经能够给电力公司带来巨大收益的输电设备，如今只为发电公司和零售企业提供便利，电企的利润水平未实现既定预期。电力改革并未激发出电企提高供电质量的更大积极性。加州电力危机发生后，各界纷纷谴责电力改革，认为市场化趋向的改革无法解决电力系统运营的可靠性问题，是造成危机的"祸首"，对加州的电力改革方案予以否定，美国的电力市场化改革一度受阻。而从电力发展未来层面看，电力市场化改革是大势所趋，但不能过多牺牲电企的利益，需要在保障电企合理利益的基础上推进电力市场化改革。

11.3 俄罗斯电力从 UES 控制到"容量市场"再到"两阶段机制"*

俄罗斯的发电量仅次于美国、中国和日本。俄罗斯目前拥有 440 多座火电厂和水电厂，31 座核电站。在 2023 年俄罗斯的总发电量中，以煤炭、石油和天然气为燃料的火力发电占到了总发电量的 63.3%，水力发电占 17.1%，核能发电占 18.5%，可再生能源发电占 0.7%[①]。传统能源在俄罗斯的电力结构中仍然占有绝对优势。俄罗斯正在进一步扩大核能和水电的比例。俄罗斯的电力结构发展战略中，除了核能发电外，主张优先发展水电，尤其是在电力供应短缺的远东地区更要优先发展水电。重点发展水电的战略布局正在替代此前的以煤电为主体的电力结构布局。目前俄罗斯的电力部门中有 7 个区域电力系统，分别是西北电网、中部电网、中伏尔加电网、北高加索电网、乌拉尔电网、西伯利亚电网和远东电网。俄罗斯的电力产出量虽然很大，但缺乏全国统一的电网，俄罗斯的远东地区是唯一没有与国家骨干电网联网的地区。俄罗斯的电力主要由政府控制，政府控制着全国 6% 的输电和配电网

---

* 苏康，张萌. 俄罗斯电力市场改革发展现状——写在俄罗斯"5·25"大停电之后 [J]. 国际电力，2005 (5)：10-14.

① SRWE2024 年报告：世界各国电力结构分析 [EB/OL]. (2024-07-29) [2024-11-27]. http://mm.chinapower.com.cn/qtsj/20240729/255441.html.

络、中央调度所和联邦电力批发市场。俄罗斯控制国家电力的公司是俄罗斯统一电力公司（RAO UES Of Russia，UES）[1]，这是俄罗斯最大且唯一的电能持有公司，也是全世界装机容量最大的电力公司，在俄罗斯的电力工业发展布局中扮演着举足轻重的角色。除了核能和一些大型的独立发电商外，该 UES 控制着整个俄罗斯的电力行业。

该公司的重要目标是：为俄罗斯建设统一的高效率运行的能源系统提高管理水平；在政府性企业与机构向股份公司转型的过程中保护电力行业，持续提升电力的产出能力。"提高管理水平"和"保护电力行业"两个发展目标是并行不悖的，二者在协同一致的前提下需要进一步实现提升盈利水平和保护消费者利益的目标。UES 因在长期内对全国电网实行集中统一管理而保持着较高的盈利水平。与其他国家电力市场的推进进程类似，俄罗斯电力市场改革的目标是将电力市场拆分为垄断部门和竞争部门。输配电和调度仍然属于国家垄断部门，负责建造电网基础设施和进行电力传输，处于自然垄断地位；发电和销售成为竞争性部门，形成基于竞争的市场机制的自由定价机制，逐渐建立类似完全竞争的市场发展态势。垄断市场实行的是管制型收费，在国家行政力量的强制力的监督下形成；竞争性市场则坚持市场定价原则，通过市场竞争机制形成。在这样的前提下，俄罗斯政府作出了"UES 必须尽快实现电力产品分类定价"的决定。电力市场改革前，俄罗斯的 UES 控制着全国五成以上的电力，UES 麾下有近 80 家区域能源商，对全国的发电、输电和配电以及电力销售具有绝对的垄断权。电力市场改革后这种局面发生了根本性变化，俄罗斯的电力市场被区分为相对垄断和相对竞争两个部分，前者要尽量弱化垄断性，后者要尽量强化竞争性。垄断部门主要是系统运营公司、联邦电网公司和区域配电网络公司，政府在这三部分中的持股比例稍有差别，前两部分即系统运营公司和联邦电网公司中，政府的股份要占到近八成；区

---

① 俄罗斯启动大规模电力改革 [EB/OL]. (2007 - 03 - 29) [2025 - 02 - 17]. https：//finance. sina. cn/sa/2007 - 03 - 29/detail - ikkntiam1178208. d. html.

域配电网络公司中政府的股份占到五成以上。发电公司在市场化进程中改成了竞争性部门。俄罗斯的创新性管理制度对电企进行了严格区分，为独立运行和形成更加充分竞争的市场机制奠定了制度基础。

俄罗斯的电力市场化改革推进了电力事业的发展。俄罗斯希望通过建立相对富有竞争力、吸引力的能源市场来吸引更加丰富的电力投资，在建立起相对完善和坚强的竞争机制的同时增加了电力的供给量。与电力市场改革相配套，俄罗斯提出了一项"容量机制"政策，与前文论及的"容量市场"的内涵相当，目的在于确保有充足的额外发电量，用以满足高峰期的电力需求，保障电网在调峰和调荷方面更加坚强有力。在电力系统中，只有存在一个总量稍高于电力消费需求的电力供应量，才能使电力系统具有较高的调峰能力，这就需要电力工业具有更大的投资量，也就是通过增加电力产出能力使电能供给保有适当的余量。俄罗斯认为吸引更加丰厚的投资的前提条件是：具有稳定的盈利；具有相对较高的投资回报率；市场本身具有稳定性和持续性。即保证发电商具有合理回报是促进电力事业高效发展的前提，但是能源投资也存在收益的不确定性，面临的风险是普遍存在的，这包括各种形式的经济风险以及来自不可抗力的风险。政府只有通过较完善的制度设计让供电主体有效规避这些风险，电力经济主体才具有持续投资的积极性。通过倾斜性政策让电企规避风险就意味着这部分风险由政府承担。为了提高投资者的兴趣，俄政府推出了"两阶段机制"：在第一阶段通过销售订单的方式让投资者收回投入设施的成本、技术成本；在第二阶段通过电费支付的方式购买投资者生产的电力。第一阶段的政策是出于"成本补偿"方面考虑，第二阶段的政策是出于"合理收益"方面考虑。"两阶段机制"实际上是鼓励电商投资电力事业，并让电商具有稳定投资收益的制度。"两阶段机制"的好处在于：投资者可以通过政府提供的完全信息，准确捕获正确的成本信号，从而决定是否进行持续投资；能源价格可以保持在基于销售订单确定的最低价格水平上，这样既可以使电力经济主体规避风险，也可以保证有稳定的发电供应，还可以保障用电负荷的收益；确保电力只能在投资者能够盈利时生产，电力经济主体从而成为"稳得利"者，在很大程度上保障了电力经济主体的投资积极性；投资者无须对发电量进行承诺，表面上消费者可能会中断用电，但实际上这种情况几乎不会发生；保证了投资者能够很好地融入竞争性的电力市场。"两阶段机制"让电商具有了稳定的投资收益预期。在电力市场改革进程中，俄政府在承受各方压力的情况下对电价进行干预，在电力供应短缺时履行价格上限承诺，政府有权依法决定价格上限的程度和持续时间，这进一步在制度上保障了电商的投资收益。

11.4 日本电力体制在"放开"与"收紧"中破除阻力曲折前进*

日本是世界上最早具有发电能力的国家之一。日本最初的发电开始于 1880～1910 年。在 1951 年 5 月形成了东京、关西、中部、九州、东北、中国、四国、北陆、北海道等九大私营区域电力公司。随后政府和九大电力公司投资建立了一个公私合营的、超区域的电力公司即电源开发公司（EPDC），其目的在于对全国的电力进行统一管理。这也为日本的电力工业进行垄断经营奠定了基础，也成为日本电力系统进行市场化改革的起点。该公司绝大部分股份归属于国家，其下所属电力企业分布于日本全境，拥有不同类型的电站和输电干线，实力在日本电力企业中排名第五，对全国的电力供应具有很强的干预能力，而这种强干预能力也正是电力公司具有垄断力量的基础。日本政府很早就计划完成 EPDC 的私有化，私有化会进一步强化电力工业的垄断经营特征，这与推进电力市场化进程相悖。但由于 EPDC 拥有整套覆盖全国的发电和送电网络，前文论及的持有 EPDC 近 1/3 股权的九大电力

---

* 余炳雕，井志忠. 透视日本电力市场化改革［J］. 现代日本经济，2004（5）：34-38.

公司担心 EPDC 进入电力零售市场会对其构成威胁，因此不愿卖出其所持有的 EPDC 股权，目前这一私有化计划仍未实现①。九大电力公司的这种疑虑也不无道理。为了进一步提升电力市场的竞争程度，就需要进一步分散既有电力公司对全国性电力市场的干预程度。1972 年成立了第 10 家私营区域电力公司即冲绳电力公司。10 家私营区域电力公司属于"一般电力事业"，实行发电、输电、配电和售电垄断经营管理。因此，电力公司的数量虽然在增长，但削弱电力公司的垄断程度的愿望并未达成。由此看来，日本电力工业在市场化进程中不但没有削弱垄断性，垄断性反而在一定程度上被加强了。这 10 家电力公司都有固定的供电区域，各自都具有很强的自然垄断特征。除此之外的其他电力公司属于独立发电公司，所生产的电力全部由"一般电力事业"公司收购，称为"趸售电力事业"。因此，在相当一段时间内，名义上是在进行电力市场化改革，但实际操作却与发展愿望相左。日本的这种电力供应局面在理论上至多是一种垄断竞争状态，但深入思考一下就知道，由于每个电力公司均具有固定的供电区域，因此彼此之间也并不构成实质性的竞争。每个电力公司在各自区域内实际上形成完全垄断的发展态势。

冲绳公司成立后，日本就形成了十大电力公司。日本十大电力公司以管辖区域为基础形成了十大电网，电网互联工作从 20 世纪 60 年代开始。日本的电力公司运营状况与其国土资源状态以及发电燃料主要靠进口有关。由于日本的一次能源基本都是依赖进口，进口燃料相同造成十大电力公司之间电源结构趋同，彼此之间存在很大程度上的替代性，相互之间均具有很强的独立性。在日本不存在像中国这样的"北电南送、西电东送"问题和"电源结构调整"的问题。因此，日本十大电力公司电网之间的联系程度不高或者说是弱联系。既然各电力公司之间是弱联系并且具有较高的地方垄断性，就需要加强政府监管。日本政府电价监管以"补偿成本 + 共同报酬 + 公平负担"

---

① 余炳雕，井志忠. 透视日本电力市场化改革［J］. 现代日本经济，2004（5）：34 - 38.

为基本原则，具体而言表现在三个方面：一是成本补偿原则，其做法是以完全成本作为核定电价的基础，其目的在于保障电力公司的最低收益；二是共同报酬原则，确定合理的利润，其目的是保证电力企业的合理收益；三是公平负担原则，采取成本加利润加税收的办法，其目的在于在电力企业获得合理收益的同时合理纳税。与其他国家的做法相似，在保证电商具有合理收益的基础上，由政府对其监管，使各个电力公司的运行状态相差不大，政府的职责是维护市场的公平和正义。日本政府对电力行业实行监管的目的在于：一是避免消费者利益因电商的垄断经营而受侵害，政府一定要做到电力企业和用电负荷"两头兼顾"；二是激发电商的供电积极性从而保证供电的可靠性，保证全民具有稳定的电力供应；三是保证电力企业能够得到合理的投资回报，通过公平的利益机制驱动电企正常运营。为了进一步规范电力工业的运行秩序，日本政府颁布了《电力事业法》，主要内容是：建立招标制度，通过招标制度降低运营成本和规范电力工业秩序，同时起到激励和约束作用；各地域的电力公司负责履行本区域的趸售委托输电职责，在电价制定方面遵循"有限制的自由"的原则；电力公司保证收购企业自备电厂的剩余电力，去除电商的供电亏损担忧，于是电力公司能够获得"稳得利"；"特定电力企业"经过允许可以向特别指定的用户供电，并承担全部的供电责任。从而在电商与用电户之间建立起了直接联系，在电商存在微弱垄断性质的前提下，保证了电力消费用户的利益。

20 世纪末，日本政府又出台了第二次修订的《电力事业法》。该电力法致力于增加电力经济实体间的竞争性因素，弱化各电力公司的垄断性，从而进一步扩大电力消费用户的获得感。修订后的电力法的主要内容是：（1）进一步提升市场竞争程度。放开占市场份额三成的特别高压用户，允许这些用户自主选择电力公司，直接参与电力零售。（2）进一步加强电源企业建设规范。新建电源项目实行招标制度，于是在电力工业的"两端"即发电端和消费端率先引入竞争机制。新《电力事业法》颁布实施后，电力零售自由化程度加大，电力公司竞争压力陡然增加，促进了日本电力市场公平竞争，从长远看这是一项利好决策。但与此同时政府也放松电力管制从而引发了一些与电力相关侵害公众利益的丑闻。在此过程中由于私营区域电力公司注重经营的效率与利润，公众利益易被忽视，日本电力企业的社会形象大打折扣。政府对处于垄断状态的电力部门放松监管，注定造成以垄断部门赢得高回报而侵害消费者利益的后果。因此，日本的电力市场改革也在曲折中前进。为了提升电力市场的运行效率，进一步完善市场竞争机制，日本电力市场化改革正在酝酿出台更新的措施。这些新措施主要致力于遏制垄断和更多顾及电力消费者的利益，从而达成以下目标：出台创新性举措抑制一直处于垄断强势的电企；在一定程度上进一步放开电价，电价更大程度上由市场决定；提升电力自由化的程度，降低电企进入和退出电力产业的门槛；建立较为完善的电力交易市场，在市场上尽快形成"多家卖方↔多家买方"的交易格局。纵观日本电力市场化改革实践，其特色是致力于较早着手进行电力私有化改革和逐渐放松电力监管。但在市场化改革过程中真正的竞争机制并未建立起来。由此看来，日本电力市场化改革幅度相对较小，目前仍处于研究探讨阶段，真正意义上的电力市场化改革任重道远，如果此间再弱化电力监管，电力工业的垄断程度就会进一步提高，电力价格就很难做到公平正义。因此，在电力市场化改革方面，日本政府也没有全面解除管制的打算，综合多方面而言，可以说是较为保守的改革。

11.5 澳大利亚通过设置配电商和选择
零售商进行电力市场改革[*]

澳大利亚的电能结构布局中，火电占总发电量的 85%，水电占总发电量

---

[*] 陈博. 澳大利亚电力改革对我国电力零售市场的启示 [J]. 科技创新与应用, 2018 (36)：15 – 16.

的 7.7%，其余主要来自天然气和燃油发电，但在总的发电量中占比很小①。与其他国家进行电力市场改革的目标相似，澳大利亚电力改革的主要目的是充分市场化，打破垄断和提高电力行业的资源配置效率、提高电力企业的效率和服务水平、降低电价从而让电力消费者能够享受更加优惠的电力服务等，就这几个层面看，澳大利亚电力体制改革的目标与其他国家的电力体制改革并无差别。从整个电力系统的构成看，澳大利亚电力市场由发电商、电网公司、配电商、消费者及一些特殊成员等组成，在这一点上与世界上其他国家没有什么不同，在电力交易方式上通过现货交易和差价合约实现电力批发或电力零售交易，这种交易方式目前也是国际通行的做法。电力批发市场是澳大利亚电力市场的重要环节，将发电商与消费者连接在一起，这一点是有别于其他国家的重要方面。在电力市场现货交易中，发电商通过竞价上网把发出的电力卖到批发市场，批发市场把电力卖给消费者。批发商售卖的电价在很大程度上影响着电力总体价格。消费者包括购电商、零售商和终端用户等，是实现发电商售电的意愿，也是实现电能社会效用的最后一环。但是"大体量购电的购电商"与"批发商"形成竞争态势，在这一点上有利于竞争性市场的形成。具有巨大消费体量的购电商就是通过合约形式从发电商直接购电的消费者，电价在双方议价的基础上确定。零售商从电力批发市场购得电力，转卖给大小终端用户，构成零售市场。这一点与其他国家也基本相似。零售商的类型有三种：一是纯售电公司；二是发电企业的子公司；三是售发一体的公司。消费者的多元化结构有助于提升电力市场的竞争质量。

零售市场是最容易建构起竞争机制的。澳大利亚零售电市场的竞争机制通过两个方面建立起来：其一是各州内按电网结构划分供电营业区，每个供电营业区设一个配电商，并指定一个或两个本区的零售商，允许零售商跨供电营业区甚至跨州开展业务，从经济学意义上讲，这在一定程度上存在区域垄断性，

---

① 澳大利亚电力改革和市场监管 [EB/OL]. (2006 - 02 - 07) [2025 - 02 - 12]. https：//www. nea. gov. cn/2006 - 02/07/c_131057143_2. htm.

配电商、零售商由于按照约定分割销售市场而具有了自然垄断性；其二是消费者自由选择和变更零售商，零售商之间近乎完全竞争状态，这在很大程度上是由消费端的自由选择促成。这种竞争是在区域垄断基础上建立起来的竞争，还不是打破区域垄断前提下的跨区域竞争，有些类似日本的"区域内竞争"样式的市场竞争。澳大利亚各州首先开放的是工商用电大户市场，逐渐向小型商业用户和居民用户过渡。"大户市场"在此间起着引领作用。单纯的零售商只提供售电服务，基于市场竞争规则按照"低价先得"的方式通过在批发市场购得电力，从而取得电力销售权，借助电网公司和配电商的电力网络，将电送到终端用户的手上，零售商在完善竞争的市场机制基础上赢得电力销售权，其盈利水平就是最终销售给电力用户的加价，但这个价格也是在完全竞争机制上形成，终端用户会在零售商的充分竞争基础上获得电力，电价因而会在一定程度上降低。澳大利亚零售商的零售电价用公式可以表达为：零售电价 = 批发电价 + 输电网使用费 + 配电网使用费 + 零售公司的管理成本和利润。这个公式中照顾到了各方面的利益。最终电价取决于各部分的电价高低。由于用户可以自由选择零售商，这就促使零售市场存在激烈的竞争。澳大利亚电力市场建构过程中，基于消费端的近乎完全竞争的电力市场基本建立了起来。澳大利亚的电力改革实践表明，电力改革的市场化进程应该以法律为依据，在法律框架内推进电力市场进程的总进度和具体推进各个环节，电力资源需要基于效率目标依照市场机制进行配置，电力价格也应该主要由供需关系决定，让电力消费主体具有充分的话语权，而在此过程中负责输配电工作的电力调度机构不应该存在任何偏袒，基于已经形成的交易契约履职即可，在此过程中政府需要严格发挥有效监管职能，监管力度与电力市场的规范程度息息相关。

推进电力市场化进程，政府既要照顾电企利益也要照顾消费者利益，政府要具有将市场信息打包并将其发包给电力经济主体的能力。这就意味着，零售商应该通过准确预测终端用户的电能消费量以规避市场风险，而市场管理者应注重防范零售商的信用风险。"政府监管"是提升零售商信用水平的关键。澳大利亚全国电力市场中除昆士兰州外，各州用户都具有自主选择零售供电商的权利，最多的州有 30% 的用户已经更换了零售供电商①。这种电力消费格局有利于促成充分的市场竞争局面。澳大利亚政府的目标是将所有用户全面引入零售市场，从而建立起比较完善的让所有电力用户均能够充分受益的电力市场机制。澳大利亚在电力市场化改革进程中主要采取了如下四种措施：其一是采取了前文论及的差价合约模式，在提高竞争效率的同时，也有效规避了电商可能会面对的市场风险；其二是积极推进零售市场的建设，基于零售市场提升市场竞争程度；其三是通过结构调整和机制设计，提高电力事业的投资理性，电商可以合理规避风险和获得合理利润；其四是积极推进可再生能源发展，稳步推进电力结构优化。国际能源署的评估报告认为，澳大利亚的能源市场不仅高效而且健康，使用户充分享受到了世界上最低的能源价格及高水平的能源安全②。澳大利亚的电力市场改革经验值得我国借鉴。我国电力市场化进程正在稳步推进，但在一些方面仍然值得探索，不仅需要在电力市场的制度设计层面进行理论创新，更需要将电力市场化的理论力量转化为推动电力市场良性发展的生产力。

电的故事与案例

故事与案例 11.1：麦克斯韦集电磁学之大成——著名电学专著《电磁论》问世

麦克斯韦出生在法拉第发现电磁感应的那年，这仿佛在法拉第与麦克斯

①② 澳大利亚电力改革和市场监管［EB/OL］.（2006 - 02 - 07）［2025 - 02 - 17］. http：//www. nea. gov. cn/2006 - 02/07/c_131057143_2. htm.

韦之间建立起了某种巧合，电力的发展历史进程注定要让麦克斯韦完成法拉第诸多研究成果的数学话语转化。在此之前，电磁学领域已经积累了大量学术成果，这包括库仑定律，高斯定律，奥斯特的电流磁效应，比奥、萨伐尔和拉普拉斯的电流产生磁场的规律，安培定律以及法拉第的电磁感应现象等。这时法拉第提出的力线和场的概念已经有 20 多年了。在麦克斯韦研究电磁学时，电磁学的背景知识已经非常丰富。麦克斯韦成为电磁学成果的集大成者。麦克斯韦开始用数学语言表述法拉第的学术思想，法拉第仿照磁力线提出了电力线，并且认为电力线是真实的客观存在，这是法拉第据以思考电学问题的理论基础。麦克斯韦按照法拉第的思路开始着手用数学语言表达法拉第的学术思想，在数学分析中找到了电磁量之间的数学关系，这比单纯地以描述性语句表达更加严谨和科学，并为进一步展开深入研究奠定了坚实的理论基础。麦克斯韦提出了涡旋电场概念、位移电流概念、光的电磁波理论以及电磁场的动力学理论。麦克斯韦指出，光是按照电磁定律经过场传播的电磁扰动。麦克斯韦于 1865 年写出了其电学巨著《电磁论》①，该部对电磁理论具有奠基意义的著作包括静电学、电运动学、磁学和电磁学等部分。这部著作堪比牛顿所著的《自然哲学的数学原理》，规定了经典力学的一些基本概念，标志着经典力学走向成熟。

故事与案例 11.2：国外重大停电事故——遵循电学规律建成坚强电网和管好高效电网

电源和电网的质量直接影响到电力传输的稳定程度。在电力传输过程中，虽然会通过不断提升技术水平达到预期目标，但总会有各种偶发因素影响电能持续传输，有时会因重大扰动因素导致局部电网瘫痪，这些扰动因素既包括来

---

① 苏湛. 被忽视的巨人——麦克斯韦 [J]. 中国科技史杂志，2012，33（3）：303-313.

自电力设备本身的因素，也包括电网运行中的人为因素，更包括因极端天气状况形成的不可抗力造成的电网负荷超载因素。局部电网瘫痪会造成电力大规模中断，从而影响人们的生产和生活。很多国家曾因电网不堪重负而造成大规模停电（见表 11－1）。大规模停电事故均是突如其来发生，由于事先没有任何准备，因此没有任何补偿性预案，造成了生活生产上的被动。这些大规模停电事故的原因是多方面的，既包括偶然的极端天气问题的影响，也包括偶然的突发人为因素影响（例如，金属涂装气球掉在开关柜的敏感位置引发火灾继而发生停电，或人为切断高压电力导致电网系统紊乱）。无论何种原因造成大规模停电，最终都会体现到大规模电网瘫痪方面。坚强电网是保障电网安全与稳定的前提。电网系统需要在电网负载与终端负荷之间得到平衡，电网超负荷运行就会导致变电站过载，电网中的各个环节都会超过安全临界点，进而存在过载运行的隐患，电网会在脆弱的环节上首先出现问题，进而在大范围内产生连锁反应。

电网大规模瘫痪，无论是偶然因素造成还是系统性故障，归根结底都要推及电网的管理质量上来。电网的建设不但需要在硬件方面做文章，更需要在管理秩序方面下功夫。电网的薄弱环节是提升电网整体质量的短板。电网管理主体需要动态排查电网，准确判断电网的薄弱环节，补齐电网安全运行的短板，预警和排除电网上存在的各种安全隐患。例如 2012 年印度停电事故、2006 年德国停电事故以及美国 1977 年的停电事故均是由电网负荷过大造成，这样的问题可以通过预警性的诊断和前瞻性的隐患排查等措施得以克服；再如，2003 年美国停电事故、2023 年德国停电事故均可以提前预防，输电线路沿线的树枝要及时修剪，以及游玩的人群要远离高压电力传输设施。在诸多事故中，只有极端天气造成的停电事故难以预防，极端天气带来的偶发影响不可预测，即使通过技术方式也不能完全避免，但一定要有前瞻性的预防措施安排。人类在自然力面前总是显得非常渺小，我们总是千方百计地去深入认识自然，但人们只能看到自己认识能力以内的世界。电网建设需要遵循电学规律，人们不能做违背规律的事情。

表 11－1

国外重大停电事故

国家	时间	地点	直接影响	历时	间接影响	直接原因	深层原因
印度①	2012年7月30日	查谟市	6.7亿人	48小时	全国50%区域供电中断,影响6亿人用电	超高压变电站出问题,部分输电线路和变电站过载,产生连锁反应,电网崩溃	电网在网架结构、管理以及体制方面存在问题
德国②	2006年11月4日	鲁尔区	1000万人	2小时	欧洲西部大规模链式停电	德国能源公司人为切断380千伏高压电力导致电网其他输电线路负荷过重	电力系统缺乏必要的安全运营程序;电网运营可靠性不足
美国③	1977年7月13日	纽约	900万人	24小时	犯罪分子制造1000起火灾,劫掠1600家商店	电网电力负荷过载造成链式停电	电网运营可靠性不足
美国	2003年8月14日	俄亥俄州	5000万人	1小时	公交设施停摆	电力公司未及时修剪树木,高压电缆下垂触及树枝短路	电网运行系统可靠性不足
巴西④	2009年11月10日	巴拉圭	6700万人	4小时	50%的巴西国土停电	强降雨和雷击造成输电线路故障,导致伊泰普水电站5条高压线路短路	电网系统不能承受极端气象灾害考验
澳大利亚⑤	2016年9月28日	南澳大利亚	170.2万人	50小时	南澳大利亚电网多次遭受系统性故障	极端天气影响	电网系统不能承受极端气象灾害考验
德国⑥	2023年9月13日	德累斯顿	30万人	20分钟	整座城市及周边城市陷入混乱	售卖的金属涂装气球落在变电站开关柜的敏感点上引发短路	电网系统运营管理不善
阿根廷⑦	2024年10月3日	布宜诺斯艾利斯	53万人	14小时	布宜诺斯艾利斯及南部地区。两条铁路线停运	发电厂的数台发电机同时发生故障	发电设备日常管理制度不完善

续表

国家	时间	地点	直接影响	历时	间接影响	直接原因	深层原因
法国⑧	2024 年 7 月 27 日	巴黎	8.5 万用户	1 小时	巴黎的 1 区、9 区、17 区、18 区受直接影响。商业活动中断、数据丢失	技术异常导致网络事故	电网安全措施不到位
莫斯科⑨	2005 年 5 月 23 日	莫斯科	400 万人	37 小时	莫斯科近一半区域的工业停产	设备老化、电力系统超负荷运转	管理不善，缺乏管理预警方案

资料来源：①③⑨世界十大电力事故及电力安全启示录［EB/OL］. (2023 - 09 - 15) ［2025 - 02 - 12］. http://www.ecorr.org.cn/qita/new1/2023 - 09 - 15/188526. html.
②④全球大停电盘点［EB/OL］. (2012 - 08 - 12) ［2025 - 02 - 12］. https://world.huanqiu.com/article/9CaKrnJwvfY.
⑤澳大利亚南澳州停电［N］. 深圳特区报，2016 - 09 - 30 (A17).
⑥英飞凌德国工厂遭遇停电事故，芯片荒恐再遭痛击［EB/OL］. (2021 - 09 - 16) ［2025 - 02 - 12］. https://baijiahao.baidu.com/s?id = 1711059 48952535422&wfr = spider&for = pc.
⑦阿根廷首都发生大规模停电 近 53 万人受影响［EB/OL］. (2024 - 10 - 04) ［2025 - 02 - 12］. https://baijiahao.baidu.com/s?id = 18119067 88774051050&wfr = spider&for = pc.
⑧ "历史级的事故" ［EB/OL］. (2024 - 07 - 28) ［2025 - 02 - 12］. https://baijiahao.baidu.com/s?id = 18058066902094983306&wfr = spider&for = pc.

故事与案例 11.3：阿普尔顿水电站——世界上第一座水电站[*]

阿普尔顿水电站即火神街水电站是世界上第一个水电站，建在美国威斯康星州的阿普尔顿的福克斯河上。这个发电站由一台水车带动两台直流发电机组成，装机容量为 12.5 千瓦，于 1882 年 9 月 30 日发电。发电机成功发电后向附近的居民亨利·罗杰斯家中供电，并向阿普尔顿纸浆公司和火神造纸厂供电。发电机发出的电力点亮了 250 只电灯泡，每只电灯泡只有 50 瓦。这是水力发电进入商用的开端，人类从此开启了将水能转化成为电能的历史进程。水能是大自然馈赠给人类的无穷宝藏，电力事业的发展为其他各个产业的发展平添了动力。火神街水电站虽然装机容量较小，并且供给的电能也非常有限，但水能转化为电能的发电原理，为人们汇聚电力之光打开了闸门。人们在这条路上只需要不断探索，构建起更加复杂的发电系统和研发出更加完备的发电设施，无尽的水能就能转化为电力之光。

水力发电随后也在美国获得了迅猛发展。时隔四年之后的 1886 年，美国和加拿大就开发出了 46 座水电站，三年后，仅美国就开发出了 200 座水电站，到 1920 年时，美国电力的 40% 已经是水电。水电站随后在全世界如火如荼地发展了起来。日本于 1885 年、德国于 1891 年、澳大利亚于 1895 年分别建成水电站。火神街水电站成为人类水电事业的开端。目前看到的火神街水电站是按照原先的图纸重建的，最初的火神街水电站已于 1891 年损毁。火神街水电站从 1882 年开始运行，到目前已经过去 140 多年，但当时这个电站发出电力的最初受益者即亨利·罗杰斯一家人以及阿普尔顿纸浆公司、火神造纸厂等仍在，这家人、纸浆公司和造纸厂成为这个世界上第一个水力发电站的见证者。火神街水电站遗址已经成为著名的工业旅游胜地。亨利·罗杰

---

　　* 赵建达，吴昊. 火神街水电站的前世今生——世界上第一座服务于私人和商业用户的水电站 [J]. 小水电，2017（6）：12－13.

斯家成为一座水电历史博物馆，原先的纸浆厂、造纸厂也成为造纸博物馆、河边餐厅和办公场所。人们徜徉在水电文明的发祥地，听着河流的诉说，沉浸在厂房的静默中，感受着电力之光的荣耀以及电力人的自豪。

故事与案例 11.4：电磁感应定律——磁通量的变化导致感应电动势的产生

奥斯特发现电磁效应现象这件事对法拉第产生了很大鼓舞。法拉第认为，既然电能够产生磁，那么磁也能够产生电，因而就萌生了将磁转化为电的想法。在这一时期已经发现了电磁铁，即将铜线缠绕在马蹄形软铁上，通上电流后马蹄形软铁就可以吸起比软铁本身重很多倍的铁块。法拉第在电学理论不断发展的基础上，深信磁能够转化成电。法拉第在进行实验的过程中，将磁棒插入和抽出线圈时，发现线圈中产生了电流，但是在磁棒插入和抽出时，电流计指针的方向是相反的。法拉第反复进行了这个实验，发现每次插入和抽出磁棒时，电流计的指针都会跳动，只是跳动的方向相反。但在研究中，法拉第发现这样的感应是短暂的，而奥斯特的发现中则显示电磁感应是一种稳定效应。法拉第将能够产生电流的情况分为以下五类：变化着的电流；变化着的磁场；运动着的恒定电流；运动的磁铁；在磁场中运动的导体。产生电流的这些条件在现代电磁学理论中表述为：变化的磁场和闭合电路切割磁力线。这就意味着长度为 L 的导体以速度 v 切割匀强磁场 B 时，产生的感生电动势为 $E = Blv\sin\theta$，其中 θ 是 B 与 v 之间的夹角。在知道 E、导线的电阻的情况下就可以知道导线中的电流强度，进而推导出导线的受力情况。法拉第用导体切割磁力线的数目表述电磁感应定律[1]，认为电磁感应的强度总是与导线所跨过的线的总量联系在一起。

---

[1] 沈建峰. 电磁学的发展历程及其奠基人法拉第 [J]. 上海信息化，2011（8）：84－86.

第 12 章

国际视野下的电力能源效率
与我国的能源效率状态

能源效率即产出的有用能量与投入的总能量之比。刻画能源效率的重要指标是发电标准煤耗。发电标准煤耗是指单位发电量需要的燃料消耗量，通常以克标准煤/千瓦时（gce/kWh）作为计量单位。这是评价电厂的能源利用效率的重要测度指标。发电标准煤耗的计算公式是：发电标准煤耗（gce/kWh）＝燃料消耗量（kg）×燃料标准煤耗率（kgce/kg）÷发电量（kWh）。在这个公式中，燃料消耗量是指燃料在消耗过程中实际被消耗的量。在测度指标中经常会比较两个指标，即供电煤耗和发电煤耗，二者在计算方法上也存在差别。发电煤耗是指火力发电厂 1kWh 电能平均耗用的标准煤量；供电煤耗则是指火力发电厂每向外提供 1kWh 的电能耗用的标准煤量。从这里可以看出，发电煤耗在计算过程中不考虑电力传输过程中存在的电能损失，而供电煤耗则需要考虑电力在变压远距离传输过程中造成的损失。在计算公式方面，发电煤耗等于煤耗量除以发电量，而供电煤耗则等于煤耗量除以"发电量减去厂用电"的差。两个指标的经济学意义存在差别，发电煤耗说明了发电过程中的能量消耗，供电煤耗则全面反映了电厂向外界输电的电能消耗。

在计算结果方面，供电煤耗由于考虑到了厂用电的情况，计算结果往往大于发电煤耗的值。因此，供电煤耗是国家对火电厂进行测度的重要指标，可以更加有效地刻画电厂的能源利用效率，从而对电力产业发展具有更好的经济学意义。燃料标准煤耗率是指燃烧单位质量能量当量的标准煤耗。发电标准煤耗的计算公式是电力企业在能源管理过程中测量节能减排的重要指标，通过精确计算发电标准煤耗，可以发现能源利用中可能存在的问题并提出相应的改进策略，从而达到节能减排、提高能源利用率和提高经济效益的目的。2023 年我国的能源煤耗为 302gce/kWh。我国积极推进能源事业发展，在提高电力能源效率和节电工作方面取得了长足进展，但与发达国家之间仍然存在一定差距，在能源效率的提升方面仍然存在较大的空间。提升能源利用效率是破解化石能源瓶颈的重要途径，从而使得能源产业走上可持续发展道路。我国电力可持续发展面临资源约束、环境约束以及竞争压力等多方面的约束，只有在能源效率方面下功夫才能缓解压力，并为探索多种能源形式组合发展的道路留出时间和空间。

12.1　国际视野下的电力能源效率

通过建立洁净和高效的电力工业体系，推进电力工业可持续发展，成为世界范围内电力工业的发展目标。因此就需要通过技术创新提高能源利用效率，进而降低污染物排放。除了技术创新这条途径外，还需要通过创新管理制度，激励电力主体通过加强自我约束达到提升能源利用效率的目的。丹麦在这方面提供了很好的经验。丹麦对高效环保的热电项目实行免税制度。丹麦在电力改革过程中通过热电联产提升能源利用效率，从而在一定程度上解决了电力工业发展造成的环境污染问题。采用新技术和实行激励性的管理措施需要持续推进，政策变化需要有连续性和渐进性，在给电力企业充分的反应时间的同时，让其看到政策前进的方向，从而在管理框架内开展电力事业，并能够积极投入资金进行技术创新。

国家出台节能减排的技术创新政策不但是对电力企业的奖励，同时也是在校正电力产业的前进方向，最终使所有电力企业走上这条道路。在电力管理体制方面，英国也走出了一条成功道路，通过引入竞争机制推进电力市场化改革，在发电、输变电和供配电等各环节引入竞争机制，进一步为电力工业发展增加了动力。英国电力工业在引入竞争机制后，发电、输电、配电和售电等各个环节都感受到巨大压力，发电企业为了获得竞争力，主动以高效燃气替代高价煤，在降低发电成本方面做文章，同时加上行政力量主导下的电力管制措施，最大限度地保障了电力用户的利益。英国电力管理创新的意义是多方面的，包括：通过技术创新降低了能源消耗，提高了能源转化效率；减少了污染物排放，在更高水平上实现了人与环境的和谐对话；基于市场竞争机制降低了电价从而保障了用户利益；通过电力系统链条的"两端"促进"中间"降低垄断程度，激发了电力主体进行技术创新的积极性；提高了电力市场主体的服务效率并在全国范围内形成了技术创新的竞争氛围。

12.2 我国电力能源效率发展方向

我国的电力工业已经进入了发展快车道。发电总装机容量和发电量都稳居世界前列，但仍存在一些问题，主要表现在：发电效率低；输配电效率低；终端用户效率低。

12.2.1 发电效率需要进一步提升

我国的能源结构中仍然以煤电为主，在火力发电的机组中，燃油和燃气的比重都相对较小。即使是在燃煤的机组中，仍然有相当比例的是应该被淘汰的中小型发电效率低的机组。我国的供电煤耗率在不断下降，从 1949 年的 1130 克/千瓦时下降到 1978 年的 471 克/千瓦时，再下降到 1999 年的 400 克/千瓦时[①]，2023 年降低到 302 克/千瓦时[②]。我国在发电煤耗与供电煤耗方面已经有了长足进步，通过提高发电机组效率和优化燃烧过程等各种举措，不断降低发电煤耗，但与国际水平仍然存在差距。据不完全统计，与国际先进水平相比较，我国一年发电多消耗标准煤约 1.2 亿吨[③]。在未来发展中，随着"双碳"目标推进和能源结构调整，我国在燃煤发电技术方面会不断加大研发投入，传统能源的发电效率将进一步得到提升，发电煤耗和供电煤耗指标值会进一步下降。

12.2.2 输配电效率需要进一步提高

电能只有通过电网输送到消费终端才能产生社会效益，并为电力工业自身带来收益，从而使得电力工业走上良性发展轨道。但是我国的电力事业发

---

① "九五"电力工业大发展 [EB/OL]. (2000 – 11 – 02) [2025 – 02 – 12]. https：//www. gmw. cn/01gmrb/2000 – 11/02/GB/11％5E18592％5E0％5EGMA4 – 018. htm.

② 电规总院发布 2024 年度《中国能源发展报告》《中国电力发展报告》[EB/OL]. (2024 – 07 – 17) [2025 – 02 – 12]. https：//www. cnenergynews. cn/dianli/2024/07/17/detail_20240717168318. html.

③ 我国电力工业资源节约与国际水平差距很大 [EB/OL]. (2004 – 06 – 13) [2025 – 02 – 12]. https：//www. qingdaonews. com/content/2004 – 06/13/content_3241989. htm.

展进程中，仍然不同程度地存在着重视电源企业建设而轻视电网企业建设的问题，虽然全国电网已经铺开，但是电网密度仍然需要进一步提升。只有加强电网"神经末梢"的建设，才能让千家万户享受电力带来的便利。电网建设不仅表现在电网密度和覆盖范围层面，还表现在电网的输电质量层面。目前我国的输变电设备和配电设备仍然比较落后，电网综合损失率仍然较高，不合理损失率在5%左右。按照这个不合理损失率计算，我国输电系统的不合理损失每年在1000亿千瓦时左右。从化石能源转化为电能已经消耗了很大的成本，来之不易的电能不能损失在电力传输过程中，因此提升输配电效率就成为提高电能使用效率的重要环节。

12.2.3　消费端用电效率有待提升

终端用电设备主要包括以电机拖动系统的耗电设备和照明耗电设备，其中，照明耗电设备的用电占用电总消费量的 1/10 左右，电机拖动用电设备是主要的用电终端负荷。在这些不同种类的电机中，中小型异步电机成为电机的全部主体，而中小型耗电设备的电机拖动效率不高，这会在很大程度上降低电机的用电效率。我国的电机拖动系统的运行效率比国外低 10% 左右[①]。在照明用电中，低效照明用电产品占了照明产品中的很大比重，低效照明产品的使用也造成了很大的电能浪费。因此，提升电能利用效率必须在消费终端用电设备方面做文章，通过提升电机的拖动效率和照明产品的用电效率，提升电能利用效率。消费端用电效率低就相当于发电装机容量损失，因此，提升消费终端的用电效率就等于扩容了发电装机容量。而提升消费终端的用电效率，需要全社会共同努力，在电机拖动系统以及照明产品方面做文章，并非电力工业本身进行技术创新就能解决问题。

---

① 运行效率低于国际先进水平10%～20% 国内电机如何"转"得更快？［EB/OL］.（2017 – 06 – 08）［2025 – 02 – 12］. https：//www. nbd. com. cn/articles/2017 – 06 – 08/1114933. html.

12.3   我国电力改革对电能效率的影响

电力改革在很大程度上促进了电能供给，缓解了长期以来电能供给存在缺口的问题。根据前文，我国的电力改革经历了"集资办电"阶段和"电力市场建设"阶段。两个阶段的核心内容不同，采取的措施不同，对电力工业产生的影响也存在差异。在"集资办电"阶段，主要目标是增加发电装机容量从而实现发电量快速增长，以便尽快实现电力的供需平衡。因此，在这一阶段发展的着力点是电力的"数量增长"。国家实施"集资办电"方针，在电力工业发展方面很快形成"多元投资主体＋多种筹措渠道＋多种办电方式"的发展格局。发电装机容量和电力供应量均获得快速增长。但是在"数量"得到迅速增长的同时，"质量"没有同步跟进。在解决了电力供应量增长问题的同时也产生了一些负面影响，主要表现在：其一是"小机组与大机组竞争"。小发电机组的膨胀造成环境污染，同时因地方政府给予电价补贴导致与发电大机组形成竞争，电力工业发电效率反而降低。其二是电网覆盖面不能跟进电源企业的增长速度。

由于该时期将发展的重点放在发电机组扩容方面，于是"重发电而轻输电"的问题产生，导致输配电企业的发展规模落后于电源企业的发展速度，影响了电能空间布局的均衡性，同时由于电网设施陈旧以及电损过高，故输电质量下降。在电力市场建设阶段，主要关注电力市场化改革和公司化重组，以期通过电力的商业化运营提升电力能源效率。但是由于节电行政职能此间被弱化以及终端消费节点的投资激励制度缺乏等问题的存在，对于提升电能利用效率产生的积极效果不大。由于运行机制存在不足，电能利用效率的提升受阻。

12.4 我国电力发展的制约因素

可持续发展不仅是整个国民经济的发展方向，也是电力工业的发展潮流。电力工业只有在可持续发展中才能基于现在创造出有未来的未来。伴随经济迅速发展，总会出现资源供给不足以及环境污染的压力问题。因此，在电力工业谋求迅速发展的同时一定要处理好电力、资源和环境间的关系，坚持人与自然和谐共生的原则，在"尊重自然、保护自然、顺应自然、敬畏自然"的前提下发展电力事业，才能谋求电力事业的可持续发展。

12.4.1 资源储量不足与空间布局不均衡

我国虽然煤炭资源丰富，但由于人口体量很大，人均煤炭资源量严重不足。随着开采量不断增加，可资开采的煤炭资源储量不断减少，化石能源的不可再生性特征会严重制约电力工业的持续发展。研究表明，我国煤炭资源的人均占有量为 234 吨，而世界上人均煤炭资源占有量为 312 吨，美国在这个指标上则高达 1045 吨①。我国的煤炭资源人均占有量与发达国家存在较大差距，而且煤炭资源的空间分布很不平衡，表现为北多南少和西多东少。我国煤炭资源主要集中分布在安徽、河南、贵州、黑龙江、陕西、山西、内蒙古等地，但工业区一般都与这些煤炭资源分布地区不对称。这就会造成北煤南运和西煤东运的问题，煤炭运出的省份包括山西、内蒙古、陕西、贵州等。只有增加运输量才能解决资源消费地与资源产出地的不对称问题，然而铁路外运能力不足进一步成为制约煤炭外运的瓶颈。资源外运通道不完善与资源

---

① 煤炭资源［EB/OL］.（2021－12－31）［2025－02－12］. https：//www. kepuchina. cn/article/articleinfo? business_type＝100&ar_id＝353674.

存量不足的挑战同样成为电力工业持续发展的不利因素。

12.4.2 环境容纳能力正在面临严重挑战

煤电的迅速发展，造成硫氧化物、氮氧化物、烟尘以及大气悬浮物增加，导致大气污染。大气中 85% 的 SO_2、70% 的烟尘、60% 的 NO_X 均来自煤的燃烧。燃煤引起大气污染，其中 SO_2 会形成酸雨，会进一步造成水体污染、土壤污染，水体环境酸化后会影响水生动物的生境，水生动物的生存繁衍受到影响。土壤酸化后会腐蚀植物根系，造成大面积森林植被枯萎死亡，影响与森林、木材有直接联系的产业链的发展。因此，扩大煤电的发展规模与空气污染的扩大之间就形成了矛盾，控制煤电发展就成为大势所趋。这就意味着发电厂必须增加控制 SO_2 的排放措施和除尘措施，从而会增加小火电厂的关停速度，这在一定程度上会增加建设火电厂的困难。诸多环境保护举措的出台会提高污染控制水平，从而进一步加大火电厂的建设成本，火电厂遭受处罚的可能性提高。在"双碳"目标影响下，环保要求会逐渐提升，火电厂的排放门槛也会随之提高，能源利用率低和污染物排放高的电厂会被迫逐步退出。

12.4.3 面临来自经济全球化的竞争压力

经济全球化会因替代性资源进入我国市场而使能源工业面临挑战。钢铁工业、有色金属工业、化学工业和建材工业等高耗能工业目前的能耗水平均远高于发达国家。产成品中包含更多的能源成本导致产品缺乏国际竞争力。这不仅使产品难以走出国门，甚至在国际市场上的同类产品进入国内市场后，这些产品保有此前的国内市场份额都会存在困难。这会在一定程度上影响对电力的需求，从而影响电力工业的发展。在经济全球化背景下，我国电力工业要逐渐打破单纯依靠国内资源和市场发展的局面，但电力工业仍然缺乏有效的竞争机制和人才激励机制。相同装机容量或发电量的电力企业，均较发达国家需要有更多的人力资源支撑。因此，我国电力工业不仅在数量而且在质量方面都不具备超强的竞争力。面对国际市场的竞争，我国电力工业须进行产业结构和产品结构调整，以提高其在国际市场上的影响力和竞争力。

12.5　能源效率提升对电力持续发展的重要性

电力工业为了得到持续发展，就需要调整电源结构、加强电网建设、提升电能效率。通过调整电源结构淘汰落后产能，推进电力工业的规模化发展；通过加强电网建设，降低电能传输过程中造成的损耗从而提升电能传输效率；通过完善终端用户的用电设备，提升电能的利用效率。在提升电能效率过程中，既涉及电力工业内部的调整，也涉及电能消费的终端产品，这需要全社会的力量加入进来。提升电能利用效率，使电力工业尽快从注重数量和速度的发展模式，完成向质量效益型发展模式的根本性转变。提升能源效率对电力可持续发展具有重要意义，首先，在一定程度上能够缓解化石能源面临枯竭的压力。煤炭资源是不可再生资源，开发利用的速度越高，面临枯竭的挑战就来得越快。通过发展热电联产、超临界发电机组以及电网改造等提升供电效率，同时通过需求侧管理，调整终端用户的用电需求和需求结构。通过电力工业的系统性调整，使发电效率、输配电效率和用电效率都得到提升。电能效率的提升相当于扩展了煤炭资源的存量，在一定程度上能够缓解资源面临枯竭的压力。其次，提升电能效率可以降低污染物排放。随着除尘、除烟技术进步，电力工业排放的硫氧化物、氮氧化物以及烟尘等污染物逐年降低。电力工业正在改变"高污染"的既有形象。提升能源利用效率，可以通过提升燃煤效率来使煤炭尽量释放热值。充分发展洁净煤发电技术以及提升煤的燃烧充分程度提升能源效率，成为处理好电力工业与自然环境的友好关系的重要策略，也是发电工业的发展方向。最后，提升能源效率是电力工业提升国际竞争力的关键。前文论及，提升电能效率，才能降低石化、建材、钢铁等产业的生产成本，从而提升我国同类产品在国际市场上的竞争力。提升电能利用效率，不仅涉及发电环节，也涉及输配电环节。降低输配电环节的电能损耗，相当于变相地增加了发电量。提升电能效率能在一定程度上增加发电企业以及输变电企业的收益，为电力工业增加资金积累，有利于电力工业的可持续发展。

电的故事与案例

故事与案例 12.1：向家坝水电站——金沙江梯级开发最后一级水电站

向家坝水电站是金沙江水电梯级开发的最后一级水电站，位于云南省昭通市水富市与四川省宜宾市叙州区交界的金沙江下游河段上。电站装机容量775 万千瓦。向家坝水电站的建成可以产生巨大的环境效益：年均发电量 300 多亿千瓦时，相当于减少煤耗 1400 万吨，每年可以减排二氧化碳 2500 万吨，减排二氧化氮 17 万吨和减排二氧化硫 30 万吨。向家坝水电站与溪洛渡水电站一起可以解决三峡水电站的泥沙淤积问题。金沙江中游是重要的产沙区，将泥沙拦截在库盆的死库容内，可以避免泥沙在三峡库区淤积。溪洛渡正常蓄水为 600 米，水库死水位深 540 米，拦沙后不会影响水库的发电功能。泥沙在溪洛渡水库进行拦截后到向家坝水库继续拦截，致使流入三峡库区的泥沙已经很少。向家坝水电站的前期工作始于 1957 年，工作在精密勘察建设地质条件的基础上稳步推进。2002 年 10 月，向家坝水电站经国务院正式批准立项，2014 年 7 月 10 日全面投产。向家坝水电站以发电为主，同时兼有改善通航条件、防洪、灌溉、拦沙以及对溪洛渡水电站进行反调节等综合效益①。

向家坝产出的巨大电能通过直流特高压送往华中、华东地区，向家坝水电站送出的 ±800 千伏直流特高压是国产化示范工程。向家坝水电站与溪洛渡水电站联合运用，成为解决川江防洪问题的主要工程措施，据此可使宜宾、泸州、重庆等城市的防洪能力逐步达到国家规定的标准。同时配合三峡水库进一步提高荆江河段的防洪能力。向家坝水电站的建设，可以改善金沙江的通航条件。金沙江属山区河流，道窄滩多流急，船只航行过程中会面临很多危险。向家坝库区的建设，将淹没绝大部分需要整治的碍航险滩，向家坝库区由此成为航行安全的深水区，金沙江河段的航行条件得到改善。向家坝水电站还有利于农业发展。向家坝下游农田肥沃，有利于发展农业，但因缺乏大型水利设施，农业生产受到严重负面影响。向家坝水库建成后，由于水面抬高，使坝区下游 370 万亩农田得以引水灌溉，农业发展的水源问题从根本上得到解决。

故事与案例 12.2：江厦潮汐发电站——我国第一座双向潮汐发电站

潮汐发电是将潮汐能转化为电能的发电方式。涨潮时海水涌来，水位升高，动能转化为势能；落潮时水位下降，势能转化为动能。海水在运动时所具有的动能和势能统称为潮汐能。建设潮汐能发电站相对于建设水电站，不需要考虑淹没土地和因淹没土地而造成的移民问题。在海水涨潮时将海水以势能方式储存在水库内，落潮时利用高低水位之间的落差推动水轮机转动，

---

① 丁力. 重点工程介绍（6）向家坝水电站［J］. 云南电业，2006（6）：40.

从而带动发电机发电。潮汐发电蓄积的海水落差并不大，并且具有间歇性。因此，潮汐发电的水轮机结构需要适合低水头①和大流量的特点。潮汐发电的关键是蓄积水能，这就需要在有条件的海湾建筑堤坝、闸门和厂房，围成水库，人为创造水库水位与外海潮水位之间的落差，从而创造将势能转化为推动水轮机旋转的机械能的条件。

江厦潮汐发电站始建于 1985 年，位于浙江省温岭市乐清湾东北角。总装机容量 3000 千瓦。每昼夜可以发电 14～15 小时，年均可向电网送电 1000 多万千瓦时②。该枢纽工程包括水库、堤坝、厂房、泄水闸、渠道等部分。该电站以发电为主，兼有海涂围垦、海水养殖等综合效益。发电站的很多科研成果属于国内首创，并达到国际先进水平，很多方面都达到了法国朗斯电站的水平。我国自 1958 年就开始着手研究和建设潮汐能发电站，当时由于各方面条件的限制，发电容量限于百千瓦级别的小电站。江厦潮汐能发电站的建成，不仅说明我国在潮汐能发电方面的技术已经成熟，而且为建设万千瓦级的大电站积累了丰富经验和培养了人才，进一步提升我国在潮汐能发电事业上的发展速度。我国有 1.8 万千米的大陆海岸线，很多地区具备的丰富潮汐能有待开发。江厦潮汐能发电站为我国大规模开发潮汐能奠定了基础。

故事与案例 12.3：法国朗斯电站——世界上规模最大的潮汐发电站

法国朗斯电站是世界上最大的潮汐能发电站。该电站位于法国圣马诺湾朗斯河口，在设计上选用了单库双向型，即能够在涨潮和落潮期间双向发电、

---

① 低水头水电站一般指水头在 40 米以下的水电站，多数建在坡降平缓的中下游河段，具有施工条件良好和距离用电负荷近的特点。但径流能力低导致发电稳定性差。

② 江厦潮汐电站——中国最大的潮汐电站 [J]. 河北水利，2019（3）：20.

双向抽水和双向泄水。该电站选用了可进行正、反向发电及正、反向供水和正、反向泵水等六种工况的灯泡式水轮发电机组①，在最大限度上克服了潮汐电力具有的间歇性缺陷，保障了电站能够连续发电。朗斯电站于 1955 年开工修建，建成于 1966 年，装机容量 240 兆瓦，最大装机容量 360 兆瓦。朗斯电站自成功运行以来的几十年中未出现过严重问题，目前仍然是世界上最大的潮汐能发电站。韩国在建的 252 兆瓦西洼潮汐电站有望超过法国的朗斯电站成为世界上规模最大的潮汐电站。朗斯电站的建成，产生了巨大的经济效益，也为世界各国建设潮汐电站积累了宝贵经验：其一是潮汐电站的建设需要基于成熟的土建工程技术和机电工程技术进行；其二是近海建设发电站可以尽量降低工程成本；其三是充分利用水库的多分汊特征可以最大限度降低间歇发电的不足，从而使"按照负荷曲线进行发电调度"成为可能；其四是通过技术研发提升水轮机双向运行效率。

朗斯发电站几十年的成功运行经验成为世界各国建设潮汐能发电站的宝贵财富。朗斯电站不仅是布列塔尼地区的主要电力设施，而且是法国工业旅游的重要景点，目前每年要接待几十万游客前来参观。潮汐能是大自然赋予的可再生清洁能源，电力人很早就开始关注并致力于开发这个具有广阔发展前景的领域，但由于建设潮汐能电站对地理地质条件要求比较严格，再加上技术水平的限制，潮汐能发电一直处于低水平运转。在该领域内，任何一个国家的发现和发明都将成为人类的共享财富。朗斯电站积累了建设大型潮汐电站的丰富经验，为推进人类进军潮汐能发电领域开辟了新航道。

故事与案例 12.4：氢能——通过开拓能源产业新领域提供破解化石能源瓶颈的新思路

氢能是指氢与氧进行化学反应释放的化学能，具有高密度、零污染和零

---

① 灯泡式水轮发电机是指将发电机与轴承等布置在形似灯泡的密封壳体内的水轮发电机。

排放的特点。氢元素是宇宙中常见的化学元素，燃烧产物为水，不产生温室气体和其他污染物。获取氢的方法很多，包括水电解制氢、煤炭气化制氢、天然气水蒸气催化转化制氢等，但是这些方法制氢产生的能量都不能抵补制氢所消耗的能量。氢能的应用范围很广，在电力领域，氢能主要用于储能和发电。目前全球很多国家都将氢能发展列入了国家战略，中国也制定和发布了《氢能产业发展中长期规划（2021～2035 年）》。氢是自然界中分布最广的物质，被称为人类的终极能源。据研究，汽油中如果加入 4% 的氢气，就可以使内燃机节油 40%[①]。美国已经明确提出"氢计划"。氢能具有燃烧热值是汽油的 3 倍、酒精的 3.9 倍、焦炭的 4.5 倍。氢燃烧的产物是水，是世界上最干净的能源之一。二次能源分为"过程性能源"和"含能体能源"，电能就是最常见的"过程性能源"，汽油、柴油和天然气等就属于"含能体能源"。"过程性能源"的缺陷是不能大量直接储存，因此生活中像汽车、轮船、飞机等交通工具需要的能源都通过消耗"含能体能源"达到目的。"过程性能源"可以通过一次能源转化而来，而"含能体能源"则只能依靠化石燃料。但化石燃料是不可再生资源，其在自然界中的储量非常有限。氢能可以解决化石能源存在危机的短板。氢是自然界中最普遍的存在元素，除了在空气中以单质状态存在外，主要以化合态存在，氢的主要化合态形式就是水。氢燃料技术被认为是人类解决能源危机的终极方案。人类很早以来就将关注点定格在了氢能上面，但到了 20 世纪 50 年代才有了大发展。宇航员加加林乘坐的人造地球卫星遨游太空以及阿波罗号飞船登月时都是用氢作燃料的。利用氢能发电，不需要复杂的燃气锅炉系统，发电机组运行或停止都很方便，氢能发电机组的这种特征可以用来调节峰荷。在电网处于低负荷时，多余的电还可以用来电解水进而产生氢和氧，以便在负荷高峰时用来发电。氢燃料电池是最新的发电方式，这是利用氢和氧进行电化学反应发电的方式，这种

---

① 王廉舫. 水电解制氢技术与装备 ［M］. 上海：华东理工大学出版社，2023：6.

发电方式无须将氢气燃烧，而是将燃料的化学能直接转化为电能，电能的转化效率可高达 60%～80%。随着化石能源数量减少，氢能迟早要进入家庭。氢能进入家庭只需通过一根氢气管道完成，从而目前家庭中使用的煤气、暖气等都会被氢取代。在普及氢能应用过程中，氢能储运技术的研发就提升到议事日程，氢的储存方式可以有高压气态存储、低温液态存储和储氢材料存储等多种方式。氢能为人类发展开辟了新的能源通道，为解决化石能源日渐匮乏的问题提供了新思路。

第 13 章

能源产业发展进程中的系统优化
与发展举措

能源工业只有坚持可持续发展，才能在前瞻性地破解化石能源供给存在瓶颈的情况下，积极探索新能源和可替代性能源，推进能源工业安全、清洁、高效发展，坚持以煤电工业为主和探索多样态的新能源发展方式的能源结构。为了实现"双碳"目标，要大力进行技术创新和发展清洁能源。国家发展需要能源先行。在发展清洁能源和提高能源效率的进程中，需要坚持能源适度超前发展的基本原则。只有能源生产适度超前发展，使电力保持适度余量但又不出现供需不对称问题，才能为国民经济发展提供有保障的能源支撑。根据前文，我国的能源效率与发达国家相比较并不占突出优势，为了解决这个问题，除了要在创新技术进而节能减排方面下功夫外，还要在电网的进一步完善方面下功夫，同时也要在消费电能的终端设备方面做文章。通过理顺发电系统、输配电系统以及用电系统等各个环节间的关系，提升电力管理的生产力，在能源产业得以系统优化进程中扩大产业规模和提升产业发展质量。从技术层面看，在一定时期内，发电总装机容量基本固定，优化电网也需要从长计议，因此"节能"成为最易操作的环节，"节约电力"就成为电能管理的重要切入点。通过电源与电网协调、各级装机容量的机组间的协调以及发展智能电网等实现电力资源优化配置。

13.1　电力行业的结构调整和结构优化

电力、钢铁、化工和建材是消费煤炭的主要行业，占煤炭消费总量的90%①。纺织、机械和生活用煤近年来呈现逐年下降趋势。在经济快速发展进程中，如果能源效率不能得到有效提升，高经济增长总会与高能源消耗相伴随。在经济全球化进程中，高耗能成为现代化进程中难以绕过的必经环节，但在发达国家已经实现了经济转型的情况下，如果我国在这个环节上停留时间过长，在发展外向型经济过程中就难以保持优势，虽然在较长时期内我国转变高耗能产业的发展上仍然面临诸多困难，但仍需要从长远发展角度考虑能源产业的结构调整和结构优化问题。目前，煤电在我国的发电量中仍然占主导角色，在未来很长一段时间内，煤电仍然会是我国最重要的发电形式。虽然煤电容易造成污染，但煤电也是最容易实现集中治理污染的能源利用方式，在除尘、脱硫、脱硝技术日臻完善的情况下，煤电的常规污染排放已经能够控制到很低的水平。相对于其他以煤炭作为能源的产业而言，煤电最有

---

① "双碳"进程中煤炭发展定位及关键问题［EB/OL］.（2024 - 02 - 02）［2025 - 02 - 18］. https：//business. sohu. com/a/755879532_121123735.

利于作出环保选择。尽管我国一直重视和调整电力结构，但煤电在电力结构中一直处于高位。随着经济发展，高耗能产业的规模在进一步扩大，这会导致电能供需间出现矛盾。

在煤电占主导的前提下，电力供应会受到挑战。造成这种状况的深层原因是多方面的：其一是出于安全考虑电煤供应收紧。出于安全考虑，国家进一步加大对小煤窑的整治力度，关停缺乏安全保障的小煤窑，但达到安全标准的大煤窑，在建设过程中很难形成现实生产能力。其二是电煤产销空间布局不对称问题。煤的生产能力与煤的消费能力存在空间布局不对称问题，长期以来一直是煤电发展的重要约束。铁路运力是破解这一瓶颈的关键，但铁路运力成本偏高以及铁路运力增长速度低于煤电需求速度等问题仍然无法有效解决。其三是煤炭在流通环节中存在中间商囤煤问题，这在一定程度上影响了煤炭的正常供给，煤电企业不能在全时段得到稳定的煤炭供应。其四是煤电价格与煤炭价格无法理顺。在电煤价格持续增长的情况下，煤电价格仍然保持相对稳定就会面临挑战，煤电与电煤存在价格分歧，在很大程度上影响了电煤签约率。结果是电煤产能不能成为煤电企业的现实需要，煤电企业在煤炭方面存在较大的供给缺口，煤电和电煤的发展都受到影响。

由于我国煤炭资源地理空间布局的特点，通过"北煤南运、西煤东运"的长距离运输解决能源空间不对称问题成为必然。解决电煤资源空间布局问题成为关系到国家能源空间布局、能源高效利用与环境保护、区域经济协调发展等问题的关键。为了解决电煤的远距离运输问题，发展坑口电站就会成为理性选择。而在电能传送过程中，特高压技术就成为降低电能损耗的理想选择。特高压输电技术是煤炭基地电能向东部地区进行远距离、大规模输送电能的重要手段。技术分析表明，特高压输电能够通过技术手段有效对冲因产销地煤炭价差大、运煤中间环节价格高、燃煤热值低造成无效运输等因素造成的高成本。在优化电能结构过程中，特高压技术就成为关键。加快特高压输电建设就成为推进电源建设和推进电网协调发展的关键。特高压技术改变了能源空间布局的方式，通过技术进步降低了电力传输过程中造成的电能损耗，同时也有效破解了电煤空间运力短时期内不能大幅提升的瓶颈。但接下来的问题是，需要加快坑口电站的建设从而实现能源就地转化，以及远距离特高压电网建设。

13.2 基于科技进步推进能源系统优化

电力事业的发展总是与科技进步联系在一起。在推进电力事业发展进程中，科技进步需要沿着三个方向发展，即能源效率、洁净能源和环保技术。其一是清洁煤和煤液化以及多联产循环。这方面涉及的技术包括煤的高效开采技术、煤气化技术、超超临界机组技术、基于煤液化和煤化工技术的多联产技术、煤层气的先进开采技术等。其二是以智能电网为节点的技术研发。这方面研究主要集中在特高压输电技术、超导技术、储能技术和新能源技术等方面。重点领域集中在大容量远距离直流输电技术和特高压交流输电技术、电能质量检测与控制技术、电网调度自动化技术、高效供配电管理技术等方面，尤其是将高海拔以及高寒地区的特高压的输电电网建设作为攻关重点，在超导输电、超导开关、超导电缆以及超导限流器等方面的技术研发。

13.2.1 电力行业的污染控制技术

火电厂二氧化硫污染控制技术主要包括燃烧前脱硫、燃烧中脱硫和燃烧后脱硫技术。燃烧前脱硫主要是原煤洗选，燃烧中脱硫主要是流化床燃烧技术，燃烧后脱硫主要指烟气脱硫技术。原煤洗选技术采取的是物理洗选法。流化床燃烧技术是将8毫米以下的煤颗粒与石灰石一同加入到燃烧室的床层上，在布风板送出的高速气流作用下形成流态化翻滚的悬浮层，在流化床燃烧的过程中完成脱硫。烟气脱硫技术是指烟气通过与碱性物质反应脱去烟气中的二氧化硫。最常用的碱性物质包括碳酸钙、生石灰和熟石灰等。比较成熟的烟气脱硫方法可以分为五种类型，即以石灰石（$CaCO_3$）为基础的钙法脱硫、以氧化镁（MgO）为基础的镁法脱硫、以亚硫酸钠（$NaSO_3$）为基础的钠法、以氨气（NH_3）为基础的氨法、以有机碱为基础的碱法。

13.2.2　电力行业的烟尘控制技术

燃煤电厂的除尘设备主要包括电除尘器、袋式除尘器、湿式除尘器、旋风除尘器等。我国发电用煤的灰分较高，早期除尘技术的除尘效率较低。随着科技进步，电除尘逐渐取代了此前的水膜除尘和机械除尘。老小机组不断被淘汰，除尘技术水平也逐渐在提升，除尘效率提升到99%。静电除尘的工作原理是利用高压电场使烟气发生电离，气流中的粉尘在电场作用下与气流分离，从而达到除去烟尘的目的。袋式除尘是一种高效的干式除尘方法，依靠纤维滤料做成滤袋，通过在滤袋上面形成的粉尘层达到净化的目的，这种方法的滤尘效率达到99%以上。其工作过程是：含尘气流从下部进入圆筒形滤袋，在经过滤料的缝隙时，粉尘被滤料阻挡下来，沉积在滤料上的粉尘层，在机械振动的作用下从滤料表面脱落下来落入灰斗，从而达到清除灰尘的目的。湿式除尘的原理是将含尘气体与液体进行密切接触，利用水滴和颗粒的惯性碰撞捕获颗粒或者使颗粒增大，从而达到使气体与灰尘分离的目的，按照工作原理的差别，湿式除尘又可以分为重力喷雾洗涤器、旋风洗涤器、自激喷雾洗涤器、板式洗涤器、填料洗涤器、文丘里洗涤器和机械诱导喷雾洗涤器等。

13.2.3　电力行业的氮氧化物控制技术

氮氧化物（NO_x）控制是指改进燃烧过程或者采用催化还原、吸收和吸附等脱氮方法，达到控制、回收或者利用废气中的氮氧化物，或者对氮氧化物进行无害化处理。NO_x 一般主要是指一氧化氮（NO）和二氧化氮（NO_2）。脱氮的方法包括干法和湿法两种类型。

干法脱氮技术主要是催化还原法和吸附法。催化还原法可以区分为非选择性还原法和选择性还原法。非选择性还原法是以一氧化碳、氢气、甲烷等作为还原剂，以铂、钴、镍、铜、铬、锰等为催化剂，将氮氧化物还原成氮气。选择性还原法是以铜、铁、钴、钒等为催化剂，以氨气（NH_3）或硫化氢（H_2S）为还原剂，有选择性地同排放废气中的 NO_x 反应，将氮氧化物还原为氮气。这两种方法中，前一种方法效率高，但需要消耗大量还原剂；后一种方法消耗的还原剂相对较少。吸附法是用分子筛等吸附剂，吸附硝酸尾气中的 NO_x。

湿法脱氮技术有直接吸收法、氧化吸收法、氧化还原吸收法、液相还原吸收法和液相络合吸收法等多种方法。直接吸收法有水吸收、硝酸吸收、碱性溶液吸收、浓硫酸吸收等多种方法，其中碱性溶液吸收法中使用的溶液主要包括氢氧化钠、碳酸钠、氨水等碱性液体。氧化吸收法是指在氧化剂和催化剂的作用下，将 NO 氧化成溶解度高的 NO_2 和 N_2O_3，然后用水或碱液吸收脱氮的方法。氧化还原吸收法是指用 O_3、二氧化氯（ClO_2）等强氧化剂，在气相中把 NO 氧化成易于吸收的 NO_x 和 N_2O_3，然后用稀 HNO_3 或硝酸盐溶液吸收，再在液相中用亚硫酸钠（Na_2SO_3）、硫化钠（Na_2S）、硫代硫酸钠（$Na_2S_2O_3$）和尿素 [CO（NH_2）$_2$] 等还原剂将 NO_2 和 N_2O_3 还原为 N_2。液相还原吸收法是采用液相还原剂将氮氧化物还原为氮气的方法。液相络合吸收法是利用液相络合剂直接同一氧化氮反应的方法。虽然液相还原吸收法和液相络合吸收法仍然需要进一步完善，但很快就会在实践上推广。以上论及的各种控制技术中，无论采用何种技术手段，改进燃烧技术、改善燃烧过程和燃烧装备都是不可忽视的因素，这方面的改进都在很大程度上有助于减少氮氧化物的排放。

13.2.4 电力行业的二氧化碳控制技术

燃烧化石燃料会排放大量二氧化碳,因此减少化石燃料的燃烧是控制二氧化碳排放量的重要方式。在化石燃料使用过程中,也可以通过一些技术方法减少二氧化碳的排放量,这就是在燃烧化石燃料过程中可以将二氧化碳从烟气中分离出来。这种二氧化碳捕集技术是回收二氧化碳最成熟的技术之一。在工艺上主要是通过化学吸收剂将二氧化碳与烟气分离出来,通常使用的碱性吸收剂主要有 MEA[①]、碳酸钾以及氨水等。另外二氧化碳储存技术也是解决二氧化碳排放的有效途径,这种方法是将二氧化碳压缩并注入地下,储存二氧化碳的地层是深入地下的含气体的岩石层。

13.2.5 电力行业的废水灰渣控制技术

目前火电厂主要采用水力除灰控制系统。冲灰水也就成为火电厂产生的大量废水。针对存在的大量冲灰水,采取的主要措施是:浓浆疏灰、灰渣分排、贮灰场排水回用等措施。目前火力发电厂的除灰方式已经有了很大程度的改进,有条件的地方先使用干除灰方法,再选用水除灰,同时除灰水尽量做到闭路循环。对于含汞废水则可以采用化学沉淀法、活性炭吸附法、汞齐提取法[②]等措施。需要注意的是,汞是一种有毒金属,无论用何种方法将汞提炼出来,也只是改变汞的存在形态和存在位置,汞本身固有的毒性并不能被消除。在与汞打交道的工厂中,通常通过碘熏蒸方法以便生成碘化汞,从而使汞以碘化汞这种更加稳定的形式存在。粉煤灰是燃煤过程中产生的一种

---

① MEA 即乙醇胺,这是一种在化学吸收法中广泛使用的酸性气体吸收剂。
② 汞齐即汞合金。除铁以外,几乎所有的金属都可与汞形成汞齐。汞齐提取汞的原理是使汞与其他金属形成汞齐,并通过电解或加热的方法使汞从汞齐中分离出来。

工业废弃物，灰渣的主要控制方法是利用粉煤灰中的铁、铝和硅等有用元素，将粉煤灰进行资源化处理，将其转化成为新型建筑材料、填料或者土壤改良剂等产品，例如生产水泥、渣砖等建筑材料，以及用粉煤灰筑路、填充矿井、生产复合肥等。

电的故事与案例

故事与案例 13.1：白鹤滩水电站——世界第二大水电站

白鹤滩水电站是国家实施的"西电东送"发展战略中的重大工程。白鹤滩水电站安装了我国自主研发的全球单机容量最大功率的水轮发电机组。总装机容量 1200 万千瓦，每年平均发电量约 559.5 亿千瓦时[①]。白鹤滩水电站于 2010 年开始筹建，2021 年 6 月 28 日首批机组投产发电。白鹤滩水电站成为"世界最大清洁能源走廊"上的重要成员。新中国成立后不久，国家就开始筹划在金沙江干流上兴建水利工程的方案，但由于各种因素扰动频频搁浅。1990 年国家确定在金沙江干流下游河段按照乌东德、白鹤滩、溪洛渡、向家坝顺序进行四级开发。从 2000 年开始，国家就委派相关研究院对白鹤滩水电站的建设条件进行勘测、调研。2017 年 8 月 3 日，白鹤滩水电站正式通过国家核准，开始进入大规模建设阶段。白鹤滩水电站的坝址选择在四川省宁南县和云南省巧家县境内，属于金沙江下游四个水电梯级即乌东德、白鹤滩、溪洛渡、向家坝中的第二个梯级。白鹤滩水电站主要技术指标刷新了六项世界第一：机组单机容量百万千瓦世界第一；地下洞室群规模世界第一；无压

---

① 本刊编辑部. 重点工程介绍（8）金沙江白鹤滩水电站［J］. 云南电业，2006（8）：32.

泄洪洞群规模世界第一；圆筒式尾水调压室规模世界第一；全坝使用低热水泥混凝土世界第一；300 米级高拱坝抗震参数世界第一。白鹤滩水电站建成并投入运营后产生了巨大的社会效益：跨越 2000 多千米为华东输送电能；发电量可以节省 1968 万吨标准煤，减少 5160 吨的二氧化碳排放量，从而产生巨大的生态效益；工程建设改善了当地的交通和通信条件，并创造了 10 万个就业岗位，为区域经济发展奠定了基础；巨大的蓄水能力为长江增添了另外一道防洪屏障。白鹤滩"西电东送"大动脉包括白鹤滩至江苏、白鹤滩至浙江两条 ±800 千伏特高压直流输电工程。2024 年 4 月，中国电建华东院白鹤滩水电站勘测设计团队获得第 28 届中国青年五四奖章。

故事与案例 13.2：溪洛渡水电站——世界最大清洁能源走廊上的重要水电站

溪洛渡水电站位于四川省雷波县和云南省永善县交界的金沙江上，成为仅次于三峡、巴西伊泰普水电站和白鹤滩水电站的居世界第四位和中国第三位的水电站，也是国家"西电东送"战略的骨干工程，电能主要供应华东和华中地区。溪洛渡水电站于 1985 年开始进行建站勘测和评估，2003 年 2 月 9 日成立三峡总公司金沙江开发有限责任公司筹建处，开始筹建溪洛渡水电站的建设工作。2004 年 1 月 9 日，溪洛渡水电站工程首批 54 户 230 名移民外迁。2007 年 4 月，大坝主体工程开工。同年 11 月 7 日，溪洛渡水电站启动截流工程。2013 年 7 月 15 日，溪洛渡水电站首台机组顺利试运行并成功并入南方电网。溪洛渡水电站年均供电量为 571.2 亿～640 亿度[①]，这相当于每年减少燃煤 2200 万吨，减排二氧化碳 4000 万吨，减排二氧化硫 40 万吨。溪洛渡水电站具有巨大的拦沙功能。金沙江中游是主要产沙区，溪洛渡坝址年均

① 丁力. 重点工程介绍（2）溪洛渡水电站［J］. 云南电业，2006（2）：32.

输沙量 2.47 亿吨。溪洛渡水电站的巨大拦沙功能可以使得进入三峡库区的沙量较自然状态降低 1/3。溪洛渡水电站具有巨大的防洪效应。溪洛渡水电站拦蓄金沙江洪水，可以直接减少三峡水库的洪水量，与三峡水库联合调度，可以起到防洪拦洪的作用。溪洛渡水电站发电质量高，它是世界上少有的在水力资源富集地区建设的大型水电站，在将丰富的水能转变为巨大的电能输送到华东和华中的同时，兼顾川滇渝的用电需要，从而在解决华中、华东地区电能匮乏问题的同时，获得了重大环境效益。溪洛渡水电站进一步为我国水电事业的发展积累了经验、培养了人才，使我国在西南地区推进水电事业的发展进程成为可能。

故事与案例 13.3：乌东德水电站——中国第四大水电站

乌东德水电站是中国第四大水电站、世界第七大水电站，位于云南省禄劝县和四川省会东县交界的金沙江干流上。总装机容量 1020 万千瓦，全面投产发电后年均发电量达 392.6 亿千瓦时[①]。乌东德水电站的开发任务以发电为主，兼顾防洪，是"西电东送"的骨干电源点之一。早在 20 世纪中叶就开始了对乌东德水电站的地质勘测工作。2015 年 12 月 14 日水电站主体工程正式全面施工。2020 年 5 月 4 日，乌东德水电站大坝最后一个坝段浇筑完成。电站大坝为混凝土双曲拱坝，共分 15 个坝段。乌东德水电站在干热河谷的恶劣气候条件下建造，且地质条件复杂，增加了施工难度。为解决各类地质问题，建设者们创新实施"小洞进大洞、先洞后墙、锚索深层加固"的施工方案，同时采取了填缝灌浆等措施。在建设地下厂房过程中，建设者们采用了有针对性的固结灌浆、锚杆处理等技术，确保了施工安全和工程质量。乌东德水电站所处区域昼夜温差悬殊，坝体因受热温度不均而极易产生裂缝。

---

① 赵亮，曹春岩. 乌东德水电站厂用电系统设计介绍 [J]. 水电与新能源，2018，32（10）：26 – 28，78.

大坝在施工过程中采用低热水泥混凝土，并采用包括智能通水、智能灌浆和智能喷雾等自主创新的智能化成果推进，提升了建坝的质量和速度。大坝在建设过程中创造了多项世界第一。乌东德水电站在地下工程、坝工技术、装备制造等方面，为世界水电科技发展创立了新标准，为中国建设大型水电工程积累了丰富经验，向世界展示了大型水电工程智能建造的中国智慧。乌东德水电站年平均发电量389.1亿千瓦时，可减少消耗标准煤1186万吨，减排二氧化碳3239万吨。乌东德水电站是长江流域进行水力资源梯级开发的重要水利工程，成为世界上最长清洁能源走廊上的重要成员，不但能够为经济社会发展提供巨大电能，而且能发挥重要的防洪、航运和拦沙作用。

故事与案例 13.4：河北丰宁电站——中国最大抽水蓄能电站

河北丰宁抽水蓄能电站总装机容量3600兆瓦，电站分两期开发，两期的装机容量均为1800兆瓦，电力并入京津及冀北电网。丰宁蓄水电站的上、下两个水库间的落差为425米。其工作原理是：在用电低谷时将水从下水库抽到上水库，将电能转化为重力势能；在用电高峰期将水从上水库放水到下水库发电，将重力势能转化为电能，成为"超级充电宝"。丰宁电站抽水蓄能可以储存电量4000万度，全年可消纳电量87.16亿度。抽水蓄能发电创造了依托自然力的新型储能方式。丰宁抽水蓄能工程产生了巨大的经济效益、社会效益和环境效益，不但有效解决了"外电入冀"问题，而且有效解决了跨区消纳清洁能源问题。每年可以减少标准煤消耗48万吨和减排二氧化碳114万吨。如果按照12台机组全部投运计算，年发电量可以达到66.12亿千瓦时[①]。丰宁抽水蓄能电站创造了世界抽水蓄能产业的四项第一：装机容量世界第一；储能能力世界第一；单体地下厂房规模世界第一；地下洞室群世界

① 世界规模最大抽水蓄能电站全面投产发电 [EB/OL]. (2424 – 12 – 31) [2025 – 02 – 12]. https：//www. jiemian. com/article/12190315. html.

第一。丰宁抽水蓄能电站基于柔性直流输电的优势，能够解决新能源大规模并网难以及远距离传输难等问题。新能源因电能具有随机性和波动性而成为向电网提供稳定电流的障碍，但抽水蓄能可以有效发挥电能储存和调节作用，从而实现多类型的能源互补以及不同时空的能源互补，达到"电源—电网—负荷"协同发展的目标。丰宁抽水蓄能电站不仅是"超大充电宝"，也是为抽水蓄能电站的建设蓄积经验的"智能包"，为建设更多规模更大的"充电宝"积累和提供经验。

参 考 文 献

[1] 北京中电经纬咨询有限公司. 世界主要国家电力市场化改革与发展报告——亚洲篇 [M]. 北京：中国水利水电出版社，2016.

[2] 本书编辑委员会. 中国电力发展的历程 [M]. 北京：中国电力出版社，2002.

[3] 本书编委会. 电网建设全面管理创新与电力事业发展实践 [M]. 北京：经济日报出版社，2015.

[4] 本书编写委员会. 中国电力发展的历程 [M]. 北京：中国电力出版社，2002.

[5] 日本新电气事业讲座编辑委员会. 电力事业发展史 [M]. 北京：水利电力出版社，1986.

[6] 陈宝云. 中国早期电力工业发展研究 [M]. 合肥：合肥工业大学出版社，2014.

[7] 崔鹤松. "碳达峰、碳中和" 进程中碳排放权交易对电力装备产业影响的研究 [M]. 杭州：浙江大学出版社，2022.

[8] 崔蕊霞. 电和火的由来 [M]. 延吉：延边大学出版社，2020.

[9] 窦晓峰. 新时期中国电力改革与发展论坛 [M]. 北京：中国水利水电出版社，2007.

[10] 范凤源. 电的发展史 [M]. 上海：科学书报社，1953.

［11］飞机联合股份有限公司．电的奇妙世界［M］．北京：国家开放大学出版社，2020．

［12］葛世恒．发明传奇［M］．北京：科学出版社，2016．

［13］顾为东．中国风电产业发展新战略与风电非并网理论［M］．北京：化学工业出版社，2006．

［14］国家地热能源开发利用研究及应用技术推广中心．中国地热的发展与未来［M］．北京：中国科学技术出版社，2023．

［15］国家电投集团氢能产业创新中心．氢能百问［M］．北京：中国电力出版社，2022．

［16］国家电网有限公司发展策划部．数说新中国电力工业发展成就［M］．北京：中国电力出版社，2021．

［17］国家电网有限公司国际合作部．全球典型国家电力发展概览－Ⅰ－亚洲篇［M］．北京：中国水利水电出版社，2023．

［18］国网安徽省电力公司经济技术研究院．区域经济社会发展与电力需求［M］．北京：中国电力出版社，2018．

［19］过广华．新能源地热能产业高质量发展研究［M］．武汉：中国地质大学出版社，2021．

［20］韩文科．中国战略性新兴产业研究与发展·生物质能［M］．北京：机械工业出版社，2013．

［21］何寄梅．电的故事［M］．北京：中国人民解放军总政治部文化部，1956．

［22］华志刚．储能关键技术及商业运营模式［M］．北京：中国电力出版社，2019．

［23］黄珺仪．中国电力产业可持续发展问题研究［M］．北京：经济科学出版社，2016．

［24］姜善南．光明之旅［M］．杭州：浙江教育出版社，2015．

［25］蒋莉萍. 风电与电网协调发展综合解决策略 ［M］. 北京：中国电力出版社，2011.

［26］李代耕. 新中国电力工业发展史略 ［M］. 北京：企业管理出版社，1984.

［27］李济英. 燃煤电力企业发展战略研究 ［M］. 南京：河海大学出版社，2006.

［28］李俊峰. 中国战略性新兴产业研究与发展·太阳能 ［M］. 北京：机械工业出版社，2013.

［29］李可. 电力系统发展与智能电网研究 ［M］. 汕头：汕头大学出版社，2021.

［30］李平. 光伏太阳能产业发展调研 ［M］. 北京：经济管理出版社，2016.

［31］李苏秀. 能源电力行业格局发展与演变 ［M］. 北京：中国电力出版社，2023.

［32］李婷. 太阳能发电产业科技创新与政策 ［M］. 北京：地质出版社，2018.

［33］林丽珊. 可再生能源技术 ［M］. 广州：华南理工大学出版社，2021.

［34］刘冰. 中国煤、电产业纵向关系 ［M］. 北京：经济管理出版社，2010.

［35］刘兵. 核电产业与核电技术能力 ［M］. 长沙：湖南地图出版社，2017.

［36］刘吉臻. 中国电力工业发展史 ［M］. 北京：中国电力出版社，2022.

［37］刘建平. 中国电力产业政策与产业发展 ［M］. 北京：中国电力出版社，2006.

［38］刘劲松. 中国煤电产业关系研究 ［M］. 南昌：江西人民出版社，2007.

［39］刘世锦，冯飞．中国电力改革与可持续发展［M］．北京：经济管理出版社，2003.

［40］陆燕荪．电力强国崛起［M］．北京：中国电力出版社，2021.

［41］马大谋．电的故事［M］．沈阳：辽宁人民出版社，1978.

［42］潘霄．现代电力系统转型与可再生能源发展研究［M］．长沙：中南大学出版社，2018.

［43］戚汝庆．中国光伏产业创新系统研究［M］．长春：吉林大学出版社，2019.

［44］漆振侠．中外电力工业发展概况［M］．武汉：湖北省电力工业局科学技术处，1987.

［45］秦萍．中国电力行业市场化改革与可持续发展研究［M］．成都：四川大学出版社有限责任公司，2022.

［46］秦毓毅．新能源利用与电力发展［M］．哈尔滨：哈尔滨地图出版社，2021.

［47］全球能源互联网发展合作组织．电力数字智能技术发展与展望［M］．北京：中国电力出版社，2021.

［48］任玉珑．电力市场化中的产业组织与竞争［M］．重庆：重庆大学出版社，2006.

［49］沈根才．电力发展战略与规划［M］．北京：清华大学出版社，1993.

［50］孙海彬．电力发展概论［M］．北京：中国电力出版社，2008.

［51］唐一科，何志武．政府扶持垃圾焚烧发电产业政策的国际经验比较研究与启示［M］．重庆：重庆大学出版社，2011.

［52］涂济民．太阳能系统工程［M］．昆明：云南大学出版社，2015.

［53］王海啸．光明的故事［M］．北京：中国电力出版社，2009.

［54］王信茂．电力发展规划研究与实践探索［M］．北京：中国电力出版社，2012.

[55] 王耀中.科学发展观与现代电力发展 [M].长沙:湖南人民出版社,2012.

[56] 王正明.风电产业系统有序发展研究 [M].北京:科学出版社,2012.

[57] 王正明.中国风电产业的演化与发展 [M].镇江:江苏大学出版社,2010.

[58] 王志轩,潘荔,张晶杰,等.能源与电力发展的约束与对策 [M].北京:中国电力出版社,2015.

[59] 王仲颖.中国战略性新兴产业研究与发展·风能 [M].北京:机械工业出版社,2013.

[60] 吴姜宏.电力行业低碳发展政策与法律问题研究 [M].北京:中国电力出版社,2013.

[61] 吴敬儒.中国电力工业 2010～2050 年低碳发展战略研究 [M].北京:中国水利水电出版社,2012.

[62] 吴张建.中国电力产业数字化 [M].北京:中国电力出版社,2021.

[63] 肖创英.欧美风电发展的经验与启示 [M].北京:中国电力出版社,2010.

[64] 肖立业.中国战略性新兴产业研究与发展·智能电网 [M].北京:机械工业出版社,2013.

[65]《新时代电力改革发展与绿色电网建设实务》编委会.新时代电力改革发展与绿色电网建设实务 [M].北京:光明日报出版社,2018.

[66] 徐洪泉.中国战略性新兴产业研究与发展·水电设备 [M].北京:机械工业出版社,2013.

[67] 杨芳.可持续发展视角下的电力基础设施研究 [M].北京:经济科学出版社,2019.

［68］杨建华．从"引进来"到"走出去"［M］.北京：中国电力出版社，2022.

［69］杨金龙．中国风电企业国际化发展策略研究［M］.北京：中国金融出版社，2024.

［70］于立．纵向产业组织与中国煤电关系［M］.大连：东北财经大学出版社，2010.

［71］张之翔，王书仁．人类是如何认识电的？［M］.北京：科学技术文献出版社，1991.

［72］赵东来．海上风电运营优化及发展研究［M］.北京：中国电力出版社，2021.

［73］赵振宇．中国风电产业链发展研究［M］.北京：中国电力出版社，2015.

［74］郑烷相．电的故事［M］.北京：东方出版社，2020.

［75］中国电力企业联合会．电力史话［M］.北京：社会科学文献出版社，2015.

［76］中国电力企业联合会．改革开放四十年的中国电力［M］.北京：中国电力出版社，2008.

［77］周启鹏．中国电力产业政府管制研究［M］.北京：经济科学出版社，2012.

［78］周小谦．中国电力发展的历程［M］.北京：中国电力出版社，2002.

［79］周湛学，赵阳．电的发现和发明的故事［M］.北京：化学工业出版社，2020.

［80］朱光超．国际电力发展概览［M］.北京：中国水利水电出版社，2021.

后　记

中国的电力事业在向前发展，电力技术的研发投入在不断增加，电力人的队伍在不断扩大，电网在不断完善，发电机组的总装机容量在不断刷新纪录。与此同时，随着生活水平提高，人们对电能消费的要求也在不断增加。电力消费在一天中的分布时段存在高峰和低谷的差别，这对电力供应提出了严峻挑战。如何在电力供应与电力消费之间达到平衡，就成为电力产能与电网设计中迫切需要思考的问题。电能即发即用的特点，决定了发电量与电能消费达到平衡是最优状态，但这种理论状态在实践中一般都不能达到。如果电能供应不能满足电能消费需要，电能就会存在需求缺口；反之，如果电能供给超过电能需要，就存在着电能浪费，多余出来的电能供给将会成为无效供给。而为了保证电力需求，电能供给稍微超过电能需求是最理想状态。

但是各个电源点发多少电并不会因电力负荷增减而实时增减。在一定程度上讲，电能供应缺乏弹性，而电力需求富有弹性，即使在电能消费低谷时电力供应仍然不会减少。于是自然可以想到有两种办法可以解决此问题：其一是完善电能储存，即将不能被消费掉的多余的电能储存起来，在需要消费的时候拿出来，于是电能可以在时间上进行调剂，在一定程度上保证电能高效利用；其二就是建设智能电网，即通过智能电网实时调节电源点与电力负荷之间的关系、电源点之间的关系，确保电能的适度供应和防止电能因远距离传输造成损耗。但是如上两个方面目前都不尽完善，高效利用电能只是一种理想状态。调整电能结构、降低电力损耗、提升能源转换效率等，实际上都是在扩大电能蓄水池。充分利用电能，不仅需要考虑扩大装机容量，更需要充分利用既有装机容量，减少能源浪费，由于充分利用电能造成的电能节约往往可以产生扩大装机容量的替代效应。

电力事业发展的另一个方向就是优化电能结构。目前的电能结构仍然是以传统能源为主，但新能源呈现快速发展势头。化石能源的储量有限，随着开采速度提升，面临持续发展的瓶颈越来越突出。因此，从世界范围看，建设核能电站的数量在快速增加。核能技术已经很成熟，具有较高的安全性，关键是产生的能量巨大。虽然一般都是沿海和沿江布局，但通过进一步完善电网就可以输送到大江南北。目前仍然存在孤立的电源点，这些电源点也主要是满足就近消费需求，但是这样的电源点的数量正在降低。核能在电能结构中的占比在不断提升，我国核电站的数量也在不断增加。但由于核能布局的空间限制以及多类型能源空间布局的差异性等，在充分发展核能的同时，风能、地热能、太阳能、潮汐能、水能、生物质能、波浪能的开发程度也在不断增强。

与传统能源相比，风能、地热能、太阳能、潮汐能、生物质能、波浪能等均具有不稳定性，并且发电成本相对较高，与传统能源同价竞争的竞争能力并不强。而且太阳能虽然是清洁能源，但生产光伏板的污染强度很高，这些因素都在一定程度上制约了光伏产业的长足发展。水能作为可再生能源，虽然不会对环境造成污染而且能够持续利用，但富有水能的地方一般都位于奇险的山川，鉴于交通条件的限制以及综合开发条件的限制，使得很多富有水力资源的河段一直没有得到开发。但新能源的大发展是优化能源结构的必然趋势。我国不仅煤炭资源分布存在产能地区与电力负荷空间不对等问题，而且太阳能、地热能、风能、潮汐能等也存在资源布局与电力负荷的空间不对等问题。太阳能、风能、地热能主要存在于西北地区，潮汐能存在于沿海地区。富能地区与耗能地区不对称，就需要做好两方面的事情：其一是不断开发更多的电源点，包括并网的电源点和孤立电源点，并网电源可以跨越空间实现电能"抽肥补瘦"，孤立电源点可以解决当地用电问题；其二是加强电网建设，建设更加完善的全国统一的大电网。

全国统一的大电网一直在完善中，智能电网基于此才会更加有意义。建设智能电网和坚强电网，不仅需要有高技术含量的电力设备做支撑，也需要有完善的电网管理制度做依托。加强电力管理和进一步理顺电源企业与电网企业、电源企业之间的关系，就能在一定程度上提升电能使用效率。进一步完善电力管理的体制，就需要加强电力管理制度的建设。充分汲取发达国家经验，通过出台更加完善的创新创造机制，为电力事业产出创新成果和培养后备人才提供制度保障。在电力事业的长途跋涉中，我国电力事业的发展与国际同行的关系走过了从"跟着走"到"并肩走"再到"领着走"的历程，目前我国在电力发展的很多方面已经世界领先。我国电力事业的发展正在为世界电力的发展贡献中国智慧。

从 1882 年在上海亮起第一盏灯，到电力之光照耀大江南北，祖国的每一寸山河的现代化进程都离不开电力之光的穿透力。电已经成为当代人的生活方式。人们在电力文明给生活和工作带来便利的现代生活中，很难想象没有电的生活方式有多么不方便。电力事业呈现加速发展态势，现在我们感觉到的不方便，或者现在在电力发展进程中仍未解决的问题，在未来发展中会迎刃而解。在电力事业进一步发展中，需要电力人更多地展开国际合作，与各国优秀电力人才共同推进技术创新。电力企业不仅是营利组织，更担负着重要的社会责任。电力企业在谋求增加电能高效供给的同时，也要履行环境保护的责任，通过持续努力不断优化能源结构，尽快提升清洁能源占比，只有站在未来前瞻性地思考问题，才能以更好的现在创造出预期中的未来。

发展电力事业，不仅要回顾过去是怎样发展的，更要关注未来怎样发展。只有关注怎样发展，并以"怎样发展"为论题展开论争，在论争中激发智慧，才能使电力事业有更好的发展。能源是引发人类文明前进的动力，但在能源消耗速度与日提升的过程中，能源问题或将成为延缓人类前进步伐的制约因素。但随着科技发展，电力人以及以研究能源为中心的同人的智慧一定会战胜困难，为人类快速进步打开通向光明未来的窗口。在与能源打交道的过程中，人们最先学会了钻木取火，从茹毛饮血转向使用熟食从而增强了体魄，随后通过"向下看"找到了埋藏在地表下面的煤炭和石油，而后又通过"向上看"找到了天空中的光和风，人类利用自然力的能力在进一步增强。而后通过"向远看"将眼睛转向了海洋，人们具有了应用潮汐能、波浪能的能力。人们与自然力打交道的能力越来越强。人类发展不会止步于当前，也不会被目前面临的困难所绊倒。人类已经通过继续"向下看"找到了地热能，为人与自然和谐共生找到了新的出路。能源问题的解决需要人类进一步提升与自然力打交道的能力，人类与自然的关系问题需要通过进一步协调人与自然的关系才能在更高水平上达到和解。

本书的出版，要感谢我的夫人曹建华女士，她是我所有作品的第一个读者，写作中我的一些怪诞的想法每每遭到夫人的批评，但对于这些我都感到无尽的快乐，因为夫人对我的批评就是对我的鼓励，是对我的成果的认可。夫人认识事物非常深刻，其认识事物的独到见解对于笔者每一部著作的形成都是非常有帮助的。每当一部新的作品问世，夫人总是高兴地拿给我看，因为她知道，看到自己的作品变成铅字是我最大的快乐。平时我只知道坐在电脑前一个字一个字地将想法敲在屏幕上，而夫人却已经把可口的饭菜摆在了饭桌上，是她默默地承担起了全部家务、赡养老人以及抚养儿子的重担。忙碌的学习期间，对于这些我很少顾及，现在想起来如果没有夫人这样一个坚强的后盾，我的著作很难顺利完成。应该说，书稿是我的作品更是夫人的作品，书稿中凝结了夫人的辛勤汗水。

同时也感谢我的学生们，在授课过程中精彩的"互动课堂"使得学生们有了表达自己见地的场所，同时这个场所也就成为我的灵感的来源。学生们与我的交流使我的学术生命得以滋养。"互动课堂"上学生们不加保留地将自己的思想奉献给我，使得著作的内容更加丰富。学生们是我一生中最可宝贵的财富，有了你们我才快乐，我才会不知疲倦地写出我的想法，并通过认真备课与你们交流思想，希望同学们在读完此书之后能够给我以批评和指正，以便我能够有更大程度的提高。感谢你们！

由于著作出版时间紧迫以及本人的能力有限，书中错误和疏漏在所难免，敬请各位读者能够海涵和谅解，也希望读者能够提出宝贵意见和建议，以便在出版后期著作时竭力克服，从而提高著作质量。本书中提出的管见远未能达到解决问题的程度，愿更多学术同人共同关注，为电力之光建言献策。我们虽然更多看到的是我们认识能力以内的世界，但通过他人的眼睛可以看到更广阔的世界。我们也正是在不断扬弃既有观点的基础上达到更接近"真实的自然"的认识。电力的发展将会在不断突破自身过程中实现更高水平的发展。我们已经在一定程度上实现了电能的时空异步消费，但程度仍需加强，范围仍需拓宽。电已经改变了我们的观念，我们也正在改变电的观念。未来电的呈现形态也会与我们现在正在经历的情况完全不同。电也许会在"无形"中实现转型，但转变"无形"的表现方式能力来自"有形"世界的力量，这种力量来自我们的共同努力，我们只能向前走，让电力之光照向更远的地方和更远的未来。

孟祥林

2024 年 10 月于华北电力大学